Peter H. Ludwig
Ermutigung

Forschung
Erziehungswissenschaft

Band 29

Peter H. Ludwig

Ermutigung

Optimierung von Lernprozessen
durch Zuversichtssteigerung

Leske + Budrich, Opladen 1999

Gedruckt auf säurefreiem und altersbeständigem Papier.

ISBN 3-8100-2372-8

© 1999 Leske + Budrich, Opladen

Druck: Druck Partner Rübelmann, Hemsbach
Printed in Germany

Inhalt

Vorwort

Die Bedeutung von Zuversicht, Selbstvertrauen und positiven Erwartungshaltungen für Lernprozesse wird seit einigen Jahrzehnten von etlichen Theorien unterstrichen. Solche Theorien befassen sich bisher hauptsächlich mit der Beschreibung und Erklärung der Lernwirklichkeit, weniger mit Möglichkeiten ihrer Kontrolle bzw. Verbesserung. Das Interesse der pädagogischen Praxis und der angewandten Psychologie an solchen theoretischen Überlegungen konzentriert sich jedoch gerade auf diese Kernfrage: Wir wissen, daß Leistungserwartungen den Erfolg der eigenen Lernleistung mitbestimmen. Wie aber kann diese Erkenntnis in Interventionen einfließen, um Lernvorgänge zu optimieren? Das komplexe Untersuchungsfeld dieser pragmatischen Fragestellung läßt sich auf das Konzept der Ermutigung als Handlungskategorie fokussieren. Ermutigungen können als Maßnahmen zur Steigerung von Zuversicht aufgefaßt werden.

Kaum eine Abhandlung zur Erziehungs- und Unterrichtsmethodik läßt das Stichwort „Ermutigung" aus. Die Tragweite und Relevanz der Ermutigung werden vor allem in der Erziehungswissenschaft und in der Klinischen Psychologie hervorgehoben. Dies geschieht allerdings meist in einer Weise, die wenig erahnen läßt, was denn genau mit „Ermutigung" und ihrer Auswirkung gemeint ist. Begriffserläuterungen und Andeutungen zu den Funktionen der Ermutigung weisen selten über die unscharfe Verwendung des Wortes „Ermutigung" in der Alltagssprache hinaus. Damit entsteht das Problem, dieses Phänomen nur schwer in den Fundus pädagogischer und psychologischer Konstrukte, Modelle und Theorien integrieren zu können. Ermutigung schien zu denjenigen praxisrelevanten Begriffen zu gehören, die eher zur ideologisch-politischen Konsensbildung taugen als zu einer detaillierten wissenschaftlichen Analyse. Deshalb mußte bei dem Begriff „Ermutigung" bislang offenbleiben, ob er tatsächlich Eigenständigkeit beanspruchen kann oder nicht besser durch andere eingeführte, fundierte Nachbarkategorien wie z.B. Motivation, Verstärkung, Selbstvertrauen und Selbstkonzept ersetzt werden sollte. Die vorliegenden Ausführungen versuchen zur Klärung dieser Fragen und Probleme beizutragen.

Thematisch knüpft diese Arbeit an die Tradition der Forschung zu den Erziehungsmitteln und pädagogischen Handlungsformen an, einer zentralen anwendungsbezogenen Problemstellung der Allgemeinen Pädagogik, die in den letzten Jahren etwas in den Hintergrund wissenschaftlicher Betrachtung geraten zu sein scheint. Im Unterschied zu den Klassikern dieser Tradition wird hier verstärkt die Verbindung zur psychologischen Theoriebildung und der empirischen Forschung gesucht.

Diese Arbeit basiert auf einer Abhandlung, die unter dem Titel „Ermutigung und Imagination" von der Philosophischen Fakultät I der Universität Augsburg 1996 als Habilitationsschrift angenommen wurde. Zur Veröffentlichung ist diese ursprüngliche Fassung um neuere Theorieansätze und empirische Studien, die erst später erschienen, erweitert und aus Gründen des Umfangs in zwei Bände geteilt worden. Der im Druck befindliche weitere Band zu Imaginationsverfahren als Ermutigungsmittel baut thematisch auf dem vorliegenden auf, wobei beide Publikationen in sich abgeschlossen und somit auch separat rezipierbar sind.

Dieser Beitrag zur Ermutigungsforschung konnte nur durch das Entgegenkommen und die fachliche Förderung von Frau Prof. Dr. *Hildegard Macha* und Herrn Prof. Dr. *Fritz März* verwirklicht werden. Die Anregung, mich mit dieser Thematik auseinanderzusetzen, verdanke ich Herrn Prof. em. Dr. *Erich Weber*. Ferner erfuhr mein Vorhaben freundliche Unterstützung durch Herrn Prof. Dr. *Dieter Ulich* und Herrn Dr. *Siegmund Gehlert*.

Riquewihr (Elsaß) im April 1998   *P.L.*

Einführung

Ermutigung wird für die unterschiedlichsten Lebensbereiche als bedeutsam erachtet, auch für Lern- und Leistungssituationen. Henz spricht von der „aufbau-
enden Macht" der Ermutigung und der „grauenhaften Macht" der Entmutigung
in der Erziehung. Er nennt die Ermutigung ein wesentliches Bestimmungs-
merkmal von Erziehungsprozessen (1964, 2, 6, 17). Die individualpsychologische Pädagogik beschreibt Ermutigung als eines ihrer wichtigsten Prinzipien
(Antoch 1981, 138ff; Brandl 1975; 1976; 1977; Ertle/Möckel 1981, 88; Forgus
1978; Hobmair u.a. 1979, 78; Röhrich 1976, 101ff; Rüedi 1995). Dreikurs fordert von Pädagogen generell eine ermutigende Haltung, die den Lernenden eine grundlegende Sicherheit vermittelt (Ertle/Möckel 1981, 88). Erziehung und
Bildung gilt nach Fuchs „als die Ermutigung der Person zu eigener Wertgestal-
tung und Ordnungsstiftung" (1989, 425).
   Wer den Einfluß der Ermutigung im pädagogischen Kontext in dieser
Weise hervorhebt, bezieht sich damit nicht nur auf die offenkundigen Bestim-
mungsfaktoren von Lernprozessen, in denen sich Alltagstheorien über den
Wissenserwerb typischerweise erschöpfen: Lernen und Leistungsverhalten
sind eben nicht nur eine Angelegenheit des Wollens und Könnens, der Intelligenz und des Gedächtnisses, sondern auch eine Angelegenheit weiterer psychischer Merkmale, wie des Selbstvertrauens, des Selbstbilds, der Zuversicht und
anderer meist nicht-bewußter Kognitionen und Emotionen. Dem eigenen
Selbstverständnis nach erleben Menschen ihr Tun und Handeln meist von bewußten Kognitionen gesteuert. Dies erweckt die Illusion, sie seien die eigentlichen oder sogar einzigen Determinanten des Verhaltens (Grawe u.a. 1994,
760). Der Ansatz der Ermutigung weist in eine andere Richtung.

(1.) Zielsetzung und Aufbau der Arbeit
Die vorliegende Schrift zielt zentral darauf ab, eine Antwort auf die Frage zu
versuchen, ob „Ermutigung" näher besehen ein sinnvolles pädagogisches Konstrukt darstellt. Die Sinnhaftigkeit bemißt sich dabei am pragmatischen Nutzen
im Rahmen einer handlungsorientierten pädagogischen Theoriebildung und an
der terminologischen Eigenständigkeit, die dann gegeben ist, wenn ein Begriff
durch keinen der verwandten Termini ersetzbar ist. Es soll also verdeutlicht
werden, daß die Ermutigung eine eigenständige pädagogische Handlungskate-

gorie darstellt und daß die intendierten Wirkungen von ermutigenden Handlungen zur Optimierung von Lernprozessen sowohl theoretisch begründbar sind als auch empirisch belegt werden können. Ferner geht es darum, die Möglichkeiten ermutigenden Vorgehens in der pädagogischen Praxis exemplarisch zu umreißen.

Im *ersten Teil* wird der Ermutigungsbegriff entwickelt. Da eine für die nachfolgenden Ausführungen ausreichend präzise Festlegung dieses Terminus in Vorgängerarbeiten nicht auffindbar ist, wird ein eigener terminologischer Klärungsversuch von „Ermutigung" unternommen, der auf bereits vorliegende Begriffsfestlegungen eher kontrastierend als rückgreifend Bezug nimmt. Dieser Klärungsversuch mußte daher relativ breit angelegt werden. Ermutigung wird als Handeln aufgefaßt, das eine Zuversichtssteigerung anstrebt. In der pädagogischen Ermutigungsforschung sind im Umfeld von „Ermutigung" verwandte Konzepte angesiedelt. Meist wurde bisher dabei nur vage angedeutet, welche Rolle diese verwandten Phänomene bei Ermutigungsprozessen spielen und welche Gemeinsamkeiten und Unterschiede zur Ermutigung vorliegen. Deshalb besteht der Klärungsversuch hauptsächlich darin, die Beziehung zwischen „Ermutigung" und den Konzepten „Mut", „Zuversicht", „Selbstvertrauen", „Selbstkonzept", „Motivation", „Erwartungseffekt" und „operante Konditionierung" genauer zu kennzeichnen. Insbesondere werden dabei das Phänomen der „sich selbst erfüllenden Prophezeiung" und motivationale Bestätigungseffekte als angestebte Folge von Ermutigungen aufgefaßt. Dafür wird die enge Beziehung von Selbsterfüllungstheorien (Kirsch, Rosenthal) und motivationalen Ansätzen (Bandura, Seligman) erläutert. Die Überlegungen münden schließlich zusammenfassend in ein „duales Modell der Ermutigungskonsequenzen", welches die angestrebten Folgen einer Ermutigung in einem optimierten Lern- bzw. Leistungsresultat sieht, das entweder über Motivation oder unwillkürliches Verhalten zustande kommt.

Einige terminologische Standardmodelle der Pädagogik reichen für das vorliegende Thema in ihrer bisherigen Beschreibung nicht aus und sind deshalb neu zu überdenken bzw. zu reformulieren. Für die Klärung der Frage, ob Ermutigung als Absichts- oder Wirkungsbegriff festgelegt werden soll, erwies sich die traditionelle Kategorie „funktional" nicht nur als wenig geeignet, sondern sogar als begriffslogisch widersprüchlich. Es wird deshalb vorgeschlagen, „Funktionalität" als Opposition zur „Intentionalität" prinzipiell, etwa auch beim Sozialisationsbegriff, durch eine neue Kategorie, die „Situationalität", zu ersetzen. Es wird zudem herausgearbeitet, daß sich die terminologische Frage der Intentionalität bei der Ermutigung, aber auch bei allen anderen Erziehungsmitteln, zweimal stellt; und zwar in Bezug auf ein kurzfristiges Rezeptionsziel des Mittels und in Bezug auf ein langfristiges Erziehungsziel.

Während es im ersten Teil um eine konzeptuelle Fundierung und theoretische Einbindung der Ermutigung geht, lotet der *zweite Teil* ihren pädagogischen Stellenwert als reales Phänomen aus. Die Ermutigung wird in ihrer Verwurzelung als pädagogische Kategorie, vor allem als Erziehungsmittel, betrachtet. Anschließend wird der Wirklichkeitsgehalt der angestellten theoretischen Überlegungen anhand von Einzelfalldokumentationen und systematischen empirischen Belegen überprüft.

Im *dritten Teil* illustrieren Beispiele die Anwendbarkeit der Idee der Ermutigung in der pädagogischen Praxis. Es geht um Interventionsmöglichkeiten ermutigenden Handelns im Zusammenhang mit Lernleistungen.

(2.) Zum zugrundeliegenden Wissenschaftsverständnis
Die vorliegende Arbeit ist vom Bemühen um eine praxisorientierte und damit handlungsorientierende Theoriebildung für Erziehungs- und Bildungsprozesse getragen (vgl. Becker 1984; 1988; Memmert 1994, 1112f; Wulf 1977, 208-210). Diesem Verständnis nach gilt die Pädagogik als eine „handlungsleitende" (König 1982), „handlungsrelevante" (Memmert 1994), „handlungsorientierte" (Wulf 1977, 208ff), „anwendungsorientierte" Wissenschaft (v. Saldern 1992, 684) bzw. als „Handlungswissenschaft" (Sinhart-Pallin 1994, 85). Eine fundierte Theorie, sei sie wissenschaftlichen Ursprungs oder auf reflektierter Praxiserfahrung gegründet, ist für jede Form praktischen Handelns eine Conditio sine qua non. Die Bedeutung von Theorien für den Handelnden ist dabei ähnlich wie die von Karten und Kompaß für den Ortsunkundigen. Sie vermögen, eine grobe Orientierung zu liefern. Sie können allerdings nicht anzeigen, ob ein Weg aktuell auch gangbar ist oder nicht (Stroebe u.a. 1994, 9).

Eine zureichend genaue Klärung der zentralen Termini gehört weder zu den Kernzielen handlungswissenschaftlich ausgerichteten Arbeitens noch stellt sie einen Selbstzweck dar. Sie ist jedoch eine unverzichtbare Voraussetzung sinnvoller wissenschaftlicher Kommunikation. Daß sich weite Teile dieser Arbeit mit terminologischen Problemen 'herumschlagen', hat sich aus dem bearbeiteten Thema mit seinen 'weißen Flecken' des vorgefundenen Erkenntnisstandes ergeben. Durch die definitorischen Erörterungen sollen die Konfusionen und Mißverständnisse vermieden werden, welche sich bei Autoren und Rezipienten der Ausgangsliteratur jeweils konkret aufzeigen lassen. Solche Irritationen werden im folgenden jeweils nur kurz geschildert, um zu verdeutlichen, weshalb die anschließenden vertiefend-differenzierten terminologischen Betrachtungen notwendig sind. Für eine genauere Einschätzung des Erfordernisses der vorliegenden begrifflichen Argumentation sei die Lektüre der zitierten Ausgangsliteratur empfohlen.

(3.) Redaktionelle Hinweise
Die zu definierenden Termini sind teilweise eng miteinander verknüpft. Deshalb ist es nicht immer vermeidbar, daß einzelne Begriffe erst dann detailliert geklärt werden, nachdem sie vorab bereits in einem allgemeinverständlichen Sinn benutzt worden sind. Da die hier verwendeten Begriffsfestlegungen möglichst nahe an der alltagssprachlichen Bedeutung bleiben, behindert dies das Verstehen des Textes nicht.

Ein *Quellenverweis* ohne den Hinweis „vgl.", z.B. „(Name 1998, 55)", weist eine Textpassage aus, die wörtlich zitiert oder sinngemäß vom genannten Autor übernommen wurde bzw. von ihm inhaltlich identisch dargestellt wird. Folgen mehrere Quellenangaben einem wörtlichen Zitat, so stammt das Zitat vom erstgenannten Autor(enteam). Die anschließend genannten Autoren äußern sich sinngemäß ähnlich. Quellenverweise mit dem Hinweis „vgl.", z.B. „(vgl. Name 1998, 55)", weisen auf weitere nicht-zitierte ergänzende Ausführungen zum angesprochenen Fragenkreis hin.

Querverweise, die das Wort „Abschnitt" oder „Teil" beinhalten, z.B. „(vgl. Abschnitt 4.4)", beziehen sich auf entsprechende Passagen in der vorliegenden Arbeit und nicht etwa auf Passagen der im Kontext eines solchen Hinweises zitierten Literatur.

Im *Kleindruck* erscheinen ergänzende Ausführungen, Belege oder Beispiele, die für das Verständnis des Gesamtzusammenhangs nicht unbedingt erforderlich sind.

Die Pfeile derjenigen Schaubilder, die mit *„Diagramm"* überschrieben sind, symbolisieren Kausalverbindungen im Sinne der Pfaddiagramme subjektiver Pfadanalysen.

Zitate und Begriffe aus dem Amerikanischen wurden weitgehend übersetzt. *Englischsprachige Ausdrücke* sind dann zusätzlich im Original angegeben, wenn (mir) eine treffende, knappe Übertragung in das Deutsche nicht möglich war oder wenn (mir) eine Standardübersetzung nicht bekannt ist. Bei der sinngemäßen Wiedergabe bereits in das Deutsche übertragener Texte wurden offensichtliche Übersetzungsirritationen korrigiert (z.B. „psychische Bedürfnisse" statt der Übersetzung „psycho*log*ische Bedürfnisse" für vermutlich im Original „psycho*log*ical needs").

Der *sprachliche Genus* im Maskulinum für Gruppenbezeichnungen (z.B. „die Studenten") ist - soweit aus dem Kontext nichts anderes hervorgeht - grundsätzlich sexus-neutral aufzufassen.

Jeweils weibliche Vertreter sind also keineswegs nur „mit gemeint" (vgl. Meyer 1989, 13); vielmehr werden solche Gruppenbezeichnungen hiermit für die vorliegende Arbeit definitorisch für *beide* biologische Geschlechter festgelegt. Mit diesem lapidaren Hinweis kapituliert auch diese Arbeit letztlich vor dem Dilemma, eine konsequent durchführbare und gleichzeitig sprachökonomische deutsche Version einer *anti-sexist language* zu kreieren. Diese sich neuerdings einbürgernde „Hinweis-Lösung" (z.B. Christmann 1994, 5; Rost 1998, XII; Wiater 1993, 9) erfährt eine gewisse Legitimation mit ihrer Vertretung und Begründung durch Autorinnen bzw. mehrheitlich weiblich besetzte Autorenteams, die permanentes „Splitting" (Doppelnennungen, z.B. „Lehrerinnen und Lehrer") oder gekünstelte geschlechtsneutrale Formulierungen schlicht als „nervtötend" bezeichnen (Grawe/Donati/Bernauer 1994, X; vgl. Kempe 1990; Horstkemper 1987, 11). Ironischerweise könnten Doppelnennungen - so wohlwollend sie auch motiviert sein mögen - sogar selbst wieder für sexistisch gehalten werden, wenn die Überzeugung geteilt wird, nach der Sexismus schon dort beginne, wo Menschen nicht zu allererst als Menschen gesehen werden, sondern als Frauen und Männer, Mädchen und Jungen (Hopfner/Leonhard 1996,

225). Fortschritt würde dann erreicht sein, wenn sich im zwischenmenschlichen Umgang die Einsicht durchsetzen ließe, daß das Merkmal „Geschlecht" für einige wenige Lebensbereiche zwar grundlegend, „ansonsten aber höchst belanglos ist" (a.a.O., 225). Da die Hinweis-Lösung sicher auch nicht völlig zufriedenstellend ist, wird hier ein gewisser Ausgleich dadurch angestrebt, daß für fiktive Einzelpersonen in Beispielen, soweit wie möglich, weibliche Figuren gewählt werden (wobei sich entsprechende männliche Vertreter natürlich auch mit angesprochen fühlen dürfen).

Die folgende Übersicht der verwendeten *Abkürzungen* ist als Nachschlagemöglichkeit gedacht. Die Abkürzungen werden, soweit sie nicht allgemein gebräuchlich sind, jeweils an der ersten Erscheinungsstelle im Text nochmals erläutert.

a.a.O.	am angegebenen Ort (identisch mit vorausgehender Quellenangabe)
Abb.	Abbildung
d.h.	das heißt
ed(s)	der (die) „Hrsg." (bei englischsprachigen Schriften)
et al.	„u.a." (bei englischsprachigen Schriften)
i.d.R.	in der Regel
i.e.S.	im engen (engeren) Sinn
i.w.S.	im weiten (weiteren) Sinn
m.E.	meines Erachtens
N	Anzahl der Versuchspersonen oder Probanden
p	Irrtumswahrscheinlichkeit
r	Korrelationskoeffizient
SFP(s)	self fulfilling prophecy(ies)/sich selbst erfüllende Prophezeiung(en)
u.a.	und (ein) andere(r) Autor(en)/Herausgeber
Vp(n)	Versuchsperson(en)
ix	röm. Paginierung von einführenden Kapiteln meist englischsprachiger Schriften (hier „S. 9")

1. Teil: Das Konzept der Ermutigung

Die Kategorien „Ermutigung", „Ermunterung", „Aufmunterung" und „Mut" sind schon sehr lange explizite und implizite Elemente des pädagogischen Denkens, vor allem in seiner vorwissenschaftlichen Tradition (siehe Überblick bei Henz 1964).

So spricht der in Athen geborene erste christliche „Dozent der Erwachsenenbildung" *Klemens von Alexandrien* (ca. 140-215) bereits im 2. Jahrhundert vom ermutigenden Beispiel und Vorbild des Erziehers. Im 6. Jahrhundert rät der Ordensgründer *Benedikt von Nursia* (ca. 480-550) aus Umbrien in seiner Regula den Äbten bei der Leitung der Mönche zur Ermutigung. Der französische Theologe und Mystiker *Johannes Gerson* (1363-1429) fordert dazu auf, eher dem ermunternden Lob als der Erziehung mit Gewalt den Vorzug zu geben. Auch der Florentiner Priester und Erzieher *Philipp Neri* (1515-1595) baut nicht auf autoritäre Maßnahmen. Er verhält sich in Erziehung und Menschenführung eher zurückhaltend, vermeidet massives Auftreten und ermutigt und ermuntert stattdessen. Der aus Ostmähren stammende Theologe und Pansoph *Jan Amos Komensky*, genannt *Comenius* (1592-1670), weiß bereits um die Bedeutung des Mutes und der Ermutigung bei Schülern in Lernprozessen (März 1980, 232; 1988, 26, 79, 142, 171; im Druck 130f, 295). Der englische Philosoph *John Locke* (1632-1704) sieht „Mut" (courage) und „Tapferkeit" (fortitude) als Gegenstück zu Feigheit und Ängstlichkeit. Er gibt einige Hinweise, wie Mut erzieherisch gefördert werden kann. Ein erster Schritt bestehe darin, „die Kinder sorgfältig vor jeglichem Schrecken zu bewahren, wenn sie jung sind. Man lasse ihnen nicht irgendwelche ängstliche Furcht einreden und überrasche sie nicht durch schreckenerregende Gegenstände" (1970, 140). Ein nächster Schritt sei die behutsame allmähliche Heranführung an beängstigende Dinge, um Gewöhnung an sie und Übung im Umgang mit ihnen zu fördern. Nach Locke ist es für Kinder entmutigend, wenn sie mit Schelten und Schimpfen gezwungen werden, Aufgaben zu erledigen, oder wenn sie zu lange bis zur Ermüdung mit einer Aufgabe beschäftigt werden (1970, 81). Der pietistische Pädagoge und Schulgründer *August Hermann Francke* (1663-1727) empfiehlt als prägendes Merkmal seines Erziehungsstils die Stärkung des „angefangenen Guten" und die „fleißige Aufmunterung" der Kinder statt sofortige Handgreiflichkeiten. Der in der Lehrerbildung tätige katholische Priester *Bernhard*

Overberg (1754-1826) weist auf die ermunternde Wirkung des heiter und fröhlich auftretenden Schullehrers hin (März 1967, 129f; 1984, 67f; 1988, 235). Der Philosoph und Begründer der wissenschaftlichen Pädagogik *Johann Friedrich Herbart* (1776-1841) betont die Bedeutung eines ausgewogenen Verhältnisses zwischen Tadel und Ermunterung. Tadel, der über eine längere Zeit ohne seinen Ausgleich durch die Ermunterung angewendet wird, verliere an Wirkung (1982, 222). Der italienische Jugenderzieher *Don Giovanni Bosco* (1815-1888) setzt Ermunterung ein, um Kinder zu gewinnen. Er sieht in der Ermunterung die notwendige Alternative zu gegenwirkenden Erziehungsmaßnahmen (März 1988, 354; 361, 364). Der Wiener Pädagoge *Vincenz Eduard Milde* (1777-1853) verweist zu Beginn des 19. Jahrhunderts darauf, daß der Erfolg der Erziehung in stärkstem Maße von der freien Selbsttätigkeit des Zu-Erziehenden abhängt. Es könne bestenfalls zum erwünschten Verhalten ermuntert, nicht aber gezwungen werden. Er präferiert die „Ermunterung" gegenüber dem „Befehl" (Milde 1965, 557, 595). Auch die italienische Reformpädagogin *Maria Montessori* (1870-1952) sieht in der Ermutigung eine Möglichkeit, die kindliche Aktivität zu wecken (März 1980, 282; 1982, 237). Der Religionsphilosoph *Romano Guardini* (1885-1968) warnt davor, den jungen Menschen nach den Vorstellungen des Erziehers zu formen und zu manipulieren. Vielmehr komme es darauf an, den Edukanden zu ermutigen, den eigenen Weg zu gehen, die eigenen Aufgaben zu erkennen und zu erfüllen (März 1988, 401, 440). Erziehen bedeute, dem Zu-Erziehenden „Mut zu sich selber" zu geben. Er warnt vor Entmutigung durch Aussagen wie „Du bist ein Schwächling ..." (Guardini 1929, 240-242).

Die neuere pädagogische Auseinandersetzung mit Ermutigung ist stark in der Individualpsychologie Alfred Adlers (1870-1937) verwurzelt (Antoch 1981; Dreikurs 1989; Hannen 1994; Henz 1964, 23-34). Im Unterschied zu anderen psychologischen und psychotherapeutischen Schulen wurde der Weg der Individualpsychologie zur Pädagogik bereits durch ihren Begründer selbst gebahnt. Adler hat sich nicht nur als Theoretiker für pädagogische Fragestellungen interessiert; er war auch erziehungspraktisch mit der Einrichtung und persönlichen Leitung von Elternberatungsstellen tätig. „Individualpsychologische Pädagogik" bzw. „individualpsychologische Erziehung" wurde vor allem durch Adlers Schüler zu einem eingeführten Begriff (Hobmair u.a. 1979; Wexberg 1931). Der abkürzende Name „Individualpädagogik" (z.B. Wieland 1944) kann zur Verwechslung mit dem gleichlautenden Ausdruck führen, wie er verstärkt in den letzten Jahren von einer Pädagogik in Beschlag genommen wird, die meint, das vermeintlich vernachläßigte „Individuelle", Subjektive und Idiographische in der Erziehung wieder betonen zu müssen (z.B. Krawitz 1992; Uhle 1995). Diese pädagogische Richtung weist mit der „individualpsychologischen Pädagogik" im Sinne Adlers keinerlei Zusammenhang auf.

Künkel (1976) und Birnbaum (1950) haben sich unter den Schülern Adlers der Ermutigung am intensivsten gewidmet. Ermutigung gilt als eines der „Schlüssel-Konzepte" der gesamten Individualpsychologie und auch als ein

Grundprinzip ihrer Pädagogik (O'Connell 1980, 44; Burger 1992; Hobmair u.a. 1979, 78).

Auch in der folgenden Generation bis zur Gegenwart ist die Ermutigungsforschung und -anwendung von individualpsychologischen Pädagogen weiter betrieben worden; z.B. für die Schulpädagogik (Dreikurs/Cassel 1991; Dinkmeyer/Dreikurs 1970), die Schulberatung (z.B. Sieland 1991) und die Erziehungsberatung bzw. Lebenshilfe (z.B. Schoenaker 1993; 1994a; 1994b). Institute in Deutschland und den USA bieten Ausbildungskurse für Eltern und professionelle Pädagogen zum „individualpsychologischen Berater" an (z.B. das Rudolf-Dreikurs-Institut von Schoenaker; Losoncy 1983, 180). Daneben haben aber auch etliche Autoren in den letzten Jahrzehnten über Ermutigung gearbeitet, die sich der Adler-Schule nicht verpflichtet fühlen: Es erschienen Arbeiten aus der Tradition weltanschaulich geprägter Pädagogik, wie z.B. die Monographie zur Ermutigung von Henz (1964), die einen durchaus kritischen Standpunkt gegenüber der Lehre Adlers einnimmt (1964, 29ff; 1979; vgl. März 1994). Ermutigung wird auch im Kontext von Erziehungsmethodik und Didaktik diskutiert (z.B. Geißler 1981, 111f; Domke 1991, 129ff; Netzer 1963), in der Weiterbildungsberatung (Prokop 1993, 7, 10, 14), in Erziehungsratgebern (z.B. Wieck 1992, 229ff) und in wissenschaftstheoretischen Abhandlungen (z.B. Girmes 1997, 63f).

Die vorliegenden Ausführungen bewahren ebenfalls eine kritische Distanz zum individualpsychologischen Paradigma. Wie für tiefenpsychologische Ansätze im allgemeinen, so gilt für die Individualpsychologie im besonderen: sie kann als kreatives Gedankengebäude von kulturphilosophischem Rang gelten, dem allerdings die wissenschaftliche Anerkennung aufgrund seines „großenteils spekulativen Charakters" (Hobmair u.a. 1979, 5) nicht unberechtigterweise versagt geblieben ist (Grawe u.a. 1994, 19; Popper 1979, 52f; Zimbardo 1992, 413f; Dewdney 1998; Elliger 1986; Eschenröder 1986; Eysenck 1985; Michaelis 1976, 9; Perrez 1979; Pohlen/Bautz-Holzherr 1995; Ulich 1993, 84-86). Sigmund Freuds psychoanalytische „Lehre bildet ein großartiges, in sich kohärentes Gebäude (...), das den Bedürfnissen der Jahrhundertwende nach Enttabuisierung und einer neuen Metaphysik genau entsprochen hat. Es gibt sicher keine vergleichbare Theorie, welche wie die seine beinahe hundert Jahre lang Künstler und Literaten fasziniert und befruchtet hat. Aber diese Tatsache sagt nichts über den empirischen Wahrheitsgehalt der Theorie aus, sofern diese den Anspruch hat, die psychische Entwicklung von Kindern und die Entstehung psychischer Störungen im Sinn einer auf die Realität bezogenen Wissenschaft zu erfassen". Ergebnisse empirischer Überprüfungen „sprechen dafür, daß Freuds Genie zwar intuitiv die Bedürfnisse der Kultur seiner Zeit, aber nicht die Faktoren erfaßt hat, welche die psychische Entwicklung des Menschen bestimmen" (Ernst 1993, 69f).

Popper kritisiert die Individualpsychologie wegen ihrer nicht falsifizierbaren und damit „unwissenschaftlichen" Kernaussagen. Diese seien durch keinerlei Erfahrungen widerlegbar. Im Gegenteil: jeder denkbare Fall könne als „Beweis" der Theorie interpretiert werden (Krips 1976, 217f). Nach Krips findet Adler bei jeder Fallanalyse als „letzte Ursache" ein Minderwertigkeitsgefühl, „weil er es a priori schon immer vorausgesagt hat" (1976, 219). Adler postuliere zwar einerseits die Wissenschaftlichkeit seiner Lehre; andererseits bezeichne er sie als „Kunst" (1976, 211ff). Nach Dreikurs trägt Adlers Lehre den Charakter einer (Lebens-)Philosophie (1989). Sie ist für Krips keine erklärende wissenschaftliche Theorie, sondern eine „Handlungsanweisung zur besseren Lebensbewältigung" (1976, 207). Auch die Individual*therapie* Adlers, eine Art psychoanalytisch angelegte Gesprächstherapie, die mit Ermutigung des Klienten arbeitet, ist bisher überzeugende Belege ihrer therapeutischen Wirksamkeit schuldig geblieben. Grawe und Mitarbeiterinnen stießen in ihrer qualitativen Meta-Analyse nur auf zwei empirische Wirksamkeitsstudien zur Individualtherapie, die zudem erhebliche Mängel aufweisen. Sie zählen diese Therapie deshalb zu den in keiner Weise gesicherten Verfahren (Grawe u.a. 1994, 168, 236-238, 735).

Im Vergleich zu anderen gegenwärtigen pädagogischen Strömungen trägt die individualpsychologische Pädagogik zwar in den von ihr aufgestellten Erziehungszielen als Reflexion ihres theoretischen Hintergrundes *eigenständige* Züge; kaum aber in ihrem praktischen Vorgehen. Daran vermögen auch neuere Versuche, ihre besondere Bedeutung für die heutige Erziehungspraxis herauszustellen, nichts wesentlich zu ändern (z.B. Burger 1992; Riedel 1990; Rüedi 1987; 1995). Ihre über das eigene Paradigma hinaus verallgemeinerbaren Aussagen decken sich weitgehend mit dem anerkannten gegenwärtigen Erkenntnisstand der pädagogischen Disziplin. Individualpsychologische Pädagogik greift auf gängige Erziehungsmittel zurück (Burger 1992, 102; Hobmair u.a. 1979, 74). Es ist fraglich, ob diese geringe Eigenständigkeit tatsächlich zutreffend nur damit erklärt werden kann, daß individualpädagogisches Wissen in den allgemeinen *state of the art* der Pädagogik als fester Bestandteil soweit aufgegangen ist, daß die Herkunft dieses Wissens beim Zitieren nicht mehr ausgewiesen wird (vgl. Hobmair u.a. 1979, 80).

Diejenigen pädagogischen Aussagen, die als spezifisch individualpsychologisch angesehen werden können, fußen teilweise auf apodiktisch gesetzten Annahmen, die nicht immer nachvollziehbar sind (z.B. Dinkmeyer/Dreikurs 1970, 15-27). Arbeiten der individualpsychologischen Pädagogik tragen teilweise einen deutlich rezeptologischen Charakter. Konkrete Verhaltensanweisungen für Eltern und Lehrer sind oft nicht näher begründet bzw. lassen jegliche selbstkritische Distanz vermissen. Beispielsweise wird bei trotzigen, stehlenden oder mürrischen Kindern geraten: „Sagen Sie niemals, Sie seien gekränkt!" (Dreikurs/Cassel 1991, 52f), eine pauschale Empfehlung, der Thomas Gordon und Carl Rogers entschieden widersprechen würden (Tausch/Tausch 1979). Insbesondere die Arbeit von Dreikurs & Soltz (1973) wird als kasuistisch-episodenhaft bezeichnet (Biller 1988, 6). Wenn solche populärwissenschaftlichen Schriften auch theoretisch nicht sehr ausgereift sind (z.B. auch Schoenaker 1994a; 1994b), mögen sie doch als Erziehungsratgeber für

Eltern einem Orientierungsbedürfnis entsprechen und so einen gewissen Wert als Thesensammlung besitzen, mit denen sich Praktiker zur eigenen Meinungsbildung auseinandersetzen können.

1.1 Explikation des Ermutigungsbegriffs

Szene 1: Ein 5jähriger Junge beobachtet seinen Vater neugierig beim Akkordeonspielen. Der Vater möchte das Interesse seines Sohnes für Musik wecken und ihm zeigen, daß er das Spiel auf diesem Instrument auch erlernen kann. Er bringt ihm bei, einen einfachen Rhythmus auf einer einzigen Taste zu spielen und ergänzt selbst die restlichen Töne zu einer einfachen Melodie mit Akkordbegleitung. Durch dieses gemeinsame Spielen erfährt sich der Junge selbst als verursachender Teil einer „richtigen Musik". Er gewinnt Interesse am Spielen und die Überzeugung, es auch selbst lernen zu können.
Szene 2: Einige Schüler in einer Berufssonderschul-Klasse besitzen ein sehr niedriges Selbstvertrauen. Während der Einzelarbeit im Unterricht halten sie nach jedem kleinen Arbeitsschritt an und trauen sich erst zum nächsten Schritt vor, nachdem der vorausgehende von der Lehrerin als richtig bestätigt worden ist.

Im Zusammenhang mit Verhaltensweisen, wie sie in diesen Szenarien zum Ausdruck gebracht werden, sprechen wir davon, daß ermutigt wurde. Offenbar wird dabei angenommen, daß Handlungen der Ermutigung Lernprozesse fördern können. Was aber macht eine Ermutigung aus und welche konkreten Wirkungen gehen von ihr aus? Diese Fragen gilt es zu klären. Denn obwohl die Beschäftigung mit der Ermutigung als pädagogischer Kategorie schon eine lange Tradition besitzt, wird dieser Terminus meist alltagssprachlich offen als nebulöser Sammelbegriff verwendet. Häufig wird weder explizit noch implizit sehr deutlich, was darunter verstanden werden soll.
Selbst in den Beispielen und Erläuterungen der individualpsychologischen Pädagogik wird „das Zauberwort Ermutigung relativ pauschal gebraucht" (Ertle/Möckel 1981, 88). Dies gilt auch für die Verwendung dieser Kategorie in der individualpsychologischen Therapie (z.B. bei O'Connell 1980). Die Arbeiten von Dreikurs und Mitarbeitern lassen einen auch nur halbwegs befriedigenden Versuch einer Begriffsfestlegung für „Ermutigung" vollkommen vermissen. Stattdessen werden in vieldeutigen Beispielen lediglich diffuse Umschreibungen angeboten (z.B. Dreikurs/Grunwald/Pepper 1976, 70). Auch Adler selbst bedient sich im allgemeinen einer dichterisch-freien Ausdrucksweise, die stark interpretationsbedürftig ist (Hobmair u.a. 1979, 13; Krips 1976, 205ff). Er benutzt Ausdrücke unbekümmert in mehreren Bedeu-

tungen, legt nicht immer klar, ob eine Textpassage wörtlich oder metaphorisch gemeint ist, spricht apodiktisch, wo eigentlich nur eine hypothetische Aussage erlaubt sein kann und begnügt sich kühn mit nur einer einzigen Deutung, wo sich mehrere geradezu aufdrängen (Metzger 1972, 24).

Folgende Aspekte tragen zu einem vagen und mehrdeutigen Ermutigungsbegriff bei, indem sie die Regeln sinnvollen Definierens und einer zweckmäßigen Begriffsverwendung verfehlen (vgl. Brezinka 1990, 23f, 28-33):

- Dieser Terminus wird zum Teil innerhalb derselben Arbeiten inkonsistent, also *uneinheitlich* gebraucht: Es wird von Ermutigung zum einen als Mittel und zum anderen als Ziel gesprochen (z.b. Henz 1964, 6, 45; Sieland 1991, 72ff), einmal im Sinne eines Zustands, einmal im Sinne eines Vorgangs (z.b. Dinkmeyer/Dreikurs 1970, 9, 41; Sieland 1991, 68), einmal als zentrale pädagogische Maßnahme und ein anderes mal im Sinne einer peripheren Motivation (z.B. „sie ermutigte ihn, mehr zu erzählen"; Losoncy 1983, 191).

- Oft wird „Ermutigung" durch einen anderen (metaphorischen) Begriff „geklärt", der *selbst klärungsbedürftig* ist (vgl. Brezinka 1990, 20, 30): Ermutigung sei ein „Mittel der Stärkung" (Henz 1964, 4) oder die Förderung der „Kräfte" (Wieland 1944, 282). Was aber sind diese Kräfte und was wird gestärkt?

- Bei einigen Autoren wird implizit deutlich, daß sie offensichtlich ein *extrem weitgefaßtes Begriffsverständnis* haben, dessen Grenzen zu verwandten Begriffen völlig verschwimmen: Der Unterschied zu anderen Formen der Hilfeleistung bei einer Problembewältigung oder zu anderen kommunikativen Unterstützungshandlungen ist unklar (z.B. Antoch 1981, 145; 1985, 299). Dafür einige Illustrationen: Aus den Beispielen von Dreikurs - so Ertle & Möckel (1981, 88) - ist meist nicht ersichtlich, wozu und mit welcher Zielsetzung ermutigt werden soll. Nach Schoenaker gehören auch alle positiven Äußerungen allgemeiner Natur, die angenehme Empfindungen und Freude auslösen, zur Ermutigung (1994b, z.B. 124). Wenn ein „gutes Wort der Anerkennung" an jemanden gerichtet wird oder er angelächelt wird und „sich dadurch besser fühlt", dann habe er eine Ermutigung erfahren (1994a, 41). Adler selbst führt den Kern psychischer Störungen generell auf Entmutigung zurück (Antoch 1985, 298). Entmutigung, so Dreikurs, sei ein „allgemeiner Begriff, der auf alle Arten von Mängeln und störendem Verhalten angewendet werden kann", z.B. indem „unsicher" gegen „entmutigt" ausgetauscht wird (1981, 94). „Jedes Fehlverhalten, jede Flucht in eine Krankheit" von kleinen Überschreitungen bis zur gewalttätigen Jugendkriminalität wird als eine Folge von Entmutigung interpretiert (Dinkmeyer/Dreikurs 1970, 9, 13; vgl. Dreikurs/Cassel 1991, 46f; Schoenaker 1994b, 127). Ein „unartiges" Kind sei immer ein entmutigtes Kind (Hobmair u.a. 1979, 78). „Alle Kinder, die sich schlecht benehmen oder versagen, sind entmutigt" (Dreikurs 1989, 116).

- Die individualpsychologisch orientierte Pädagogik bindet ihren Ermutigungsbegriff konzeptionell unmittelbar an *individualpsychologische Hypothesen* und Konstrukte, z.B. an die Stärkung des Zugehörigkeitsgefühls oder den Abbau von sozialen Minderwertigkeitsgefühlen (z.B. Schoenaker 1994a; Wexberg 1931, 277ff). Dies schränkt die Möglichkeiten zur Übernahme solcher Begriffsfestlegungen außerhalb der individualpsychologischen Ideologie stark ein.

Der Versuch, „die Tätigkeit des Ermutigens *phänomenologisch* ... aufzuhellen" (Antoch 1981, 143) oder eine „*Wesens*bestimmung" der Ermutigung zu entwerfen (Henz 1964, 4), kann nur schwer eine Definition im Sinne einer Explikation des Terminus ersetzen. Eine phänomenologische Aufhellung setzt bereits ein bestimmtes Begriffsvorverständnis voraus, das im Sinne einer zumindest vorläufigen Definition offengelegt werden sollte, um eine phänomenologische Klärung nachvollziehbar anschließen zu können. (Phänomenologische Definitionsversuche laufen Gefahr, der zirkelschlüssigen Argumentation des Weisen zu folgen, der auf die Frage, warum denn wohl eine Mozart-Kugel so heißt, antwortet: „Sie sieht aus wie eine Mozart-Kugel. Sie schmeckt wie eine Mozart-Kugel. Warum soll sie also nicht so genannt werden?")

Ermutigung wird häufig mit psychischen Konstrukten wie Vertrauen, Selbstvertrauen, Emotion, Erwartung, Zuversicht, Kompetenzüberzeugung, Motivation, Entschlußkraft, Aufmunterung, Angstlosigkeit, Ansporn, Selbstbewußtsein, Hoffnung, Lob und Optimismus in Verbindung gebracht, ohne den Charakter dieser Verbindung näher zu bezeichnen (z.B. Eden 1990a, 178). Es wird bei der Ermutigung meist nicht zwischen dem Phänomen selbst, seinen Voraussetzungen und seinen Folgeerscheinungen unterschieden. Wenn es z.B. heißt, Ermutigung fördere positive Stimmungen (Tausch/Tausch 1979, 174), bleibt offen, ob jede Maßnahme, die zur Aufhellung der Stimmung beiträgt, als Ermutigung gelten soll. Wenn „Anregen" und „Ermutigen" quasi gleichgesetzt werden (z.B. Thiele 1981, 28f), soll dies bedeuten, daß jede Form der Anregung eine Ermutigung ist? Ist jede Motivation, jede Form von Ansporn mit Ermutigen gleichzusetzen? Ähnliche Fragen lassen sich auch an die anderen oben genannten im Kontext von „Ermutigung" angesiedelten Begriffe stellen.

Wenn mit einem Begriff der Anspruch einer zentralen Bedeutung für ein pädagogisches Aussagesystem verbunden wird, kann der Verzicht auf seine Klärung nicht überzeugend damit gerechtfertigt werden, daß es sich bei „Ermutigung" und „Mut" um „schwer zu beschreibende Begriffe" handle (Dinkmeyer/Dreikurs 1970, 41) oder daß sie nach Adler für „unaufhörlich Strömendes" offen gehalten werden sollen (Krips 1976, 207ff, 217; vgl. Brezinka 1990, 24). Dreikurs, Grunwald & Pepper erklären sogar eine präzise Definition des Begriffs „Ermutigung" für „unmöglich" (1976, 70). Wenn auch die Präzisierung eines abstrakten Begriffs möglicherweise nicht endgültig bzw. konsensfähig abzuschließen ist, so besitzen diejenigen, die ihn verwenden, doch offensichtlich ein mehr oder weniger präzis umrissenes, vorläufiges, privates Verständnis von seinem Inhalt; andernfalls wäre es absurd, den Begriff zu sachbezogenen kommunikativen Zwecken überhaupt zu benutzen. Bei der Forderung, einen unklaren Ausdruck vor seiner Verwendung zu definieren, geht es lediglich darum, zumindest diesen vorläufigen Bedeutungsinhalt offenzulegen, um eine Basis für Verständigung zu erreichen.

Eine Bedeutungsanalyse von „Ermutigung" ist deshalb geboten. In den sich anschließenden Abschnitten wird ein terminologischer Klärungsversuch unternommen. Dabei kann das Ergebnis dieser begrifflichen Analyse bestenfalls ein zur Diskussion gestellter plausibler Vorschlag sein. Der zu entwickelnde Vorschlag wird keine völlig neue Definitionsalternative sein, sondern ein Ergebnis des Vorgangs, bereits vorliegende einzelne Überlegungen zum Begriff zu sichten, zu filtern und vor allem systematisch einander zu zuordnen und neu zu kombinieren. Dabei müssen erst etliche Einzelaspekte der Definition geklärt werden, bis es zur eigentlichen Begriffsfestlegung kommen kann. Im Laufe dieses Argumentationsprozesses ist es aus didaktischen Gründen an mehreren Stellen unerläßlich, vorläufige Arbeitsfestlegungen als Zwischenergebnis festzuhalten, die noch nicht völlig dem Ermutigungsbegriff als Endergebnis entsprechen können. Diese werden als „Arbeitsbegriffe" bezeichnet werden. Den Lesern muß daher etwas Geduld zugemutet werden und die Bereitschaft, aus den zu entwickelnden definitorischen Schritten nicht vorschnell Schlußfolgerungen zu ziehen.

Ein mit der Definition des Ermutigungsbegriffs verbundener Zweck ist der Entwurf eines „nomologischen Netzwerks", das „Ermutigung" in der Ebene verwandter Begriffe verortet. Ein nomologisches Netzwerk gilt als die Lokalisierung eines Konstrukts innerhalb anderer Konstrukte; also die konzeptuelle Einbettung in den theoretischen Rahmen anderer ähnlicher Konzepte (Heckhausen 1980a, 29; Helmke 1992, 101; Ludwig 1991, 78). Damit soll deutlich werden, inwieweit sich „Ermutigung" mit anderen Termini konzeptuell und phänomenologisch überlappt. Rotter (1990, vi) fordert eine solche Verortung neu einzuführender Konstrukte als Teil der Theoriebildung. Durch das Netzwerk werden einerseits Gemeinsamkeiten und Unterschiede der „Ermutigung" zu verwandten Konzepten plastisch; andererseits erhält das Ermutigungskonstrukt dadurch selbst deutlichere Konturen. Erst aufgrund einer solchen Begriffsanalyse kann zwischen dem Kern des Ermutigungsbegriffs und seinen Epi-Phänomenen unterschieden werden. Eine derartige Begriffsklärung erscheint Ertle & Möckel auch deshalb „notwendig, weil erst durch eine präzise Zuordnung von 'Ermutigung' ... klar werden kann, weshalb diese wirkt und weshalb die Wirkung diese und nicht irgendeine andere ist" (1981, 88). Eine Ermutigungsdefinition im Rotterschen Sinn ist (meines Wissens) noch nicht vorgelegt worden. Der einzige (mir bekannte) ähnliche Versuch, ein Netzwerk für „Ermutigung" zu knüpfen, stammt von Antoch. Er geht dabei jedoch von einem anderen Ermutigungskonzept aus und zieht weitgehend andere Vergleichskategorien heran (1981, 149ff).

Im Umkreis des Ermutigungsbegriffs wird oft auch der Begriff „Ermunterung" bzw. „Aufmunterung" genannt und mehr oder weniger deutlich von „Ermutigung" unterschieden. Nach der mehrheitlichen Auffassung ist die Ermunterung derjenige Teilbereich der „Ermutigung", der sich auf „relativ leichte, harmlose" nicht sehr beanspruchende Handlungen beschränkt (Loch 1965b, 405). Insofern bedarf es keiner gesonderten Abhandlung des Begriffs „Ermunterung", da er prinzipiell ähnlich wie „Ermutigung" zu charakterisieren ist (vgl. Domke 1991, 130f; Netzer 1963, 495; Söntgerath 1970, 381f).

1.1.1 Mut und Ermutigung

Ermutigung wird meist als ein Vorgang, nicht als ein Produkt eines Vorgangs gesehen (Dinkmeyer/Dreikurs 1970, 41). In der Terminologie Brezinkas handelt es sich also um einen Prozeßbegriff, nicht um einen Produktbegriff (1990, 52). Dieser Vorgang geht von einer Ermutigungsquelle (Ermutigungssubjekt, Ermutiger) aus, also von einer Person oder einer Situation, die ermutigt. Dieser Vorgang ist auf eine Person, die ermutigt wird, gerichtet (das Ermutigungsobjekt, der Zu-Ermutigende). Bei der interpersonalen Ermutigung handelt es sich beim Ermutigungssubjekt und -objekt um zwei Personen. Bei der Selbstermutigung bzw. intrapersonalen Ermutigung tritt das Subjekt und Objekt in Personalunion auf. Bei der Situationsermutigung ist das Ermutigungssubjekt eine apersonale Situation, die ermutigt.

Vom Vorgang bzw. der Tätigkeit des Ermutigens geht eine bestimmte Wirkung aus bzw. eine bestimmte Wirkung wird unterstellt, um deren willen ermutigt wird. Im Fall einer absichtlichen inter- oder intrapersonalen Ermutigung dient der Ermutigungsvorgang einem bestimmten, außer ihm selbst liegenden Zweck. Was aber ist diese Wirkung und dieser Zweck? Es liegt zunächst sprachlich nahe, die Wirkung, das Ergebnis, das Ziel bzw. den Zweck der Ermutigung mit „Mut" zu benennen. Ermutigung wäre demnach ein Vorgang zur Erzeugung eines gesteigerten Mutes. Analog wäre Entmutigung der Prozeß, der zum Zustand der Mutlosigkeit führt (siehe Diagramm 1). Diese Sichtweise wird häufig vertreten; z.B. von Dreikurs & Cassel (1991, 58), Schoenaker (1994b, 109) und Wieland (1944, 280).

Diagramm 1: Ermutigung und „Mut"

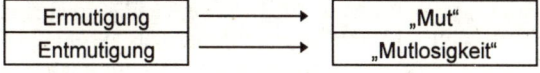

Mit dieser Festlegung der Ermutigungswirkung auf Mut handelt man sich allerdings mehr terminologische Fragen ein als man beantwortet zu haben meint. Denn diese Festlegung ist noch fast inhaltsleer abstrakt, da der Mut-Begriff seinerseits völlig unterschiedlich ausgelegt wird. Die Spannbreite seiner Bedeutungsinhalte geht vom Mut des Gelehrten zur Erkenntnis bei Sören Kierkegaard über den Lebensmut bis zum Heldenmut desjenigen, der wissentlich sein Leben für andere riskiert (vgl. Henz 1964, 20-23, 39; Loch 1965a; Sieland 1991, 63).

Ähnlich wie „Ermutigung" wird der Begriff „Mut" bisweilen sehr weit gefaßt: „Das gesamte Werden der Persönlichkeit, die Aktualisierung der personalen Potenzen, der Vollzug der im Gewissen vorgenommenen Forderungen, all dies ist im Konkreten voller Schwierigkeiten und erfordert Mut" (Henz 1964, 3). Mut im Sinne Lochs ist identisch mit „seelischer Lebenskraft". Er ist

„*das* Gefühl der Vitalität", eine „fundamentale Gefühlskraft des Menschen zum Leben", eine „lebensnotwendige Grundbefindlichkeit des Menschen (...), auf deren Boden er überhaupt erst die Kraft bekommt, sein Leben in die Hand zu nehmen". Mut ist „in jedem aktiven, in die Welt hinausgreifenden Verhalten wirksam" (Loch 1965a, 1f, 5f). Wenn davon ausgegangen wird, daß letztlich jedes bewußte Verhalten, jede menschliche Aktivität Mut erfordert, dann gerät der Mutbegriff in die Nähe einer grundsätzlichen elementaren Lebensenergie. Es erscheint fraglich, ob ein so weiter Begriff für das praktische pädagogische Vorgehen noch aussagekräftig ist.

Adler bindet seinen Mut-Begriff an die individualpsychologische Philosophie. Er koppelt ihn an Aktivität, ein gesundes Selbstwertgefühl und an das Gemeinschaftsgefühl. Soziale Versager wie „Schwererziehbare", „Nervöse", „Selbstmordkandidaten" und „Verbrecher" wären „ihren Weg gegangen, weil ihnen der Mut, nützliche Dinge zu vollbringen, abhanden gekommen ist" (Adler 1927; Antoch 1985, 298; Hobmair u.a. 1979, 62). Aufgrund dieser ideologischen Bindung kann für die Ableitung einer allgemeinen Definition kaum auf Adler zurückgegriffen werden.

Für den weiteren Verlauf vorliegender Arbeit genügt es, die verschiedenen Bedeutungsvarianten des Mut-Begriffs vereinfachend auf zwei zentrale Inhaltsbestimmungen zu reduzieren, die im folgenden genauer betrachtet werden: Mut i.e.S. als Risikobereitschaft ist in gefahrvollen, risikobehafteten Situationen erforderlich. Mut i.w.S. als Fähigkeit, sich aktiv mit Schwierigkeiten auseinanderzusetzen, ist in Situationen erforderlich, die das Durchhaltevermögen strapazieren. Diese beiden Typen stellen zwei Möglichkeiten dar, „Mut" zu definieren. Es handelt sich also nicht etwa um zwei Arten von Mut im Sinne von untergeordneten Kategorien eines übergeordneten Mut-Begriffs. Neben diesen beiden Typen gibt es eine Reihe von ursprünglichen Begriffsauffassungen, die im vorliegenden Kontext zu vernachlässigen sind, wie z.B. die altgermanische semantische Variante im Sinne von „Stimmung", die noch in Verbindungen wie „Übermut", „Wankelmut" oder im englischen „mood" erhalten ist.

(1.) Risiko-Mut

Wenn der Ausgang einer Situation unsicher und der Weg mit Risiken behaftet ist, wird Mut benötigt. Was aber ist Mut selbst? Mut wird häufig mit Tapferkeit, Kühnheit, Furchtlosigkeit, Unerschrockenheit, Tollkühnheit, Schneid, Verwegenheit, Entschlossenheit, allgemeiner mit Seelenstärke oder psychischer Stärke umschrieben. Mut im engeren oder eigentlichen Sinn ist z.B. Heldenmut oder Wagemut (vgl. Henz 1964, 19; Loch 1965a, 1). Diese Auffassung des Mut-Begriffs soll im folgenden mit „Risiko-Mut" bezeichnet werden, der in einer erhöhten Risikobereitschaft zum Ausdruck kommt (vgl. Antoch 1981, 46; Losoncy 1983, 182f). Risiko-Mut ist gemeint, wenn Mut als eine psychische Gestimmtheit oder sittliche Haltung gesehen wird, die zu unerschrockenem Verhalten in gefährlichen, bedrohlichen Situationen führt (Wieland 1944, 281f; Meyers Enzyklopädisches Lexikon 1976, Bd. 16, 664). Ähnlich beschreiben Dinkmeyer & Dreikurs Mut im Sinne des Risiko-Muts als die Fähigkeit, eine Handlung auszuführen, obwohl die damit verbundenen Gefahren und möglichen nachteiligen Folgen klar erkannt werden (1970, 41).

In diesem Sinn gilt jemand also als mutig, wenn er sich etwas getraut, das ein Risiko in sich birgt. Risiko-Mut bedeutet nicht nur, ein Scheitern der vorgenommenen Aufgabe zu riskieren - dieses Risiko ist bei allen Aufgaben von einem bestimmten Anspruchsniveau an ohnehin unvermeidbar zu tragen -, sondern über das reine Scheitern hinaus, ein spürbares weiteres 'Verlustrisiko' einzugehen. Die Teilnahme an einem Gesellschaftsspiel erfordert im allgemeinen keinen Risiko-Mut, weil das Verlieren (als „Scheitern" an der Aufgabe) keine ernsthaften, lebenspraktischen Nachteile zur Folge hat. Selbst der Verlust eines ganzen Straßenzugs beim Monopoly ändert nichts am wirklichen materiellen Lebensstil des Spielenden. Anders die Person, die sich schützend vor einen Wehrlosen stellt, der von einem physischen Angriff bedroht ist: Sie zeigt Risiko-Mut, weil sie nicht nur ein Scheitern der Aufgabe riskiert, nämlich den anderen vielleicht doch nicht schützen zu können, sondern weil sie darüber hinaus den Verlust der eigenen Gesundheit riskiert, indem sie sich möglicherweise selbst zur Zielscheibe des Aggressors macht. Dieses Gesundheitsrisiko entspricht in diesem Fall dem zusätzlich eingegangenen Verlustrisiko. Das extreme Gegenteil des Risiko-Muts ist Feigheit.

Mut bezieht sich in der Regel auf ein Handeln, das positiv besetzt ist. Mut ist mit einer gewissen sozialen Anerkennung verbunden. Ein Bankräuber geht auch ein erhebliches Risiko ein. Sein Handeln wird aber nicht als mutig klassifiziert.

Risiko-Mut ist aber nicht nur für die aufsehenerregenden, öffentlichen, spektakulären Heldentaten in lebensbedrohenden Situationen nötig, sondern auch in „Alltagsabenteuern", z.B. bei beruflichen Veränderungen, in Situationen, in denen es gilt, die Angst vor Blamage oder Lampenfieber zu überwinden oder wenn der junge Mann seine Zuneigung der verehrten Dame eingesteht und dabei riskiert, einen „Korb" zu erhalten und alle Betroffenen in eine peinliche Situation zu bringen. Auch das Kind, das die Sicherheit des Elternhauses verläßt, um die erste selbständige Erkundung der Umgebung zu unternehmen, beweist Mut in diesem Sinn (Loch 1965a, 10). Bereits John Locke wendet sich gegen eine Mutvorstellung, die nur den Heldenmut im Kampf und im Töten um militärische Ehre und Ruhm umfaßt (1970, 138-147; vgl. Henz 1964; Pestalozzi 1960, 373f).

In der Alltagssprache wird der Begriff „Mut" i.e.S. meist aus der externen Position verwendet: Das Verhalten eines anderen Menschen wird dann als mutig eingestuft, wenn damit *objektiv* ein Risiko eingegangen wird. Insofern wird eine Raubtier-Dompteurin im allgemeinen als mutiger eingeschätzt als ein Verwaltungsangestellter. Aus der internen Perspektive hingegen wird das eingegangene Risiko aus der *subjektiven* Sicht des Mutigen beurteilt; also aufgrund der „privaten Bedeutung" einer Siuation, nicht der „öffentlichen Bedeutung" (Heckhausen 1980a, 43). D.h.: Mut ist dann vorhanden, wenn der Betroffene überzeugt davon ist, in seinem Handeln etwas zu riskieren. Risiko-Mut muß im Grunde sinnvollerweise an diesem subjektiv empfundenen und bewußt eingegangenen Wagnis gemessen werden. Mut ist demnach die Bereitschaft, ein *subjektives* Risiko einzugehen. Nach dieser Festlegung würde ein Verwaltungsangestellter, der sich in einen Löwenkäfig wagt, mehr Mut beweisen als eine erfahrene Dompteurin, die - sich ihrer Kompetenzen und Erfahrung bewußt - ein vergleichsweise geringeres subjektives Risiko eingeht. Durch das Betreten eines Aufzugs beweist der Klaustrophobiker (subjektiv) Mut, obwohl viele Menschen täglich dasselbe tun ohne damit mutig zu sein.

Die Sinnhaftigkeit und Notwendigkeit, den Begriff Mut *subjektiv* zu definieren, wird deutlich, wenn man sich Beispiele vor Augen führt, in denen objektive und subjektive Risikoeinschätzung extrem auseinanderklaffen: Jemand betritt ein baufälliges Haus, ohne daß ihm dies bewußt ist. Es besteht also eine objektive Gefahr, die allerdings subjektiv nicht erkannt wird. Niemand würde das Verhalten dieser Person als mutig bezeichnen. Umgekehrt beweist derjenige Mut, der bei Nebel durch das südenglische Dartmoor wandert und durch die Lektüre der Kriminalgeschichten Agatha Christies beflügelt dort eine heimtückische, sumpfige Moorlandschaft vermutet, obwohl diese Gefahr objektiv nicht besteht, da die gefährlichen Sümpfe dort weitgehend eine Romanerfindung sind. In der Erlebnispädagogik Kurt Hahns wird die Diskrepanz zwischen subjektiver und objektiver Gefahr planmäßig eingesetzt. Für Jugendliche werden dort Lernsituationen hergestellt, deren objektive Gefährlichkeit subjektiv im allgemeinen weit überschätzt wird und die Selbstvertrauen aufbauen sollen (im Gegensatz zu modischen „Mutproben", die zeitgeistentsprechend auf bedingungsloses Fremdvertrauen in die Technik setzen; wie z.B. das Bungee-Jumping). In der Alltagssprache kann bei der Verwendung des Mutbegriffs die Differenzierung in subjektiven und objektiven Mut lediglich deshalb ohne Schaden ignoriert werden, weil dort das objektive und das subjektive Risiko vereinfachend als identisch wahrgenommen wird.

Häufig wird Mut mit Zuversicht und Selbstvertrauen bzw. positiver Erfolgs- oder Leistungserwartung assoziiert. Auch Adler tut dies. Mut im Sinne des Risiko-Muts hat jedoch nichts mit Selbstvertrauen bzw. Zuversicht zu tun (vgl. Dreikurs/Grunwald/Pepper 1976, 81). Über ein Drahtseil in schwindelerregender Höhe zu balancieren, würde vom Laien mehr Mut erfordern als von der geübten Artistin. Sie verfügt allerdings aufgrund ihrer Übung und Erfahrung über mehr Selbstvertrauen als der Laie. Mut kann bedeuten, ein Wagnis einzugehen, trotz der subjektiven Gewißheit, wahrscheinlich zu scheitern, etwa weil der erhoffte Erfolg trotz geringer Erfolgschancen als so wertvoll eingeschätzt wird, daß jedes Risiko in Kauf genommen wird. In so einem Fall von Mut kann von Zuversicht keine Rede sein. Der Mut der Verzweiflung ist gerade der Risiko-Mut in nahezu hoffnungslosen Situationen (Loch 1965a, 1). Die Erwartung-mal-Wert-Theorien können zur Erklärung von mutigem Verhalten in solchen Situationen herangezogen werden: Menschen werden eben auch zu Handlungen motiviert, wenn zwar nur eine geringe Erfolgswahrscheinlichkeit besteht, aber dafür ein hoher Anreiz, wie etwa bei der Beteiligung an einer Lotterie (vgl. Ludwig 1991, 45).

„Sich etwas getrauen", „sich etwas zutrauen" bzw. sich der Situation „anzuvertrauen" ist nicht dasselbe (vgl. Oser 1994, 796f). Jemand kann wenig Selbstvertrauen und geringe Erfolgserwartung haben und trotzdem Mut beweisen; z.B. der schlechte Schwimmer, der sich in die Fluten wagt, um ein Kind zu retten. Großes Selbstvertrauen schließt die Notwendigkeit von Risiko-Mut im Sinne der subjektiven Risikobereitschaft geradezu aus. D.h.: Zuversicht und Risiko-Mut verhalten sich indirekt proportional zueinander. In dem Maß, in dem eine Person zuversichtlicher wird oder an spezifischem Selbstvertrauen gewinnt, ist sie weniger auf Risiko-Mut angewiesen und vice versa. Denn Zuversichtlich-sein bedeutet, die *subjektive* Wahrscheinlichkeit des Scheiterns als gering einzuschätzen, also gerade wenig subjektives Risiko einzugehen. Wird jemand zuversichtlicher, so wird er damit nicht risiko-mutiger, sondern es verkleinert sich lediglich seine subjektive Risikoeinschätzung. Mut machen bedeutet also nicht, jemand (subjektiv) risikobereiter zu machen.

Bsp. 1: In dem Maß, in dem die geübte Bergsteigerin voller Selbstvertrauen und Zuversicht davon ausgeht, die Steilwand mit größter Wahrscheinlichkeit ohne Probleme und Gefahren zu meistern, beweist sie damit gerade keinen oder nur wenig Mut; auch wenn das Laien-Kletterer aus ihrer persönlichen Einschätzung des Gefahrenpotentials anders empfinden mögen.

Bsp. 2: Jene, die während der nationalsozialistischen Diktatur den politisch-ethnisch Verfolgten halfen, zeichneten sich zum Unterschied zu anderen, welche diese Zivil-Courage nicht aufbrachten, durch erhöhten Risiko-Mut aus. Befragungen zufolge waren die Helfenden nicht unbedingt zuversichtlicher als andere, daß ihre (potentiellen) Hilfeleistungen unentdeckt bleiben würden (Oliner/Oliner 1989).

Dinkmeyer & Dreikurs setzen Mut mit Angstlosigkeit gleich (1970, 41). Mut und Angst sind jedoch nicht notwendigerweise sich gegenseitig ausschließende psychische Phänomene, auch wenn Mut mit relativer Angstfreiheit einhergehen kann. „Mut steht nicht einfach der Angst gegenüber" (Henz 1964, 17). Mut zu besitzen, bedeutet nicht, keine oder weniger Angst zu verspüren als in einer Situation angemessen wäre. Auch bei großem Mut kann Angst vorhanden sein. Der Mutige ist jedoch in der Lage, seine Angst so in Schach halten, daß sie auf ihn nicht handlungslähmend wirkt. Er bleibt *trotz* seiner Angst handlungsfähig. Risiko-Mut ist also nicht unbedingt das diametrale Gegenstück zur Angst. Der Mutige überwindet vielmehr seine Angst. „Überwinden" bedeutet hier jedoch nicht eine Beseitigung, sondern eine Inaktivierung der Angst.

Der Risiko-Mut als Mut i.e.S. ist nur schwer mit den angenommenen Wirkungen und Zielen von Ermutigungsprozessen zu vereinbaren, über die in vielen Beispielen zur pädagogischen Ermutigung berichtet wird (vgl. Dreikurs/

Grunwald/Pepper 1976, 81). Dort wird Ermutigung mit der Förderung von Selbstvertrauen, Zuversicht oder Angstlosigkeit gleichgesetzt oder zumindest in enge Beziehung gebracht. Wie oben ausgeführt lassen sich diese psychischen Merkmale nicht in eine direkte Verbindung mit Risiko-Mut bringen. Darüber hinaus bergen die erzieherischen Situationen, in denen Ermutigung für notwendig erachtet wird, meist kein Verlustrisiko in sich. Ein Schüler, der den „Mut zum Lernen" aufbringt, geht meist kein größeres Risiko ein als an der gestellten Lernaufgabe zu scheitern. Somit kann Ermutigung in vielen pädagogischen Anwendungsfällen nicht als ein Vorgang verstanden werden, der eine Erhöhung des Mutes im Sinne des Risiko-Mutes bewirkt.

Wenn jedoch einer Person vermittelt wird, daß die ihr bevorstehende Leistungssituation „gut ausgehen" wird, so wird unter diesem Vorgang im Alltagsverständnis eine Ermutigung verstanden. Ist diese Person aufgrund der Ermutigung überzeugt, daß sie die Situation meistern wird, schätzt sie das Risiko zu scheitern weniger dramatisch ein als zuvor und benötigt infolgedessen auch weniger Risiko-Mut. Ermutigung bedeutet hier also gerade *nicht*, den Risiko-Mut einer Person zu steigern und sie somit *risikobereiter zu machen*. Es gilt hier vielmehr, eine andere Einschätzung des einzugehenden Risikos bei gleichbleibendem „Risiko-Mut-Niveau" zu bewirken. Wäre Ermutigung an Risiko-Mut gekoppelt, so würde Ermutigung bedeuten, die Risikobereitschaft zu erhöhen. Handlungen jedoch, die einen anderen dazu bringen, sich risikobereiter zu verhalten, werden im allgemeinen nicht als Ermutigung bezeichnet, sondern als Anstiftung zu Wagemut oder Waghalsigkeit. Die Bereitschaft, ein Risiko einzugehen, kann z.B. durch Aussetzen einer entsprechenden Belohnung für das Eingehen einer Gefahr erhöht werden. Ein solches In-Aussicht-stellen einer „Gefahrenzulage" könnte als Motivierung, aber nicht als Ermutigung bezeichnet werden.

(2.) Bewältigungsmut

Neben dem Risiko-Mut gibt es in der Alltagssprache noch eine weitere, übertragene Bedeutung von Mut. Man spricht auch dann von Mut bzw. Mutlosigkeit oder „den Mut nicht verlieren", wenn es weniger auf die Entscheidung für oder die Bereitschaft zu einem subjektiven Verlustrisiko ankommt, als vielmehr darauf, sich bewußt der Bewältigung von Schwierigkeiten zu stellen und eben nicht vor ihnen zu kapitulieren. Die Bewältigung von Aufgaben birgt nicht immer ein spürbares Risiko in sich, das über jenes des Scheiterns an der Aufgabe hinausgeht. Die Schülerin, die sich „mutig" der Aufgabe stellt, den Pythagoreischen Lehrsatz zu verstehen, geht zunächst kein weiteres Risiko ein, als eben diese mathematische Aussage nicht zu begreifen. Sie benötigt also keinen Risiko-Mut im Sinne des Einlassens auf ein zusätzliches Verlustrisiko. (Von weiteren zu riskierenden Konsequenzen, die auf die Schülerin zukommen können, wenn sie die Aufgabe nicht bewältigt, wie z.B. eine schlechte Note zu erhalten, kann hier abgesehen werden, da sie mit dem aufzubringenden Mut nichts zu tun haben. Diese Risiken sind ohnehin zu tragen, ob nun die

Mathematikaufgabe mutig angegangen wird oder nicht.) Trotzdem setzen auch solche Aufgaben eine psychische „Kraft" voraus, ohne die entsprechende Lernprozesse erheblich beeinträchtigt werden. Der Mut i.w.S., der in solchen Situationen erforderlich ist, soll hier „Bewältigungsmut" genannt werden. Seine Abwesenheit, also (Bewältigungs-)Mutlosigkeit, wird im allgemeinen nicht als Feigheit bezeichnet.

Mut im Sinne dieses Mutbegriffs hat ebenfalls eine große lebenspraktische Bedeutung. Das, was unter „Mut" bzw. „Mutlosigkeit" im Sinne des Bewältigungsmuts verstanden wird, korrespondiert weit besser mit typischen erzieherischen Situationen, bei denen von Ermutigung bzw. Entmutigung die Rede ist, als der Risiko-Mut. Bewältigungsmut wird benötigt, um schulische Lernbemühungen auch bei schwierigen Unterrichtsstoffen aufrecht zu erhalten (vgl. Loch 1965a, 11), um die alltäglichen Anforderungen zu bewältigen, die auf einen Menschen einströmen (Dreikurs/Cassel 1991, 59). (Bewältigungs-) Mutlosigkeit kann beispielsweise einen Lernenden überfallen, wenn er bereits etliche erfolglose Versuche unternommen hat, einen lateinischen Klassiker zu „entschlüsseln". Auch Adler scheint teilweise an den Bewältigungsmut zu denken, etwa wenn er die Relevanz des Muts im Hinblick auf nützliche Leistungen im Dienst der Allgemeinheit hervorhebt.

Bewältigungsmut ist gemeint, wenn Mut als Bereitschaft zu kraftvollem Voranschreiten auf dem Lebensweg trotz Schwierigkeiten bezeichnet wird (Henz 1964, 51) oder als jene Haltung, die es ermöglicht, Konflikten, Belastungen und Schwierigkeiten nicht auszuweichen, sondern ihnen aktiv zu begegnen (Geißler 1981, 111) bzw. als die Bereitschaft, sich auf die vorbehaltlose Auseinandersetzung mit Problemen einzulassen (Antoch 1981, 138). Nach diesem Mutverständnis wird auch häufig der pädagogische Ermutigungsbegriff festgelegt, nämlich als das Prinzip der Erziehung, das stark macht, trotz Schwierigkeiten auf dem Weg zum Lernziel voranzuschreiten (Henz 1964, 7) bzw. als erzieherische Maßnahme, die beim Zögling aufgrund seines „Selbstbewußtseins" jene Haltung der Seele schaffen will, welche die Kräfte und Bereitschaft zur Überwindung von Schwierigkeiten steigert (Wieland 1944). Alle diese Festlegungen beschreiben allerdings lediglich die lebenspraktischen Konsequenzen von Mut bzw. Mutlosigkeit. Was aber jene „Haltung", „Bereitschaft" und „Kraft" ausmacht, die als Mut bezeichnet wird, was also inhaltlich mit „Mut" gemeint ist, wird durch solche Aussagen nicht näher erhellt.

Im Kern beschreibt „Bewältigungsmut" die subjektive Überzeugung, auftauchende Probleme überwinden zu können. Dieser Mut steht also für eine Haltung, die mit „zuversichtlich sein" charakterisiert werden kann. Wenn sich eine Person gegenüber einer Problemsituation mutlos fühlt, dann besitzt sie keine Zuversicht. Zuversicht beschreibt ein psychisches Merkmal, das je nach Situation differenzierter mit positiver Erwartung oder Selbstvertrauen bezeichnet werden kann.

Die Gleichsetzung bzw. enge Koppelung von Mut mit Zuversicht, Selbstvertrauen oder positiven Erwartungen erscheint in vielen Umschreibungen von

„Mut": Mut bedinge ein „Gefühl der Sicherheit" (Dreikurs 1981, 94), Mut als Selbstvertrauen in die eigenen Fähigkeiten und als Selbstsicherheit (Dinkmeyer/Dreikurs 1970, 43; Dreikurs/Cassel 1991, 58), als Grundstimmung des Selbstbewußtseins, das als Selbstvertrauen in Erscheinung tritt (Horney 1970, 430), als „auf Selbstvertrauen gegründete Totaleinstellung" (Birnbaum 1948). Mit „total" ist ein mutiges Sein, Denken, Fühlen und Handeln gemeint, das heute modisch „ganzheitlich" genannt werden würde. Nach Wieland beruht Mut „auf einem gewissen Kraftbewußtsein, das Selbstvertrauen und Gottvertrauen umfassen kann, auf einer gewissen Sicherheit hinsichtlich des Erfolges" (1944, 280).

Bewältigungsmut im Sinne von Zuversicht harmoniert mit der Mehrheit der gängigen pädagogischen Mut-Assoziationen wie Selbstvertrauen und relative Angstfreiheit im Zusammenhang mit Ermutigung besser als der Risiko-Mut.

(3.) Fazit: Verzicht auf den Mut-Begriff
Der alltagssprachliche Mut-Begriff enthält je nach Kontext sehr unterschiedliche Bedeutungen. Eine geeignete Definition von „Mut" als Ergebnis von Ermutigungshandlungen müßte deshalb partiell vom alltagssprachlichen Verständnis abrücken und würde damit eine gewisse terminologische Künstlichkeit aufweisen. Eine zufriedenstellende, konsensfähige inhaltliche Definition des Begriffs „Mut" bzw. seine Verankerung im Sinne eines nomologischen Netzwerks innerhalb verwandter psychischer Konstrukte steht noch aus. Risiko-Mut als Mut i.e.S. reflektiert die Wirkung von Ermutigung im pädagogischen Kontext nur wenig. „Bewältigungsmut" als Mut i.w.S. scheint den gemeinten Sachverhalt besser zu treffen. Der Begriff „Bewältigungsmut" ist allerdings weitgehend durch andere Begriffe ersetzbar, die schon auf eine längere Tradition der Bemühungen um relativ präzise Begriffsbildung verweisen können und die als psychische Konstrukte stark in die gegenwärtige verhaltenswissenschaftliche Diskussion - im Unterschied zu „Mut" - eingebunden sind. Deshalb wird in der vorliegenden Arbeit auf den Mut-Begriff als zentrale Bezeichnung der Wirkung und des Ziels von Ermutigungshandlungen zugunsten anderer Begriffe verzichtet, die den Bedeutungsinhalt von „Bewältigungsmut" präziser und eindeutiger wiedergeben (vorbehaltlich der Verwendung von „Mut" in Zitaten). Die dazu im folgenden darzustellenden Termini für die Wirkung von Ermutigungsvorgängen entsprechen weitgehend dem Begriff „Bewältigungsmut", der als Synonym für „Zuversicht" betrachtet wird.

1.1.2 Ermutigung als Zuversichtssteigerung

Wegen der hohen Mißverständlichkeit des vieldeutigen Begriffs „Mut" wird im folgenden Ermutigung nicht mit „Mut-Steigerung", sondern mit dem einfacher zu fassenden Begriff „Zuversichtssteigerung" gleichgesetzt. Als Arbeits-begriff bedeutet „Ermutigen" somit „Zuversicht geben" oder „Stärkung der Zuversicht" (Keller 1954, 290; Losoncy 1983, 177). Zuversicht gilt also hier vorläufig als das Resultat von Ermutigung bzw. als Zielsetzung einer intendierten Ermutigungshandlung. Wenn beispielsweise davon die Rede ist, daß die medizinische Forschung ermutigende Resultate hervorbringt, dann ist damit gemeint, daß Grund für Zuversicht und Hoffnung gegeben ist. „Entmutigt sein" ist somit der psychische Zustand, kaum Hoffnung und Zuversicht zu besitzen. Diese Arbeitsfestlegung von „Ermutigen" wird später weiter präzisiert werden (Abschnitt 1.4).

1.1.2.1 Zuversicht

„Zuversichtlich sein" bedeutet „positive Erwartungen haben". Ermutigung kann also auch als Stärkung oder Erhöhung von positiven Erwartungen bezeichnet werden (Henz 1964, 56, 121; Tyler 1958, 167; Schwarzer 1979). „Zuversicht" läßt sich in zwei Sub-Bereiche aufgliedern, die beide die Wirkung von Ermutigungsprozessen darstellen können: Zuversicht hinsichtlich der eigenen Kompetenzen ist eine Haltung der positiven intrapersonalen Leistungserwartungen, die auch als *Selbstvertrauen* bezeichnet werden kann. Zuversicht gegenüber dem Verhalten anderer Personen oder hinsichtlich einer nicht selbst kontrollierten Ereignisentwicklung (Ludwig 1991, 36) ist eine Erwartungshaltung, die als *Weltvertrauen* oder *Fremdvertrauen* bezeichnet werden kann.

Der pädagogisch bedeutungsvollere Bereich ist Ermutigung im Sinne der Selbstvertrauensstärkung. Ermutigung ist häufig in diesen beiden Sub-Bereichen beschrieben worden: als Förderung von Weltvertrauen (vgl. Bollnow 1983, 74, 88) und von Selbstvertrauen (z.B. Dinkmeyer/Dreikurs 1970, 126f; Domke 1991, 130, 138; Dreikurs/Cassel 1991, 58; Henz 1964, 63; Horney 1970, 431; Loch 1965a, 12; Losoncy 1983, 182, 184; März 1994, 249; Rupp 1984, 327; Schoenaker 1994a, 41; 1994b, 9, 23, 109f; Söntgerath 1970, 381; Tausch/Tausch 1979, 174; Wexberg 1928, 273). Ermutigung stärke den Glauben an die eigenen Fähigkeiten und führe zur Überzeugung „Ich kann!" (Schoenaker 1994b, 9) und zur „Entdeckung der eigenen Begabungen" (Loch 1965a, 12). Ermutigung als Vorgang verändere die intrapersonalen Erwartungen einer Person (Dinkmeyer/Dreikurs 1970, 46, 126; Showers 1992, 474). Aus einer weltanschaulichen Sicht wird Weltvertrauen auch als Gottvertrauen bezeichnet (Wieland 1944, 280).

1.1.2.2 Selbstvertrauen und Fähigkeitsselbstkonzept

Im folgenden werden die Begriffe „Selbstvertrauen", „Selbstkonzept" und „Erwartung", die der Zuversicht zugeordnet werden können, konzeptualisiert und miteinander verglichen. Erwartungen sind realitätsbezogene, auf die Zukunft gerichtete Vorstellungen, von denen der Erwartende überzeugt ist, daß sie die nachfolgende reale Ereignisentwicklung zutreffend antizipieren. Dieser deskriptive deterministische Erwartungsbegriff wurde andernorts hergeleitet und ausführlich begründet (siehe Ludwig 1991, 30-42).

„Vertrauen" ist dem Begriff „Selbstvertrauen" übergeordnet. Vertrauen ist die optimistische Erwartung gegenüber einer anderen Person, gegenüber Tieren oder einer Sache, daß diese sich als wohlwollend, günstig, oder jedenfalls nicht als aggressiv oder schädigend erweisen (vgl. Hierdeis 1974, 42; Platzköster 1990, 30f; Zand 1977). Unter „Vertrauen" wird meist interpersonales Vertrauen verstanden. Selbstvertrauen hingegen bezieht sich auf die Erwartungen gegenüber der eigenen Person (vgl. Dreikurs 1987, 48). Seitz & Rausche (1976, 30) setzen in ihrem „Persönlichkeitsfragebogen für Kinder" (PFK) „Selbstvertrauen" mit der Test-Dimension „Selbstüberzeugung hinsichtlich eigener Meinungen, Entscheidungen und Planungen" gleich. Nach den Testitems des PFK äußert sich diese Dimension sowohl in der Erwartung von Lob, Anerkennung, Wertschätzung und Akzeptanz von seiten der Umgebung, als auch in der Überzeugung vom eigenen Können, in der Toleranz für Kritik, Zufriedenheit mit sich selbst und in einer optimistischen Zukunftserwartung.

Dem Selbstvertrauen übergeordnet ist das „Hyperkonstrukt Selbstbewußtsein", welches Selbstwertgefühl, Selbstvertrauen, persönliches Kontrollbewußtsein, Hoffnung auf Erfolg und Absenz von Leistungsängstlichkeit umfaßt (Fend u.a. 1976, 374; Helmke 1992, 101f; Olechowski/Rieder 1990, 147).

Zur Entwicklung des eigenen Verständnisses von „Selbstvertrauen" wird zunächst vom differenzierten Konzept Helmkes (1992) ausgegangen, um es zu modifizieren. Seine Konzeptualisierung ist auf die Untersuchung der Schulleistung in Mathematik zugeschnitten. Hier wird seine Definition über diese bereichsspezifische Verankerung hinausgehend verallgemeinert dargestellt. Das „leistungsbezogene Selbstvertrauen" ist nach Helmke eine *subjektive Kompetenzüberzeugung* im Sinne des Vertrauens in die eigene Fähigkeit, gegenwärtige wie zukünftige Anforderungen bewältigen zu können. Das leistungsbezogene Selbstvertrauen ist eine relativ stabile intrapersonale Überzeugung, die als überdauerndes Persönlichkeitsmerkmal im „Sinne des trait-Konzeptes" angesehen werden kann, aber auch den kurzfristig-aktuellen Leistungsstand als „state" umfaßt (Helmke 1992, 13, 19, 74f, 101). „Traits" sind dispositionale, habituelle, über die Zeit relativ stabile und situationsübergreifende Persönlichkeitscharakteristiken, -merkmale oder Verhaltenskontinuitäten einer Person, während mit „state" aktuell-punktuell auftretende, situationsgebundene Merkmale oder temporäre, kontextabhängige Verhaltensweisen gemeint sind (Peterson/Seligman 1984, 370). Leistungsbezogenes Selbstvertrauen beinhaltet nach Helmke drei „Facetten" (1992, 74f):

• den *sozialen Vergleich* (komparativer Aspekt): Damit ist die explizite Selbsteinschätzung der eigenen relativen Leistungsposition innerhalb einer bedeutsamen Gruppe (z.B. der eigene Rangplatz innerhalb der Schulklasse) gemeint.

- die *Zukunftsperspektive*: Das ist der „prospektive Aspekt des Leistungsselbstbildes". Neben dem „statischen" Selbstkonzept im Sinne der Diagnose des Ist-Standes werden auch Vorstellungen zu zukünftig erzielbaren Leistungen und eine Einschätzung der zukünftigen Leistungsentwicklung als „auf die Zukunft gerichtete Erfolgszuversicht", also eine dynamische Perspektive entwickelt.

- die *Bewältigbarkeit externer Anforderungen*: Diese Facette umfaßt die generalisierte subjektive Schwierigkeitsbewertung einer Aufgabe, also das Ausmaß der perzipierten Über- und Unterforderung durch die Aufgabe.

Diese Facetten werden von Helmke im Sinne einer Konzeptualisierung nur grob skizziert, „ohne dabei der Beschreibung der Operationalisierung vorzugreifen" (1992, 74). Helmke will damit zwischen der (generellen) konzeptuellen Definition eines Begriffs und seiner (spezifischen) operationalen Definition im Sinne einer Aufbereitung und konkreten Nutzbarmachung für die empirische Erfassung unterscheiden (vgl. Richardson 1983, 5). Die genannten Facetten scheinen jedoch eher in Richtung einer (möglichen, aber nicht zwingenden) Operationalisierung zu weisen als in Richtung einer Konzeptualisierung, insbesondere die Facette „*sozialer Vergleich*". Die Facette „*Bewältigbarkeit externer Anforderungen*" kann als Operationalisierung oder als eigene Variable aufgefaßt werden, die möglicherweise lediglich hoch mit Selbstvertrauen korreliert und insofern zur indirekten empirischen Erhebung von „Selbstvertrauen" nützlich ist, selbst aber nicht das Selbstvertrauen darstellt. Somit läßt sich die Konzeptualisierung Helmkes auf die Facette „*Zukunftsperspektive*" reduzieren.

Selbstvertrauen meint die Zuversicht in die eigenen Fähigkeiten (Einsiedler 1989, 104). Eine Person mit großem generellen Selbstvertrauen besitzt sozusagen einen ausgeprägten Optimismus (vgl. Carver/Scheier 1989; Seligman 1992). Aber nicht jede Form von Selbstvertrauen ist mit Zuversicht gleichzusetzen. Selbstvertrauen bezieht sich auf die eigene Leistungsfähigkeit und Kompetenzüberzeugung, also auf eigenes Verhalten, das internal kontrolliert werden kann. Der allgemeine Begriff „Zuversicht" hingegen kann auch positive Erwartungen beinhalten, die sich nicht auf das Ergebnis eigener Leistungen beziehen, sondern auf das eigene Schicksal oder das Handeln anderer Menschen, auf das kein Einfluß genommen werden kann, da es objektiv nur external kontrolliert wird. Solche Erwartungen sind nicht intrapersonal, sondern interpersonal oder situativ (vgl. Ludwig 1991, 36). Beispielsweise hat die Zuversicht, daß der Arzt oder eine Medikation eine Krankheit kurieren werden, nichts mit Selbstvertrauen zu tun.

Ein weiterer Unterschied zwischen Selbstvertrauen und Erwartung bzw. Zuversicht bezieht sich auf die Zeit-Dimension: Zuversicht und Erwartung sind im allgemeinen zukunftsbezogen, während Selbstvertrauen und Selbstkonzept primär gegenwartsorientiert bzw. zeitungerichtet sind. Die beiden letztgenannten Konstrukte beinhalten aber auch eine Zukunftsorientierung insofern, als sie allgemeine subjektive Annahmen darstellen, aus denen für bevorstehende Einzelfälle konkrete Erwartungen deduziert werden (vgl. Einsiedler 1989, 106; Ludwig 1991, 80). Positive Kompetenzerwartungen sind also der aktualisierte „state" (z.B. „dies wird passieren...") , der unter anderem aufgrund des Selbstvertrauens als habituelle Trait-Eigenschaft ausgebildet wird (z.B. „Wenn ich das tun würde, dann würde ich erfolgreich sein").

Das Selbstkonzept oder Selbstbild umfaßt alle relativ stabilen Vorstellungen und Überzeugungen zur eigenen Person. Es läßt sich in bereichsspezifische Teilselbstkonzepte unterteilen. Selbstkonzepte beinhalten beispielsweise die kognitive Repräsentation der eigenen Fähigkeiten und Sozialbezüge. Helmke verwendet „Fähigkeitsselbstbild" und „leistungsbezogenes Selbstvertrauen" synonym (1992, 19, 74). Somit kann das Selbstvertrauen als dasjenige Teilselbstkonzept aufgefaßt werden, das sich auf die allgemeine Leistungsfähigkeit bezieht (Deusinger 1986; Ludwig 1991, 79f).

Der Zusammenhang von Selbstkonzept und Erwartung wird zwangsläufig ähnlich beschrieben wie der Zusammenhang von Selbstvertrauen und Erwartung. Helmke bezeichnet das Fähigkeitsselbstkonzept (trait) als habituelles Gegenstück zur Handlungs-Ergebnis-Erwartung und zur Situations-Ergebnis-Erwartung (state). Einerseits ist das Selbstkonzept ein „kristallisiertes Substrat" vielfacher Zyklen der konkreten Erwartungs-Ergebnis-Einschätzungen. Andererseits hängt die Aktualgenese konkreter leistungsbezogener Erwartungen entscheidend vom Selbstkonzept ab (Helmke 1992, 69; 1989; Howard/Reardon 1986, 249, 252; Ludwig 1991, 79f). Die enge Verbindung zwischen dem Selbstkonzept der allgemeinen Leistungsfähigkeit und den Leistungserwartungen spiegelt sich z.B. in den Befunden einer Feldstudie von Ludwig zur Optimierung von Studienleistungen durch mentale Vorstellungen wider (1993; im Druck). Dort wurde ein enger und hochsignifikanter Zusammenhang zwischen der Erfolgserwartung und dem Selbstkonzept der allgemeinen Leistungsfähigkeit gefunden ($r = 0.77$; $p < 0.0001$).

1.2 Funktionen und kausales Prozeßmodell der Ermutigung

Im Sinne eines vorläufigen Arbeitsbegriffs wird unter Ermutigung ein Vorgang verstanden, der die Zuversicht steigert bzw. steigern soll. Zuversicht meint eine positive Erwartungshaltung. Selbstvertrauen, Weltvertrauen und Fähigkeitsselbstkonzept sind spezifische Zuversichtssubformen.

Im Gegensatz zum neutralen Begriff „Erwartung" umfassen die Termini „Ermutigung", „Zuversicht" und „Selbstvertrauen" eigentlich nur die positive Ausprägungsrichtung ihrer jeweiligen Dimension. Für den negativen Valenz-Bereich müßte z.B. von Entmutigung oder Selbstmißtrauen gesprochen werden. Für diese Begriffe gibt es teilweise keine eingeführten negativen Gegenstücke bzw. neutrale Oberbegriffe, die den positiven *und* negativen Bereich benennen. Um die Einführung neuer Kunstbegriffe zu vermeiden, werden diese Termini in den folgenden Ausführungen auch als neutrale Oberbegriffe für beide Ausprägungsrichtungen verwendet. Der negative Bereich wird durch Zusätze wie *„geringes* Selbstvertrauen" oder *„wenig* Zuversicht" deutlich gemacht. Ferner werden diese Termini als relative Begriffe verstanden: Es gibt also nicht nur Ermutigte und Entmutigte, Zuversichtliche und Nicht-Zuversichtliche im Sinne eines „entweder - oder", sondern mehr oder weniger Ermutigte und Zuversichtliche. Das bedeutet auch, daß nicht nur ein völlig Entmutigter, sondern durchaus auch ein moderat zuversichtlicher Mensch von einer Ermutigung einen relativen Zugewinn an Zuversicht davontragen kann. Ermutigung wird also als relative Steigerung der Zuversicht verstanden; relativ hinsichtlich des Ausgangsniveaus vor der Ermutigung.

Bei der Ermutigung lassen sich zwei grundlegende pädagogische Funktionen unterscheiden:

• Erhöhte Zuversicht kann bereits das *Erziehungsziel* selbst darstellen. In diesem Fall sind Zuversicht bzw. Selbstvertrauen ein Selbstzweck. Bei dieser Funktion der Ermutigung wird Zuversicht bereits an sich, also ohne weiteren konkreten Anwendungsbezug, als erstrebenswert betrachtet. Generelle oder bereichsspezifische Zuversicht ist dabei das dispositionale Persönlichkeitsmerkmal, das lernend erworben werden soll.

• Erhöhte Zuversicht kann auch ein *Zwischenziel*, ein Mittel für einen weiteren Zweck darstellen. Hier wird auf eine konkrete Verhaltenswirksamkeit von Zuversicht gesetzt.

Meist wird Ermutigung in der Pädagogik im Sinne der zweiten Funktion eingesetzt. Zuversicht als innerpsychisches Merkmal ist dann kein Selbstzweck, sondern ein Mittel, mit dessen Hilfe ein bestimmtes erwünschtes Verhalten beim Zu-Erziehenden als Erziehungsziel erreicht werden kann.

Bsp.: Eine Lehrerin unterstützt die Erreichung des Erziehungsziels „Beherrschung der Differentialrechnung" bei ihren Schülern, indem sie bei der Einführung in die neue Materie darauf achtet, ihren Schülern Erfolgserfahrungen zu vermitteln, um sie damit zu ermutigen, in ihrer Aufmerksamkeit und Lernbemühung nicht nachzulassen.

Bei dieser Funktion ermutigt man „zu" einem bestimmten Verhalten (z.B. Bemühung), „damit" ein bestimmtes Resultat erreichbar wird (z.B. das Lernziel „Beherrschung des Differentialrechnens"). Um aber dieses Verhalten zeigen zu können, muß der Zu-Ermutigende über die Disposition „Zuversicht" verfügen, damit das Endziel erreicht werden kann. „Ermutigung" ist hier also ein *Prozeß*, ein Vorgang, der zu dem *Produkt* „(gesteigerte) Zuversicht" führt. Die Zuversicht ist wiederum die Voraussetzung für ein bestimmtes Verhalten, welches das Endziel des Prozesses ermöglicht. Der Einsatz von Ermutigung in der Pädagogik zielt also auf folgenden kausalen Ablauf ab (Diagramm 2): Ausgangspunkt ist die Ermutigung, also eine bestimmte Handlung des Erziehers (Stufe 1), welche darauf abzielt, die Zuversicht (Stufe 2) des Zu-Erziehenden hinsichtlich eines bestimmten Lernergebnisses zu steigern. Diese gestiegene Zuversicht veranlaßt den Zu-Erziehenden als Konsequenz der Zuversicht sich in einer bestimmten Weise zu verhalten (Stufe 3), so daß sich das angestrebte Resultat, z.B. ein Lernergebnis, eine Disposition, Kompetenz oder Kenntnis (Stufe 4) einstellt, das als Erziehungsziel intendiert war. Ermutigt wird also zu einer Verhaltenskonsequenz (Stufe 3), damit ein bestimmtes Resultat (Stufe 4) erreichbar wird.

Diagramm 2: 4-Stufen-Prozeßmodell der Ermutigung

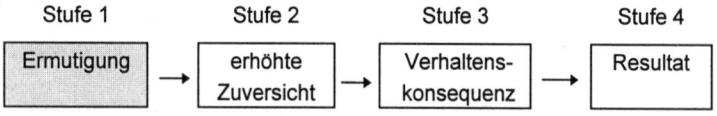

Bsp.: Eine Lehrerin hat sich als Unterrichtsziel die „Beherrschung der Differentialrechnung" gesetzt (Stufe 4). Sie ermutigt ihre Schüler durch Lob für die korrekten Antworten zu ihren Fragen bei der ersten Annäherung an das neue Sachgebiet (Stufe 1). Dadurch wird das Selbstvertrauen der Schüler in Mathematik gefördert (Stufe 2). Das gestiegene Selbstvertrauen erhöht die Lernbereitschaft. Die Schüler sind dadurch aufmerksamer, leistungswilliger und bereit, mehr Zeit und Energie in ihre Hausaufgaben zu investieren (Stufe 3). Dies erleichtert es den Schülern, das Differentialrechnen umfassend zu begreifen (Stufe 4).

Ermutigung zielt also auf drei hintereinander geschaltete Wirkungen (Stufe 2 bis 4) ab. Analog zur Pharmakologie könnte man zwischen „Wirkung" und „Wirksamkeit" unterscheiden: „Wirkung" bezieht sich dort auf die biochemische Veränderung, die ein Medikament auslöst (analog Stufe 2 und 3); „Wirksamkeit" auf den heilenden Effekt, also die Beseitigung einer Krankheit als Folge der biochemischen Veränderung (analog Stufe 4). Nur Stufe 1 stellt die Ermutigung selbst dar. Zwar sind die Stufen 2 bis 4 als Folgeschritte von 1 vom Ermutiger intendiert; aber der Begriff der Ermutigung als Handlung bezieht sich nur auf das Handeln des Erziehers, nicht auf die damit ausgelösten Folge-Reaktionen. Die Ermutigung selbst kann aber bereits dann als erfolgreich gelten, wenn sie zur Zuversichtssteigerung geführt hat (vgl. Abschnitt

1.4). In Abschnitt 1.3 wird näher ausgeführt, welche Formen der Verhaltens-
konsequenzen denkbar sind und welche Mechanismen dabei beteiligt sind.

1.2.1 Exkurs: „Handlung" und „Verhalten"

In den vorausgegangenen Ausführungen wurden die Begriffe „Verhalten" und
„Handlung" bereits im Sinne bestimmter Bedeutungen verwendet. Da ihr
semantischer Unterschied für die folgenden Überlegungen essentiell ist und
diese Termini in den Verhaltenswissenschaften nicht völlig einheitlich verwendet werden, sollen die hier präferierten Festlegungen erläutert werden. Sie
stimmen mit den meisten gängigen Definitionen zumindest grob überein.

„Verhalten" läßt sich nur schwer umschreiben, weil dieser Begriff einen so
umfassenden Bedeutungsgehalt besitzt, daß es nur behelfsmäßig gelingt, ihm
übergeordnete Kategorien zu finden, von denen aus eine definitorische
Klärung im Sinne einer Eingrenzung („definire", lat. für „eingrenzen") ihren
Ausgangspunkt nehmen könnte. Dafür muß in die Alltagssprache ausgewichen
werden. Provisorisch kann man von Begriffen wie „Lebensäußerung" (Ludwig
1991, 27), „Tätigkeit" oder „Aktivität" (Heckhausen 1980a, 2) ausgehen und
sie mit „Verhalten" gleichsetzen. Im folgenden wird „Verhalten" in einem
weiten Sinn verwendet, der über die ursprüngliche behavioristische Definition
als bloßes Reagieren auf Umwelt-Reize hinausgeht (Watson 1913). Der
erweiterte Verhaltensbegriff umfaßt demnach alle willkürlichen und unwillkürlichen, motorischen und mentalen Aktivitäten; auch „äußeres oder innerli-
ches Tun, Unterlassen oder Dulden" (Weber 1921, zit. nach Edelmann 1994,
306 und Brezinka 1990, 70; vgl. Roth 1987, 7; Sarges/Fricke 1986, 170). Im
Unterschied zu Heckhausens Definition (1980a, 2) sind auch Erlebens- und
Bewußtseinsprozesse eingeschlossen (Zimbardo 1992, 1). Diese weite Auffassung kommt dem Bedürfnis entgegen, sozial- und humanwissenschaftliche
Aussagen bisweilen auf diesen gesamten Bereich aller Aktivitäten oder
Lebensäußerungen von Menschen zu beziehen. Denn dort wo der Begriff
„Verhalten" enger gefaßt wird, verzichtet man auf die Möglichkeit, den weiten
Bedeutungsgehalt mit einem einzigen eingeführten Ausdruck abdecken zu
können, da (meines Wissens) zum Terminus „Verhalten" dafür keine Alterna-
tive zur Verfügung steht.

(1.) Verhalten läßt sich nach seiner *Willkürlichkeit* unterscheiden. Es gibt
willkürliches und unwillkürliches Verhalten:

- *Unwillkürliches* Verhalten umfaßt z.B. Reflexe, konditionierte Reaktionen, Erlebenseinheiten wie Tag- und Nachtträume (Heckhausen 1980a, 2)
  oder motorische Verhaltensweisen, die unreflektiert und nicht-bewußt ausgeführt werden. (Der Leser denke etwa an seine gegenwärtige Körperhal-

tung, die beim konzentrierten Lesen, in der Regel ohne Aufmerksamkeit zu absorbieren, beibehalten bzw. von Zeit zu Zeit leicht verändert wird.)
- *Willkürliches* bzw. willentliches Verhalten umfaßt Handlungen und Ausführungsgewohnheiten. Handlungen sind zielgerichtet und reflexiv (rückbezüglich); d.h.: geplant, intendiert, willentlich, also wählbar (Brezinka 1990, 70; Edelmann 1994, 306; Hamann 1994, 9). Der Handelnde ist sich seines Handelns bewußt. Ausführungsgewohnheiten oder „automatisches Verhalten" sind ursprüngliche Handlungen, die nicht mehr reflektiert ausgeführt werden, aber ihre Reflexivität sofort wieder zurückgewinnen können („habits"; z.B. Begrüßungsrituale, Autofahren); etwa beim Auftreten von Störungen (vgl. Ansfield/Wegner 1996; Bargh/Barndollar 1996; Brezinka 1990, 70).

Unwillkürliches Verhalten erfolgt *nicht-willentlich*, quasi „automatisch", ohne aktuelle Willensentscheidung dafür. Der sich unwillkürlich Verhaltende tut etwas, ohne darüber nachzudenken oder eine bewußte Entscheidung für dieses Tun getroffen zu haben. Unwillkürliches Verhalten geschieht jedoch *nicht* unbedingt *unfreiwillig*, also nicht „gegen den Willen" des Ausführenden, eher „ohne dessen Willen" (Kirsch 1990, 8f, 131f). Zu unwillkürlichem Verhalten lassen sich Ursachen ausmachen (genauso wie bei willkürlichem), jedoch keine Absichten. Bei unwillkürlichem Verhalten läßt sich damit die „Warum-Frage" stellen, aber nicht die Frage „Wozu?" (Heckhausen 1980a, 2f). Die Kausalität unwillkürlichen Verhaltens ist somit „blind", während die Finalität des willkürlich Handelnden „sehend" ist. Finalität beruht auf der Fähigkeit des Willens, die Folgen des kausal determinierten eigenen Verhaltens in gewissem Umfang vorauszusehen, -zuahnen oder zumindest Folgen zu vermuten und es dadurch zielgerichtet und planvoll zu steuern (Welzel 1954, 28).

Ein Großteil des unwillkürlichen Verhaltens kann auch willkürlich ausgeführt werden. Solches Verhalten erfolgt zwar aktuell ohne bewußte Reflektion; könnte aber grundsätzlich dem Willen unterworfen werden. Ein grobmotorisches Beispiel dafür ist das „Kohnstamm-Phänomen": Drückt man eine Zeitlang mit dem Handrücken des hängenden Arms kräftig nach außen gegen eine Wand und entspannt anschließend den Arm, so führen die Muskeln eine unwillkürliche Bewegung nach außen aus (z.B. Kossak 1989, 89f). Ein feinmotorisch-kognitives Beispiel dafür ist die Chevreulsche Pendel-Illusion: Ein Pendel, dessen Schnur ruhig zwischen den Fingern gehalten wird, vollführt die Bewegung, die sich der Pendelnde vorstellt. Solche Bewegungen sind zweifelsohne auch willentlich ausführbar. Der Teil des unwillkürlichen Verhaltens, der keinesfalls willkürlich ausgeführt werden kann, ist das sogenannte Spontan-Verhalten. Dazu gehören z.B. das Einschlafen, das Träumen und die Emotionen. Dieses Verhalten entzieht sich grundsätzlich der bewußten willentlichen und unmittelbaren Steuerung des Verhaltenden (Ludwig 1991, 37; im Druck).

Handeln in diesem Sinn ist eine „Unterklasse" des Verhaltens (Heckhausen 1980a, 43; siehe Abb. 3). Max Weber (1921) hat den Handlungsbegriff als Verhalten mit subjektivem Sinn eingeführt. Handeln kann auch aus Denken, motorischen Tätigkeiten, Wahrnehmen oder Lernen bestehen (Heckhausen 1980a, 25). Dort wo statt der hierarchischen Zuordnung, eine sich mehr oder weniger ausschließende Beziehung zwischen den Begriffen „Verhalten" und „Handlung" präferiert wird, gerät man leicht in die Schwierigkeit, die beiden Termini trennscharf gegeneinander abzuheben (z.B. Edelmann 1994, 309).

Abbildung 3: Hierarchie von Verhalten und Handeln

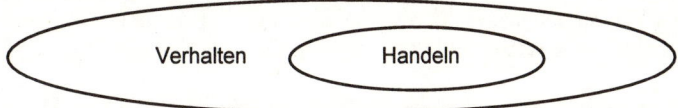

(2.) Eine weitere Dimension des Verhaltens, einschließlich des Handelns, trennt nach seiner *Beobachtbarkeit* von außen. Es wird „offenes" und „verdecktes" Verhalten bzw. Handeln unterschieden (z.B. Brezinka 1990, 72; Cautela/McCullough 1986, 291ff; Heckhausen 1980a, 44; Kossak 1989, 165, 532f; Meichenbaum 1973, 197; Rupp 1984, 87; Sheikh/Jordan 1983, 407). Die Fremdbeobachtung von Verhalten muß sich auf die Registrierung offenen (aktionalen) Verhaltens beschränken; d.h.: auf grob- oder fein-motorisches, einschließlich sprachliches Verhalten. „Verdecktes Verhalten" ist nur der unmittelbaren Selbstwahrnehmung, nicht jedoch der Fremdbeobachtung zugänglich; z.B. Vorstellungs-, Gefühls- und Denkprozesse. Entsprechend werden auch Handlungen in „innere geistige Handlungen" und „äußere Handlungen" unterteilt (Döring 1990, 116). Weder die englischen Original-Ausdrücke („overt" vs. „covert") noch die deutsche Standard-Übersetzung („offen" vs. „verdeckt") sind m.E. besonders treffend. Aus Gründen der Konvention sollen sie hier beibehalten werden. Häufig zu findende Synonyme sind „äußeres vs. inneres", „externes vs. internes" bzw. kognitives oder mentales Verhalten.

1.2.2 Zuversicht und Emotion

„Zuversicht", „Erwartung" und die ihnen zugeordneten psychischen Konstrukte „Selbstvertrauen" und „Selbstkonzept" werden hier zunächst als kognitive Konstrukte behandelt. Dies schließt natürlich nicht aus, daß diese Kognitionen eng mit Emotionen verbunden sein können.

Dies soll am Beispiel des kognitiven Konstrukts „Selbstkonzept" näher ausgeführt werden: Das Selbstkonzept kann sowohl als evaluatives als auch als deklaratives Konzept aufgefaßt werden. Die evaluative Auffassung betont primär die affektiven, bewertenden Aspekte; z.B. die Selbstakzeptierung und das Selbstwertgefühl. Das Selbstkonzept als deklarativ verstandenes Konstrukt betont dagegen primär das selbstbezogene Wissen im Sinne einer Überzeugung, die kognitive Repräsentation der eigenen Person, z.B. Selbstschemata und Selbstmodelle (Helmke 1992, 19f). Wenn im folgenden der Begriff „Selbstkonzept" mit Helmke und vielen anderen Autoren im deklarativen Sinn verwendet wird, so bedeutet dies nicht, daß es sich bei „dessen Manifestation in aktuellen Situationen nur um 'cold' und nicht auch um 'hot cognitions' handelt" (1992, 19f). Selbstkonzepte sind also auch häufig von Emotionen und Bewertungen begleitet, die beim deklarativen Selbstkonzept-Begriff allerdings als Begleiterscheinungen oder Folgen aufgefaßt werden und nicht als Bestandteil des Konzepts selbst. Ähnlich ist die Beziehung von Erwartungen, Zuversicht und Selbstvertrauen zu assoziierten Emotionen zu betrachten (Oettingen 1997, 145). Einsiedler geht z.B. davon aus, daß das Selbstvertrauen kognitive und emotionale Elemente besitzt (1989, 104). Im Grunde kann man prinzipiell von einer sehr engen Verbindung von Kognitionen und Emotionen ausgehen. Die Unterscheidung von Kognition und Emotion scheint ohnehin nur einen formal-artifiziellen Charakter zu haben, der weder „erlebnisphäno-menologisch" so ohne weiteres nachvollziehbar ist noch vermutlich die „wahre" Natur der Psyche sehr treffend reflektiert (vgl. Haun-Just 1990, 556ff; Heid 1996, 47; Kirsch 1990, 193ff). Trotzdem ist die Trennung in Kognition und Emotion und die eindeutige Zuordnung des Kerns eines psychischen Phänomens zu einer der beiden Kategorien sinnvoll und hilfreich. Denn Kognitionen und Emotionen sind unterscheidbare komplementäre Komponenten eines einheitlichen psychischen Geschehens (Ulich/Mayring 1992, 31). Werden Konstrukte, wie etwa Selbstvertrauen, Erwartung oder Zuversicht, in ihrem Kern als kognitiv aufgefaßt, so erscheinen Emotionen als Vorausset-zungen oder Folgen dieser Kognitionen (vgl. die „kognitive Emotionstheorie" nach Lazarus u.a. 1977). So wird etwa beschrieben, daß eine hohe „Erfolgszu-versicht" in Bezug auf Schulleistungen mit Gefühlen wie „Stolz", „Zufrieden-heit" und „Lernfreude" einhergeht, Selbstvertrauen mit Leistungsangst negativ korreliert (Helmke 1992, 115-119), Angst eine emotionale Folge von negati-ven Erwartungen ist (vgl. Tyler 1958, 166) und experimentell bestätigt, daß Erwartungen emotionale Konsequenzen haben (Kirsch 1990, 6f).

Auch zwischen Ermutigung und Gefühlen wird eine Beziehung angenom-men: Ermutigende Erlebnisse heben die Grundstimmung, das Gefühl vitaler Kraft und das Selbstwertgefühl (Henz 1964, 56; Tausch/Tausch 1979, 174). Umgekehrt gilt allerdings auch, daß die Beeinflussung des Gefühls ein Mittel zur Ermutigung sein kann (vgl. Henz 1964, 15).

Es wertet die assoziierten Emotionen in ihrer lebenspraktischen Bedeutung keinesfalls ab, wenn ihnen die Rolle des Begleiters von Kognitionen und Handlungen zugewiesen wird (vgl. Ludwig 1991, 32, 41). Möglicherweise sind die Emotionen, die mit Kognitionen verbunden sind, sogar die entschei-denden Wirkmechanismen, welche die Kognitionen erst verhaltenswirksam werden lassen und damit z.B. zu Ermutigungseffekten führen. Folgende Pro-zesse werden angenommen: Emotionen bestimmen die Leistung mit. Negative Emotionen können also zu Barrieren und Blockaden beim Lernen führen. Eine übergroße Wahrnehmung der eigenen Unzulänglichkeiten führt zu Leistungsangst, die wiederum Konzentrationsmängel verursacht und schließlich die Bewältigung einer zu lösenden Aufgabe be- oder verhindert (Haun-Just 1990, 56f). Positive Gefühle und Stimmungen als Folge von Ermutigung verbessern im Unterricht die Aufnahme und das Behalten von Informationen „entscheidend" (Wiater 1993, 152).

Die psychologische Altruismusforschung und die Forschung zum prosozialen Verhalten hat etliche Stimmungseffekte aufgeklärt. Die emotionale Grundstimmung in einer Situation beeinflußt Hilfsbereitschaft, Großzügigkeit und die Höhe der aktuellen Frustrationsschwelle. Innerhalb des Forschungsfeldes des prosozialen Verhaltens ist die Stimmungskongruenz-Hypothese entwickelt worden. Sie besagt, daß die Neigung besteht, Verhaltensmuster zu zeigen, die mit der jeweiligen Stimmung konsistent sind. Positive Stimmung geht etwa mit der erhöhten Bereitschaft zu positiven Verhaltensmustern wie Hilfsbereitschaft einher. Entsprechend werden auch Selbstwahrnehmung, soziale Fremdwahrnehmung (Gegenwart) und Erinnerungsprozesse (Vergangenheit) gelenkt, was vielfach empirisch belegt wurde. Personen in guter Stimmung scheinen eher positive Handlungen an sich wahrzunehmen und sich an mehr positive Gedächtnisinhalte zu erinnern als Personen in schlechter Stimmungslage (Bierhoff 1990, 128-132).

Einstellungen werden inzwischen zunehmend als affektiv-emotionales Konstrukt gesehen. Nach McGuire lassen sich die meisten Einstellungsdefinitionen auf eine Reaktion reduzieren, die Aufschluß über die Lokalisation eines kognitiv repräsentierten Objekts auf einer Urteilsdimension gibt (1985, zit. nach Koch 1992, 52). Das mittlerweile stark kritisierte und häufig zurückgewiesene klassische Drei-Komponenten-Modell des Einstellungsbegriffs, das die affektive, kognitive und konative Komponente umfaßt (z.B. Koch 1992, 52f; Schiefele 1990, 3ff), läßt sich daher auf seine *affektive* Dimension (Ablehnung bis Wertschätzung) beschränken. Die ursprüngliche *kognitive* Komponente (die Überzeugung oder Meinung zum Einstellungsgegenstand) wird dann zur Voraussetzung für eine Einstellung und die *konative* Komponente (die Verhaltensbereitschaft) zu ihrer Folge. Ähnlich definieren einige Autoren „Einstellung" als subjektive Bevorzugung oder Ablehnung eines gegebenen Objekts (Koch 1992, 54; Schiefele 1990, 10ff; vgl. Klauer 1991) und rücken die affektive Komponente in den Vordergrund des Einstellungskonstrukts („affektive Einstellung"; Helmke 1992; Ludwig 1991, 89ff).

Die Einstellung gegenüber einem Leistungsbereich als affektives Persönlichkeitsmerkmal ist ebenfalls eng mit Selbstvertrauen als Kognition verbunden. Beispielsweise ermittelte Helmke in einer Studie einen hochsignifikanten Zusammenhang zwischen der Einstellung zum Fach Mathematik und dem Selbstvertrauen (gemittelt über 3 Meßzeitpunkte r = 0.35, p < 0.01). In dieser Untersuchung wurde die Einstellung gegenüber Mathematik mit einer Skala erfaßt, die z.B. folgende emotionsausgerichtete Items enthielt: „Mathematik macht mir Spaß", „Es ist wichtig, Mathematik zu können...", „In Mathematik möchte ich unbedingt gut sein", „Ich finde die Schule interessant bzw. unerfreulich" (Helmke 1992, 119ff). Ähnliche Zusammenhänge ergaben sich in einer eigenen Feldstudie. Die Einstellung von Studenten gegenüber einer Klausurvorbereitung korrelierte signifikant mit verschiedenen Maßen ihrer Erwartung gegenüber dem Klausurergebnis (r zwischen 0.33 und 0.59; p zwischen 0.03 und 0.0001; Ludwig 1993; im Druck).

1.3 Ermutigungskonsequenzen

Die Funktion der Ermutigung, die über den Selbstzweck der Zuversichtssteigerung hinausgeht, wird im Prozeßmodell der Ermutigung als Kausalkette von gesteigerter Zuversicht, Verhaltenskonsequenz und Lernergebnis beschrieben (vgl. Abschnitt 1.2). Nun geht es darum, die Konsequenzen, also die Verhaltenswirksamkeit von Zuversicht und Erwartungen (Stufe 3 des Diagramms 2) genauer zu beleuchten. Damit sollen folgende Fragen differenzierter beantwortet werden: Wodurch unterscheidet sich das Verhalten eines Ermutigten von dem eines Entmutigten? In welcher Weise profitiert jemand von einer Ermutigung? Welche Bedeutung hat Ermutigung als pädagogische Kategorie?

1.3.1 Motivierung und Ermutigung

Ermutigung wird häufig mit Motivierung in Verbindung gebracht (z.B. Dreikurs/Grunwald/Pepper 1976, 70; Losoncy 1983, 181; Tausch/Tausch 1979, 173f). So stellt Söntgerath fest, Ermutigung ziele unter anderem auf die Steigerung der „Entschlußkraft" ab (1970, 381). Tatsächlich weisen Ermutigung und Motivierung Gemeinsamkeiten auf. Denn bei beiden handelt es sich um soziales Handeln, mit dem Menschen zu einer Verhaltensänderung angeregt werden sollen. Ist deshalb Ermutigung und Motivierung dasselbe? Wenn dies zuträfe, könnte auf den Ausdruck „Ermutigung" als dem theoretisch bisher weniger solide verankerten Terminus zugunsten der Motivierung verzichtet werden, die mit der Motivationspsychologie bereits einen festen Stammplatz in der verhaltenswissenschaftlichen Theoriebildung besitzt. Um diese Frage beantworten zu können, ist es zunächst notwendig, die Beziehung beider Konstrukte genauer zu charakterisieren. Dazu müssen die Termini „Motiv", „Motivation" und „Motivierung" bestimmt werden. Denn Motivationspsychologen stimmen nicht überein, wie diese Grundbegriffe zu verwenden sind (Heckhausen 1980a, 25f; Brezinka 1995, 121). Auch bleiben etliche bereits vorliegende Klärungsversuche indifferent gegenüber einigen Klärungsbedürfnissen, die im Ermutigungskontext auftreten. Beispielsweise ist die Beziehung von Motivation zu

Handlung und Volition unscharf. Auch Heckhausens Modell des „Wünschen - Wählen - Wollen" (1987a, 7) in Verbindung mit dem Rubikon-Modell läßt offen, was denn genau mit Motivation gemeint ist (vgl. unten). Die Ausdrücke „Wille" und „Wollen" sind zwar alltags- und umgangssprachlich leicht zu vermitteln, aber als Termini der Motivationspsychologie „ungeklärt und umstritten" (Weinert 1987, 10; vgl. Keller 1954). Motivation ist eigentlich ein formalistisch-abstrakter Begriff. Denn der konkrete „Grund des Handelns" wird noch nicht dadurch genauer bezeichnet, daß man einen Motivationsvorgang postuliert. Heckhausen zeigt sogar, daß „Motivation" als „Beschreibungsbegriff" für die Zielgerichtetheit von Verhalten häufig in eine „zirkuläre" Gedankenführung eintaucht, also quasi eine inhaltsleere Scheinerklärung für das zu erklärende Verhalten produziert, da er „zunächst für nichts anderes steht als für das, was es zu erklären gilt; nämlich daß eine Verhaltensfolge auf ein bestimmtes Ziel gerichtet ist" (1980a, 26f, 30). Damit wird dem Grund eines beobachtbaren Handelns ein Name zugeteilt und so getan, als ob damit die verborgene Ursache erklärt wäre. Solche zirkulären Erklärungen sind auch anderswo zu finden, etwa wenn das Spiel eines Kindes mit einem „Spieltrieb" erklärt wird, das Fallen von Gegenständen mit der „Gravitation", auffälliges Verhalten mit der „Trotzphase" oder der „midlife-crisis".

Im folgenden werden „Motiv", „Motivation" und „Motivierung" lediglich als Arbeitsbegriffe festgelegt, um diese in den sich anschließenden Ausführungen verwenden zu können. Diese Festlegungen erheben keinen Anspruch auf eine endgültige terminologische Klärung über die vorliegende Arbeit hinaus. Sie lehnen sich soweit als möglich an geläufigen Standard-Erläuterungen dieser Termini an.

(1.) Motiv
Ein Motiv ist ein bewußter oder unbewußter psychischer (Beweg-)Grund, ein Antrieb, eine Neigung oder eine Ursache des auf eine Zielerreichung gerichteten Verhaltens. Motive werden als relativ überdauernde Wertungs*dispositionen* eines Individuums angesehen. Menschen besitzen eine Unzahl verschiedener Motive, wobei zu einem Zeitpunkt nur eines oder wenige „aktiviert" werden, die vorübergehend „wirksam" sind und damit ein bestimmtes Handeln „motivieren" (Heckhausen 1980a, 24).

Sub-Arten der Sammelbezeichnung „Motiv" sind Triebe als biologische Motive und Bedürfnisse als soziale oder psychische Motive. Ein Bedürfnis (need) gilt als ein Persönlichkeitsmerkmal, das auf einen physischen, psychischen, ökonomischen oder sozialen Mangelzustand gerichtet ist.

(2.) Motivation
Im Unterschied zu Motiven sind Motivationen situationsabhängige, *aktuelle* Handlungsimpulse, die nicht zeitlich stabil sein müssen (Heckhausen 1980a, 30). Die Motivation zu einer bestimmten Handlung in einer konkreten Situation kann durch grundsätzliche Motive beeinflußt sein. Das Bedürfnis nach

Sozialkontakt als Motiv kann z.B. zum Besuch eines Gesellschaftsabends motivieren. Nach Dreher bedeutet Motivation im wesentlichen ein Wählen unter Motiven (1994, 293). Man kann die Motivation einer Person steigern, nicht seine Motive.

Umgangssprachlich bedeutet Motivation, daß jemand etwas gern oder von sich aus tut. Eine Motivation ist ein selbstregulativer Antrieb bzw. Auslöser des eigenen Handelns. Sie aktiviert eine auf ein Ziel ausgerichtete Handlung oder Handlungsfolge. Sie ist der zielgerichtete Prozeß des Auswählens und Steuerns von Handlungen. Das unterscheidet Handeln von nicht-motiviertem Verhalten, z.B. von bloßen konditionierten Reaktionen auf Umweltreize oder genetisch vorprogrammiertem Verhalten (Csikszentmihalyi/Nakamura 1989, 50). Die Handlungen, zu denen motiviert wird, müssen bereits beherrscht werden. Denn Motivation erzeugt unmittelbar keine neuen Fähigkeiten oder neues Wissen. Sie setzt voraus, daß die erforderlichen Kompetenzen und Dispositionen für die zu motivierenden Handlungen vorhanden sind, und bestimmt lediglich, wie und wann diese Handlungen ausgeführt werden (Heckhausen 1980a, V, 25, 30). Natürlich kann zu Lernhandlungen motiviert werden, die wiederum mittelbar neue Kompetenzen hervorbringen. Dabei wird aber eben nicht zu neuen Fähigkeiten „motiviert", sondern zu entsprechenden Lernhandlungen.

Handeln ist immer mit einer bestimmten Motivation verbunden (vgl. Heckhausen 1980a, 25, 45; Schiefele 1993, 177). Wenn Motivation nur bei Aktivitäten vorliegt, die kontrolliert, reflektiert, zielgerichtet und bewußtseinsfähig sind (Heckhausen 1980a, 2; Ames/Ames 1989, 2; Csikszentmihalyi/Nakamura 1989, 49f; Sorrentino 1996, 619; Brezinka 1995, 121), dann gilt auch umgekehrt, daß Motivation nur beim Handeln auftritt und nicht etwa auch bei unwillkürlichem Verhalten. Diese Überlegung fließt in den kombinierten Ausdruck „Handlungsmotivation" ein (Oettingen 1997, vii, 249).

Motivation bedeutet, den Willen und die Absicht haben, etwas zu erreichen (Deci/Ryan 1993, 224). Menschen sind dann motiviert, wenn sie etwas erreichen wollen. Motivation impliziert damit ein Mindestmaß an Wollen und Entscheidungskraft (Dreher 1994, 293; vgl. Henz 1964, 70; Brezinka 1995, 121). Einige Autoren differenzieren nicht zwischen Motivation und Volition. Andere fassen den „Willen" als Teilklasse der Motivation auf (vgl. Weinert 1987, 13).

Motivationstheorien können auf eine basale Weise unterschieden werden (Halisch/Kuhl 1997, v): (1.) Die „Schubkonzeptionen" sehen das motivierende Agens des Handelns in der Vergangenheit. Z.B. Triebe und Bedürfnisse drängen den Organismus aufgrund von Mangelzuständen zum Handeln. Diese Konzeptionen sind inzwischen selbst in Bezug auf biogene Motive (Hunger, Sex) als zu begrenzt aufgegeben worden, da sie die Gerichtetheit des Handelns nicht zufriedenstellend erklären können. (2.) Die „Zugkonzeptionen" sehen das motivierende Agens des Handelns in der Zukunft. Motivierend bzw. zielweisend sind die Erwartung künftiger Anreize (Erwartung-mal-Wert-Theorien). Neuere Motivationsansätze sind Theorien des Zielstrebens. Beide Konzeptionstypen lassen sich ineinander überführen. Beispielsweise löst das Hungerbedürfnis als Schub ein Streben nach Sättigung als Zug aus. Auch für motivierende Erwartungen (z.B. Arbeiten, in der Erwartung Geld zu verdienen) lassen sich jeweils entsprechende Defizitzustände in der Vergangenheit finden, die als „Schub" des Handelns aufgefaßt werden können (z.B. materielle Bedürfnisse).

Wollen ist nach Heckhausen deutlich vom Wünschen abzusetzen. Er unterscheidet drei „Seelenzustände": Wünschen, Wählen und Wollen, die alles umspannen, „womit sich die Motivationspsychologie befassen kann" (Heckhausen 1987a, 3; vgl. Gollwitzer/Heckhausen/Ratajczak 1990):

- „Wünschen" als Gegenteil von „befürchten" beinhaltet, was dem Subjekt als erstrebenswert erscheint. Wünsche lösen aber nicht zwangsläufig Handlungen zu deren Realisierung aus. Sie sind also 'nicht' zwangsläufig 'realitätsorientiert'. Manche Wünsche erscheinen sogar dem Subjekt selbst als unerfüllbar.
- „Wählen" heißt abwägen, welche der vorhandenen Wünsche in Angriff genommen werden. Menschen können nicht alle realisierbaren Wünsche erfüllen wollen. Dafür sind es meist zu viele. Wählen ist daher im Gegensatz zum Wünschen stark 'realitätsorientiert'.
- „Wollen" bedeutet „entschlossen sein", den gewählten Wunsch als Ziel auch zu realisieren. Wollen ist 'realisierungsorientiert'.

Die Intentionsschwelle, die den Übergang vom Wählen zum Wollen ausmacht, ist der „psychologische Rubikon". Diesseits der Schwelle geht es um Wünschen und Wählen. Dies ist die Motivationsphase (i.e.S.). Ist eine Entscheidung, ein Entschluß gefallen, also eine Intention gebildet, befinden wir uns jenseits des Rubikon, und damit in der Volitionsphase. Der Rubikon wird bei der Umwandlung eines Wunsches in eine Intention überschritten (Heckhausen 1987a, 7; 1987b, 123; Dreher 1994, 297). Der Wille ist eine „besonnene Entschlossenheit". Eine besondere Komponente des Willens ist der „Startentschluß", die Fähigkeit mit einer Handlung zu beginnen (Kornhuber 1987, 388, 391). Jegliches Handeln hat eine Entscheidung zur Voraussetzung (Heid 1996, 41). Dadurch unterscheidet sich Handeln von unmotiviertem Verhalten im Sinne „automatischer Reaktionen" (Bandura 1977, 193f).

Das „Rubikon-Modell zielgerichteten Handelns" schlägt damit vor, Motivation nicht mit Volition gleichzusetzen, sondern in Bezug auf Handeln zeitlich hintereinander geschaltet zu konzeptualisieren (Gollwitzer 1991; Heckhausen 1987a; 1987b; Dreher 1994, 296; Wiater 1993, 148ff). Demnach wäre jedes Handeln zumindest in der Phase des Abwägens mit einer „motivationalen Bewußtseinslage" verbunden, während bei der Handlungsplanung und -durchführung eine „volitionale Bewußtseinslage" vorherrscht.

Im Zusammenhang mit einem bestimmten Verhalten wird nur dann vom Willen und Wollen gesprochen, wenn (1) „einem Verhalten wenigstens ein

Minimum an Energetisierung im Sinne von 'etwas bewegen' zugeschrieben wird", (2) das Verhalten auf ein Ziel ausgerichtet ist und (3) dem Verhalten „ein Minimum an bewußtseinsfähiger Handlungsstruktur zugeschrieben werden kann" sowie ein „Minimum an bewußter Steuerung" (Weinert 1987, 24). Damit implizieren Wille und Wollen ein Verhalten im Sinne des oben geprägten Handlungsbegriffs (vgl. Abschnitt 1.2.1).

Motivation ist *diskret-dichotom* als „vorhanden" bzw. „nicht vorhanden" konzeptualisierbar oder *kontinuierlich* als „mehr" bzw. „weniger vorhanden". Demnach lassen sich zwei Aspekte unterscheiden: Der qualitative Aspekt der Motivation gibt das Handlungsziel bzw. den Handlungsgrund an. Der quantitative Aspekt der Motivation gibt die Stärke der Motivation an. Er läßt sich z.B. operationalisieren als Ausprägung der Handlungs-, Anstrengungsbereitschaft oder der Handlungsverpflichtung, also wie stark jemand ein Ziel verfolgt, wie wichtig es ihm ist, wie stark er es will, wie sehr er sich über den Handlungserfolg freuen würde (z.B. Oettingen 1997, 249, 252f, 274).

(3.) Motivierung
Motivierung ist ein Vorgang, der ein Individuum aktiviert, indem er die Motivation des Individuums beeinflußt. Motivieren bedeutet qualitativ, zu einer Handlung anregen oder animieren, und quantitativ, die Handlungsbereitschaft erhöhen. Die etymologische Wurzel von „Motivierung" bezieht sich auf die Bedeutung, jemanden zu veranlassen, „sich zu bewegen". Ein Motor setzt sich in Bewegung, indem er angeworfen wird. Er muß dazu nicht „motiviert" werden, da er kein Bewußtsein hat und damit keinen Willen besitzen kann. Auch nicht jedes In-Bewegung-Bringen einer Person ist Motivierung. Eine Person, die versehentlich kräftig gestoßen wird, bewegt ihre Beine ausgleichend, um die kinetische Energie des Stoßes abzufangen und ein Stürzen zu vermeiden. Dieses motorische Verhalten geschieht reflexhaft. Dazu muß nicht motiviert werden. Motivierung bedeutet, jemanden zur Selbsttätigkeit durch die Aktivierung seines Willens anzuregen, ihn also zu veranlassen, willentlich und zielbewußt zu handeln. Auch bei der Veranlassung zum Lernen finden sich diese beiden Formen. Ein Schulbuch kann durch farbige Bilder zu Lernhandlungen motivieren. Jemand kann aber auch ohne Motivierung veranlaßt werden, etwas zu lernen. Das betrifft den Bereich des „impliziten Lernens" (z.B. Weinert 1991).

Motivierung ist ein soziales Lenkungsinstrument, wie z.B. beeinflussen, steuern, verändern, das mit Selbstregulation, Selbstbestimmung und damit mit Entscheidungsfreiheit auf seiten des Zu-Motivierenden verbunden ist. Motivierung ist deshalb von anderen sozialen Handlungsformen abzugrenzen, die ebenfalls das Verhalten anderer verändern wollen, ohne dabei aber einen Freiheitsspielraum anzubieten, wie z.B. die bloße Anweisung, die Vorschrift, der Arbeitsauftrag. Letztere setzen also eher auf Gehorsam als auf Freiheit. Motivierung basiert damit auf einem Menschenbild, das die Person als Urheberin ihrer Aktivitäten anerkennt (vgl. Dreher 1994, 298). Der Unterschied zwischen Motivierung und nicht-motivierenden Aktivierungsformen ist oft nicht völlig trennscharf zu ziehen, da der Grad des Entscheidungsspielraums für oder gegen ein erwünschtes Handeln unterschiedlich eingeschätzt werden kann. Suggestive Beeinflussungsformen, wie sie z.B. bei Werbestrategien vorzufinden sind, die auf Konditionierung setzen, umgehen die bewußte Reflexion und sind damit eindeutig keine Motivierungsformen. Weniger eindeutig sind Formen, wie jemanden „zu etwas drängen", „unter Druck setzen" oder ihm „drohen" (vgl. Stroebe/Stroebe 1994, 18-24). Die Schwierigkeit der Trennung bringt Woody Allen in einem oft kolportierten Ausspruch einer seiner Filmfiguren ironisch auf den Punkt: „Man hat mich gezwungen - mit Geld".

Motivierung kann auf intrinsische Motivation abzielen, also darauf, daß die Sache während des Tuns Freude bereitet, oder auf extrinsische Motivation; also darauf, daß das Verhalten später einen Gewinn erbringt; z.B. durch das Inaussichtstellen einer Belohnung oder das Vermeiden einer Bestrafung.

1.3.1.1 Unterscheidung zwischen Ermutigung und Motivierung

Ermutigung und Entmutigung verändern die Zuversicht. Motivierung und Demotivierung verändern die Motivation. Beide Handlungsformen, Motivierung und Ermutigung zielen darauf ab, jemanden zu einem bestimmten Tun zu bewegen. Wenn eine Person bereits ein erwünschtes Verhalten zeigt, ist diesbezüglich keine Motivierung oder Ermutigung notwendig.

Motivierung zu einem bestimmten Verhalten ist notwendig, wenn das erwünschte Verhalten zwar grundsätzlich bereits im Verhaltensrepertoire vorhanden ist, es also bereits gelernt oder erworben wurde, aber aktuell der Wille dazu fehlt, es zu zeigen. Motivieren bedeutet also, das Ausmaß an Willen für ein bestimmtes Handeln anregen, das zum Entschluß oder zur Entscheidung der motivierten Person beiträgt, sich in einer bestimmten Weise zu verhalten.

Bsp.: Es wäre sinnlos zu versuchen, eine Person zu einer Konversation in Portugiesisch zu motivieren, die diese Sprache nicht einmal in Ansätzen beherrscht. Denn dann würde nicht nur der Wille, sondern das basale Minimum an Fähigkeiten zu diesem Verhalten fehlen.

Ermutigung zu einem bestimmten erwünschten Verhalten ist notwendig, wenn dieses Verhalten bereits grundsätzlich im Verhaltensrepertoire vorhanden ist, aber aktuell die dazu nötige Zuversicht fehlt, dieses Verhalten auszuführen. Der Wunsch zu diesem Verhalten könnte aber durchaus vorhanden sein.

Bsp.: Es wäre sinnvoll, eine Person zu einer Konversation in Spanisch ermutigen zu wollen, die über elementare Kenntnisse in dieser Sprache verfügt, wenn sie dazu nur ihre Scheu vor Grammatikfehlern und der befürchteten Blamage überwinden müßte.

Ermutigung basiert auf einem Defizit an Zuversicht, das beseitigt werden soll. Eine Ermutigung verändert ein bestimmtes Verhalten, indem sie zunächst die Zuversicht erhöht. Dadurch werden Zweifel, Ängste und Unsicherheit abgebaut, die das Ziel-Verhalten behindern. Eine Motivierung geht hingegen von einem Defizit an Motivation aus, also von einem Mangel an Grund für eine (erwünschte) Handlung, der den Willen für diese Handlung blockiert. Grundsätzlich handelt es sich also bei Motivierung und Ermutigung um soziale Handlungsformen, die ihrer Zielsetzung nach unterschieden werden können, da sie auf unterschiedliche Defizite antworten, die erwünschtes Verhalten blockieren. Beide können isoliert von der jeweils anderen auftreten.

Bsp. 1: Eine Bildungsberaterin überzeugt Herrn X, das Abitur nachzuholen, indem sie X die verbesserten Aufstiegschancen schmackhaft macht, die mit einem höheren Bildungsgrad verbunden sind. X traute sich aber auch zuvor durchaus zu, diesen Bildungsgrad erreichen zu können, nur hatte er bisher keinen Sinn darin erkannt, sich auf die damit verbundenen zusätzlichen Mühen einzulassen. Der Beraterin ist dieser psychische Sachverhalt bekannt. Deshalb motiviert sie X, aber ermutigt ihn nicht.

Bsp. 2: Eine Mutter überzeugt ihren Sohn, daß er einen bevorstehenden Mathematiktest bestehen kann. Seine Teilnahme am Test stand nie in Frage. Jetzt aber kann das mit größerer Zuversicht geschehen. In diesem Fall wird ermutigt, aber nicht zur Teilnahme motiviert.

Führt eine Maßnahme zur Erhöhung einer Motivation, so muß dies nicht zwangsläufig durch eine Zuversichtssteigerung verursacht sein oder eine solche als Konsequenz nachsichziehen. Viele Formen der Motivierung stellen deshalb keine Form der Ermutigung dar: z.B. das Inaussichtstellen einer intrinsischen Belohnung (z.B. „Das macht dir sicher Spaß"), einer extrinsischen Belohnung (z.B. erhöhtes Taschengeld für gute Noten, Prämie für Verbesserungsvorschläge im Rahmen des betrieblichen Vorschlagswesens) oder eine Strafandrohung sowie das Aufzeigen „logischer Folgen" (z.B. „Wenn du nicht lernst, wird das unangenehme Konsequenzen haben!").

Auch folgende Formen der sachbezogenen Lern-Motivierung im Unterricht stellen keine Ermutigung dar: „die Bedeutung des Lehrinhalts hervorheben", „Lernziele angeben", „von den persönlichen Erfahrungen, Interessen oder Problemen der Lernenden ausgehen"; ebenso nicht Formen der Motivierung für den Fall, daß die Mitarbeit der Schüler bereits niedrig ist: z.B. „Pause machen", „mit den Lernern über mangelnde Mitarbeit sprechen", „Unterrichtsmethoden oder -sozialformen ändern", „auf die schon geleistete Arbeit bzw. die noch zu leistende Arbeit hinweisen" oder „auf eine Zäsur (Stundenende) aufmerksam machen" (Becker 1984, 130-141). Solche Formen der Motivierung, bei denen es nicht (primär) um Zuversichtssteigerung geht,

werden in der Schulpädagogik und -didaktik (z.B. Becker 1984, 130ff;
Seibert/Serve 1992), der Erwachsenenbildung (z.B. Döring 1990) und in der
Personalführung (z.B. Stroebe/Stroebe 1994) angewendet. Bisweilen wird
didaktisch günstiges Vorgehen in der Lehre und Präsentation sogar mit Motivierung quasi gleichgesetzt, indem die bereits abgehandelten didaktischen
Regeln unter dem Stichwort „Motivierung" wiederholt werden (z.B. Döring
1990, 136-142). Erwachsenenbildner wollen ihre Teilnehmer zur aktiven Teilnahme motivieren, Führungskräfte ihre Mitarbeiter zu höherem Engagement
und vermehrter Anstrengungsbereitschaft. Hierbei geht es in erster Linie nicht
um Ermutigung.

Der Begriff „Ermutigung" (auch das englische Wort „encouragement")
wird umgangssprachlich auch in einem übertragenen Sinn als Synonym für
Motivierung, Anregung, Förderung, Belebung oder Anspornen verwendet,
ohne daß dabei an eine Zuversichtssteigerung gedacht ist (z.B. Perkinson
1984, 97). Wieland führt als Beispiele für Ermutigungen „ein Ziel erstrebenswert erscheinen lassen" oder „den Wert eines Ziels aufzeigen" auf (1944, 288).
Nach der hier vertretenen Begriffsauffassung handelt es sich dabei in erster
Linie um Motivierung, keinesfalls aber zwangsläufig um Ermutigung. Gleiches gilt, wenn davon gesprochen wird, daß Eltern ihre Kinder zu reflektiertem
Verhalten „ermutigen" (Kerlinger 1979, 587), daß Mitarbeiter „ermutigt"
werden sollen, an die eigenen Kräfte zu glauben (Stroebe u.a. 1994, 42), oder
daß zu „polarem Denken ermutigt" werden soll (Sieland 1991, 62). Auch ist
mit der Kategorie „Ermutigung" im Interaktionsanalyse-System zur Unterrichtsbeobachtung von Flanders, die Lehreraufforderungen wie „Fahre fort!"
oder „Erzähl' weiter!" erfaßt, wohl eher Motivierung gemeint (z.B. Louis
1976, 14; Hanke/Mandl/Prell 1974, 25).

1.3.1.2 Koppelung von Ermutigung und Motivierung

Ermutigung und Motivierung sind also keinesfalls zwangsläufig miteinander
verbunden. Ermutigung *kann* aber eine spezifische Form der Motivierung
darstellen. Es kann zu einer Koppelung im Sinne einer Hintereinanderschal-
tung kommen. In derartigen Fällen verursacht Ermutigung eine erhöhte Zuversicht, die wiederum bewirkt, daß aus Wünschen ein Wollen wird: die Zuversichtssteigerung motiviert dann dazu, das Erwartete in Angriff zu nehmen und
sich zum Handeln mit dem Ziel zu entschließen, das Erwartete zu erreichen.
Dabei ist Ermutigung eine mögliche Form der Motivierung. Es wird also in
diesen Fällen mit Hilfe der Ermutigung motiviert (vgl. Wieland 1944, 288).

Bestimmte Formen motivierten Handelns setzen Selbstvertrauen voraus:
Führt eine positive Leistungsrückmeldung (z.B. Lob nach dem Sprung vom 1-
Meter-Brett) zur Erhöhung des Selbstvertrauens (Ermutigung), so kann sich
als kausale Folge auch die Motivation erhöhen, ein noch höheres Anspruchsniveau anzugehen (z.B. Sprung vom 3-Meter-Brett). Der Wunsch, ein höheres

Schwierigkeitslevel zu meistern, bestand zwar bereits zuvor, aber die dazu nötigen Handlungen wurden nicht ausgeführt, weil das Handlungsziel als nicht erreichbar beurteilt wurde (vgl. Deci/Ryan 1993, 230ff; Domke 1991, 130).

Bsp. 1: Ein Kind wird durch ein freundliches Kopfnicken der Eltern ermutigt, zum ersten Mal eine Treppe hinaufzusteigen oder allein eine Straße zu überqueren (Oswald 1973, 41). Durch die gewonnene Zuversicht entschließt sich das Kind, dieses Neuland tatsächlich zu betreten. Ermutigung löst hier also eine Motivation zur Handlung aus.

Bsp. 2: In der Erwachsenenbildung ermutigt und motiviert die Dozentin ihre bildungsfernen Kursteilnehmer, sich zu melden, indem sie ihnen mit Hilfe eines didaktisch günstigen Unterrichtsaufbaus vermittelt, lernfähig zu sein und ihnen die Angst vor dem Versagen nimmt. Die dadurch gewonnene Zuversicht macht es den Teilnehmern möglich, sich aktiv am Unterrichtsgeschehen zu beteiligen.

Die Überlegungen etlicher Autoren zur Ermutigung können im Sinne dieser Koppelung von Ermutigung und Motivierung ausgelegt werden: Ermutigung kann zur erhöhten Anstrengungsbereitschaft, zu einem erhöhten Trainingsumfang motivieren, mit der Konsequenz einer erhöhten künftigen Erfolgsaussicht. Denn die durch Zuversicht gesteigerte subjektive Kompetenzeinschätzung und Erfolgsantizipation motivieren zum Training (Henz 1964, 121f). Insofern kann Ermutigung zur Mobilisierung der Motivation und Gewinnung von Entschlossenheit beitragen (Henz 1964, 70; Stroebe/Stroebe 1994, 42). Mit Hilfe von Ermutigung können Widerstände überwunden bzw. umgangen werden. Ermutigung hilft durch einen Motivationsschub, daß das „Zumutbare auch wirklich in Angriff genommen wird" (Domke 1991, 130f). Ermutigung entspricht damit einer positiven Leistungsmotivierung (Dreikurs/Cassel 1991, 64). Positive Erfolgserwartungen motivieren zu gesteigerter Ausdauer, Bemühung und Leistung (Eden/Aviram 1993, 352; Ruvolo/Markus 1992, 96). Ermutigung kann sich auch auf die „Willenstätigkeit", das „Wollen", Entschlüsse oder Entscheidungen beziehen (vgl. Henz 1964, 69f). Beim Wollen, dem „Willensphänomen", unterscheidet Henz drei Phasen, die hintereinander durchlaufen werden: die Impulsphase für ein Handeln, die Phase der Entscheidung zum Handeln und die Realisierungsphase, die sich auf die Umsetzung des Entschlusses bezieht. In allen drei Phasen kann Ermutigung hilfreich sein, wenn mangelndes Selbstvertrauen die Motivation zum Handeln begrenzt (1964, 69).

Die Wirkung von Zuversicht und Erwartung auf die Motivation wurde in vielen allgemeinen Erwartungstheorien und in der sozialen Lerntheorie Rotters postuliert (vgl. Überblick bei Heckhausen 1980a, 172ff; z.B. Prenzel 1988, 157; Zimbardo 1992, 354, 423). Das Motivationsmodell von Atkinson & Lens (1980) gibt einen direkten Wirkungspfad von Überzeugungen (z.B. vom Fähigkeitsselbstkonzept) zur Motivationsstärke an. Umgekehrt geht Entmutigung mit „Vermeidung" und „Fluchtverhalten" einher, z.B. bei der Vermeidung, sich „in Gefahr zu begeben" (Schoenaker 1994b, 30ff).

Die Koppelung von Ermutigung und Motivierung läßt sich auch empirisch belegen: Studien zeigen, daß positives Feedback als Ermutigungsmittel das Selbstvertrauen und die intrinsische Motivation steigert, während negatives Feedback diese beiden abhängigen Variablen schwächt (Übersicht bei Deci/Ryan 1993, 231).

Helmke versteht bereits das Selbstvertrauen selbst als „motivationale" Variable. Mit dem Hinweis darauf, daß die Trennungslinien zwischen Konzepten wie „nicht-kognitiv", „affektiv", „motivational" und „emotional" ohnehin nicht einheitlich gezogen werden, verwendet er diese Begriffe als Synonyme (1992, 11, 13). Obwohl diese Trennungslinien erlebnisdeskriptiv tatsächlich nicht sehr scharf verlaufen mögen, ist ihre Vermischung im konzeptionellen Bereich m.E. wenig hilfreich (vgl. Abschnitt 1.2.2). „Die Begriffe Emotion, Motiv, Kognition und Handlung bezeichnen ... einander ergänzende Komponenten oder Aspekte eines einheitlichen psychischen Geschehens" (Ulich/Mayring 1992, 31). Mit der in der vorliegenden Arbeit vorgeschlagenen Begriffsfestlegung kann Selbstvertrauen zu einer Handlung motivieren. Selbstvertrauen kann deshalb bestenfalls insofern als „motivationale" Variable betrachtet werden, als von ihr eine motivierende *Wirkung* ausgehen kann. Das Konzept des Selbstvertrauens selbst ist jedoch keine Motivation.

Gemäß der Koppelung von Ermutigung und Motivierung kann Ermutigung zur „Selbstaktivierung" des Ermutigten führen. Das Moment der Selbstaktivierung unterscheidet allerdings Ermutigung nicht von vielen anderen Interventionsarten (vgl. Antoch 1981, 151f). Denn auch die Motivierung und andere verhaltensändernde Handlungsformen dienen der Selbstaktivierung.

Ermutigung und Motivierung lassen sich nicht völlig unabhängig voneinander vornehmen, weil der Grad der Leistung, zu der motiviert werden kann, vom Selbstvertrauen bzw. von der Zuversicht abhängt. Das Selbstvertrauen setzt eine Höchstgrenze der Leistungsmotivation fest. Es dürfte schwerlich gelingen, jemanden zu einer Leistungshandlung zu motivieren, die er sich nicht zutraut, da es subjektiv als sinnlos erscheint, etwas anzustreben, das der eigenen Einschätzung nach ohnehin nicht erreichbar ist. Nur innerhalb der subjektiven Leistungsgrenzen, die durch das Selbstvertrauen gesetzt werden, kann die Motivation nach unten oder oben verschoben werden (vgl. Deci/Ryan 1993, 230; Schunk 1989, 15). Ob man ein Ziel „tatsächlich in Angriff nehmen will", hängt also immer auch mit der subjektiven Einschätzung der Verwirklichungsmöglichkeit, also der Erwartung, ab. Nur für Ereignisse, die auch erreichbar erscheinen, wird Motivation zum Realisierungshandeln entwickelt. Die Erwartung „bestimmt schließlich die Motivation", einen Wunsch auch zu realisieren (Oettingen 1997, 242, 265f). Wenn das Selbstvertrauen gegenüber einer Aufgabe durch Ermutigung erhöht wird, entsteht auch eine gesteigerte Motivation, die Aufgabe anzugehen, falls der Wunsch zur Erfüllung der Aufgabe besteht.

Bsp. 1: Eine Leichtathletin traut sich einen Weitsprung bis 6 Meter zu. Sie ist aber nur motiviert, sich soweit anzustrengen, daß sie die 5-Meter-Marke erreicht. Innerhalb der Spanne bis zum Schwierigkeitslevel „6 Meter" könnte also die Motivation gesteigert werden, ohne daß das Selbstvertrauen gleichzeitig auch gesteigert werden müßte. Erst wenn eine Motivationssteigerung über dieses Level hinaus erfolgen soll, müßte auch das Selbstvertrauen mit angehoben werden, um einen solchen Motivationsschub zu ermöglichen.

Bsp. 2: Zum Verlassen eines brennenden Hauses mit Hilfe eines Sprungs in ein Sprungtuch vom dritten Stockwerk aus muß in erster Linie ermutigt werden, nicht motiviert. Die Sprungmotivation wächst mit der Erhöhung der Zuversicht von selbst.

1.3.2 Selbsterfüllung und Ermutigung

Ebenso wie Ermutigung und Motivierung pauschal miteinander in Beziehung gesetzt werden, geschieht dies mit Ermutigung und den Erwartungseffekten bzw. der Idee der sogenannten „sich selbst erfüllenden Prophezeiung" (z.B. Antoch 1981, 147; Schoenaker 1994b, 20, 120f). Zu fragen ist deshalb, ob beide Konstrukte dasselbe meinen, und falls nicht, ob das eine Phänomen das andere bedingt, sie also gekoppelt auftreten oder nicht.

Eine „sich selbst erfüllende Prophezeiung" ist eine Voraussage oder Erwartung, die ihre eigene Erfüllung selbst bedingt, indem sie beim Erwartenden ein dazu notwendiges unabsichtliches Verhalten auslöst (Überblick bei Blanck 1993; Ludwig 1991; 1998a). Offensichtlich bestimmt also nicht nur die Retrospektive auf Vergangenes die Gegenwart, sondern auch die Antizipationen des Zukünftigen. Nach dieser Konzeption kann z.B. das Leistungsselbstkonzept die tatsächliche Leistung beeinflussen (Howard/Reardon 1986, 249, 252). Durch ihr Selbstvertrauen „wird die Person die, die sie zu sein denkt" (Heider 1958, 94). Experimente, welche diese These prüften, wurden häufig stark kritisiert, so daß der Eindruck erweckt wurde, es handle sich bei dieser These um eine fragwürdige Behauptung. Aufgrund der durchgeführten Metaanalysen wird dieser selbstbestätigende Effekt von Erwartungen inzwischen grundsätzlich als empirisch gesichert anerkannt (Nickel 1993b, 250; Rosenthal 1991; Rosenthal/Rubin 1978a; 1978b). Der Terminus „self-fulfilling prophecy" (im folgenden: „SFP") geht auf Merton (1948) zurück. Im folgenden wird auch der Ausdruck „Selbsterfüllung" als Oberbegriff für das Prinzip der SFP verwendet, das über Erwartungen, Prophezeiungen und Voraussagen hinaus verallgemeinerbar ist (Ludwig 1991, 47f, 65f).

Die grundlegende Idee der SFP ist allerdings weit älter als ihr moderner Begriff. Popper sprach schon 1944 vom Einfluß der Vorhersage auf das vorhergesagte Ereignis, dem er später den Namen „Ödipuseffekt" verlieh (1950; 1979, 174). Auch in der Pädagogik taucht diese Überlegung schon auf, bevor die empirische Sozialpsychologie die Bezeichnung „SFP" oder „Pygmalion-Effekt" für Erwartungseffekte im Unterricht in den 60er Jahren bekannt machte. Der spanisch-römische Rhetoriker Marcus Fabius Quintilianus (ca. 35-100 n. Chr.) scheint in seinen Empfehlungen an den erziehenden Vater die Grundüberlegung einer SFP bereits vorweggenommen zu haben. Der Vater wird angehalten, die besten Hoffnungen in seinen Sohn zu setzen (März 1984, 10; im Druck 110-113). John Locke rät 1693 in seiner Abhandlung „Some thoughts concerning education" einem Freund im Umgang mit seinem Sohn: „Je eher du ihn als Mann behandelst, desto eher wird er einer werden" (1970, 114). Friedrich Fröbel berichtet 1826 über den Erzieher, der durch sein Mißtrauen gegenüber dem Zu-Erziehenden die Berechtigung für sein Mißtrauen erst selbst erzeugt (1968, 75). „Jedes Mißtrauen, das ich einem anderen Menschen entgegenbringe, verändert diesen Menschen. Es macht ihn ebenso faul, dumm und hinterhältig, wie ich es in meinem Mißtrauen von ihm erwartet habe. Und umgekehrt: Jedes Vertrauen verwandelt ihn im positiven Sinn in einen besseren Menschen, den das Vertrauen in ihn vorausgesetzt hat. Man kann den anderen Menschen geradezu besser machen, indem man ihn für besser hält" (Bollnow 1959, 143). Die individualpsychologische Pädagogik verwies in der ersten Hälfte des 20. Jahrhunderts auf die Selbsterfüllung von Erwartungen des Erziehers und des Zu-Erziehenden.

Eine SFP folgt immer einem drei-stufigen Prozeßmodell (Diagramm 4): Eine Voraussage oder Erwartung (Stufe 1) bedingt das erwartete Ereignis (Stufe 3). Zwischen der Voraussage und dem Ereignis vermittelt ein Wirkmechanismus (Stufe 2), der als kausale Zwischenstufe die Voraussage erst verhaltenswirksam werden läßt (Ludwig 1991, 57f). Der Wirkmechanismus entspricht den Mediator-Variablen.

Diagramm 4: SFP-Prozeßmodell

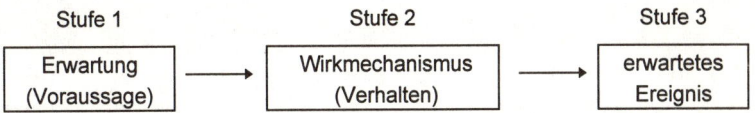

Dieser Wirkmechanismus beinhaltet immer irgendeine Form von unbeabsichtigtem Verhalten. Ein Schüler, der erwartet, einen Stoff nicht zu verstehen, kann durch seine geringen Erwartungen so nervös und unkonzentriert werden, daß sich seine Voraussage erfüllt. Das Verhalten der Nervosität entspricht in diesem Fall dem Wirkmechanismus.

Es lassen sich interpersonale von intrapersonalen SFPs unterscheiden. Eine interpersonale SFP umfaßt die Selbsterfüllung einer Erwartung, die sich auf das Verhalten einer anderen Person bezieht; z.B. der Vater, der seine Tochter für „musikalisch" hält und dadurch ihre musikalischen Fähigkeiten fördert. Eine intrapersonale SFP umfaßt die Selbsterfüllung einer Erwartung, die sich auf das eigene Verhalten bezieht; z.B. die Studentin, die sich in Mathematik für begabt hält und auch deshalb im Fach Statistik gute Leistungen erbringt.

Neben der objektiven SFP, dem „Normalfall", bei der z.B. die Schülerleistung durch die Leistungserwartung faktisch verändert wird, gibt es die subjektive SFP, bei der lediglich die Wahrnehmung der Realität, nicht aber die Realität selbst durch die Erwartung verändert wird; z.B. die subjektive Leistungsbeurteilung (Ludwig, 1991, 54; 1998a, 417f).

1.3.2.1 Unterscheidung zwischen Ermutigung und Selbsterfüllung

Ermutigung ist nicht dasselbe wie Selbsterfüllung. Eine Ermutigung ist eine Handlung. Eine SFP ist keine Handlung, sondern ein kausaler Prozeß mit einem realisierungsbezogenen Effekt. Beide Phänomene können miteinander verzahnt sein. Ermutigungshandlungen und der kausale Prozeß der SFP stehen aber nicht zwangsläufig miteinander in Verbindung. Weder setzt die SFP eine Ermutigung voraus, noch benötigt eine Ermutigung die SFP. Eine SFP besteht aus einer Erwartung, die zu ihrer eigenen Realisierung beiträgt. Dieser kausale Prozeß kann ohne *Veränderung* der Erwartung bzw. der Zuversicht ablaufen, also ohne eine Ermutigung.

Bsp.: Eine Lehrerin erwartet von einem Schüler eine gute Leistung. Ihre Erwartung bewirkt, daß sie diesem Schüler unabsichtlich eine stärkere Aufmerksamkeit entgegenbringt. Dadurch intensiviert er sein Lernen, ohne daß seine Leistungszuversicht gewachsen ist. Das geförderte Lernen führt schließlich zu dem von der Lehrerin erwarteten positiven Leistungsergebnis, ohne daß der Schüler ermutigt wurde.

Umgekehrt kann auch eine Ermutigung als Zuversichtssteigerung ohne SFP auftreten.

Bsp.: Ein Kunst-Lehrer teilt einer Schülerin mit, daß er sie im technischen Zeichnen für begabt hält. Ihr dadurch gestiegenes Selbstvertrauen veranlaßt sie dazu, das Wahlpflichtfach „Technisches Zeichnen" zu wählen. Die gestiegene Zuversicht erhöht aber nicht ihre tatsächlichen (ohnehin sehr guten) Leistungen in diesem Fach. Die Ermutigung des Lehrers führt hier zu einer Wahlentscheidung, nicht aber zu einer Erfüllung der Erwartung und deshalb auch nicht zu einer *Selbst*erfüllung.

1.3.2.2 Koppelung von Ermutigung und Selbsterfüllung

Ermutigung und SFP sind zwei voneinander unabhängige Phänomene. Sie können jedoch auch gekoppelt auftreten. In solchen Fällen kann die erfolgreiche Ermutigungshandlung der kausale Faktor sein, der die Erwartungen erhöht. Diese erhöhten Erwartungen bedingen in einem nachfolgenden Schritt ihre eigene Realisierung im Sinne einer intrapersonalen SFP (z.B. Schoenaker 1994b, 20, 120f). Die Ermutigung ist dann eine Art Vorstufe zur SFP.

Bsp.: Von der Lehrkraft ermutigte Schüler gewinnen im Diktatschreiben an Selbstvertrauen und können dadurch ihre Leistung steigern, während die Leistung einer vorher verunsicherten, entmutigten Klasse abfällt (Oswald 1973, 41).

Diese Koppelung von Ermutigung und SFP wird in der Überlegung angedeutet, daß Ermutigung zur Leistungssteigerung und Entmutigung zum Abbau von Leistungen führe

(Birnbaum 1950, 275; Dinkmeyer/Dreikurs 1970, 45; Domke 1991, 130; Künkel 1976; Oswald 1973, 41). Die Selbsterfüllung wird häufig als Zweck von Ermutigung angegeben: Selbstvertrauen bedinge positive Erwartungen, die wiederum tatsächlichen Erfolg bewirken würden (Aebli 1987a, 167; Dreikurs 1987, 48). Menschen mit extrem geringem Selbstvertrauen würden dazu tendieren, sich selbst im Sinne einer subjektiven SFP immer wieder als Versager wahrzunehmen (Dinkmeyer/Dreikurs 1970, 45).

Noch eine andere Art der Koppelung zwischen SFP und Ermutigung ist denkbar. Ermutigung kann der Wirkmechanismus einer interpersonalen SFP sein. In solchen Fällen bewirkt die interpersonale Erwartung ein unbeabsichtigtes ermutigendes Verhalten des Erwartenden, das die Zuversicht der Person erhöht, von der etwas erwartet wird. Die erhöhte Zuversicht bewirkt die Erfüllung der Erwartung. Die bekanntgewordenen Pygmalion-Studien (Rosenthal 1991; Rosenthal/Jacobson 1992), die sich mit dem Einfluß interpersonaler Lehrererwartungen auf Schülerverhalten beschäftigen, werden gerne im Zusammenhang mit Ermutigung im Sinne der Koppelung zitiert (z.B. Tausch/ Tausch 1979, 175). Dabei wird angenommen, daß der Lehrererwartungseffekt über die Steigerung der Zuversicht der Schüler zustandekam, diese also ermutigt wurden. Bei dieser Annahme handelt es sich jedoch nur um eine mögliche, aber mit den Daten der Studien nicht empirisch belegbare Erklärung. Daneben gibt es eine Fülle von konkurrierenden Erklärungsalternativen. Gleiches gilt für interpersonale Erwartungen der Eltern bzgl. der Schulleistung ihrer Kinder, die als SFP die Schulleistung beeinflussen (Seginer 1983, 7).

1.3.3 Ansätze zur Rolle der Erwartung als Determinante ihrer Bestätigung

Die vorausgegangenen Ausführungen zeigten, daß zwei Arten von Ermutigungskonsequenzen unterschieden werden können: Ermutigende Handlungen können beim Zu-Erziehenden Erwartungen erhöhen, die wiederum entweder seine Motivation steigern und in der Folge ein bestimmtes Handeln beim Zu-Erziehenden bedingen oder zur Selbsterfüllung beitragen. Pädagogische Ermutigungshandlungen zielen in der Regel auf eine dieser beiden Konsequenzen ab. Nicht nur der Prozeß der Selbsterfüllung, auch die durch Ermutigung angeregte Handlungsmotivation kann dazu beitragen, daß sich die Erwartung erfüllt, indem die motivierte Handlung schließlich das erwartete Ereignis hervorbringt. Beide Arten der Ermutigungskonsequenzen können also zum selben Endresultat führen: Das erwartete Ereignis trifft ein. Aufgrund ihrer Ähnlichkeit werden beide Prozesse in der Ermutigungsliteratur nicht selten miteinander vermengt bzw. verwechselt, zumindest aber nicht explizit theoretisch voneinander unterschieden. Für beide Kausalmuster gibt es Erwartungstheorien, welche diese Muster jeweils vertreten. Auch in solchen

Erwartungstheorien wird die Unterschiedlichkeit der beiden grundsätzlichen Ansätze - Motivation bzw. Selbsterfüllung - kaum reflektiert, so daß es auch hier oftmals zu Irritationen kommt. Es ist deshalb lohnenswert, den beiden Mustern in Erwartungstheorien nachzugehen, um deren Gemeinsamkeiten und Unterschiede deutlich herauszuarbeiten. Dies geschieht hier zunächst vom Ausgangspunkt der Erwartung aus. Die Ermutigung als die Stufe, welche der Erwartung vorgeschaltet ist, bleibt deshalb in den folgenden Überlegungen zunächst ausgeblendet, um sie später mit diesen Überlegungen in einem dualen Modell zu verbinden (Abschnitt 1.3.4).

1.3.3.1 Klassifikation von Erwartungs- und Bestätigungseffekten

Etliche Erwartungstheorien beschreiben - ausschließlich oder unter anderem - den spezifischen Effekt von Erwartungen, zu ihrer eigenen Erfüllung kausal beizutragen. Die Erfüllung der Erwartung wird auch Konfirmation (confirmation), Erfolgsverwirklichung, Realisation oder Bestätigung der Erwartung genannt. Erwartungen werden dabei als Determinante für ihre Bestätigung durch den darauffolgenden erwarteten Ereignisverlauf betrachtet. Dieser Effekt soll im folgenden als „*Bestätigungseffekt* von Erwartungen" (oder „Erfüllungseffekt von Erwartungen") bezeichnet werden.

Bsp.: Eine Englisch-Dozentin an der Volkshochschule hat den Eindruck, daß einer ihrer Kurs-Teilnehmer herausragend talentiert dafür ist, britisches Englisch akzentfrei sprechen zu lernen. Sie erwartet große Forschritte von ihm. Deswegen ruft sie ihn in Konversationsübungen häufiger auf als andere Teilnehmer. Am Ende des Kurses spricht er tatsächlich besser als andere, weil er mehr Übungsmöglichkeiten erhalten hatte. Die Erwartung hat sich bestätigt.

Die SFP ist eine Unterform des Bestätigungseffekts (siehe unten). Neben dem Bestätigungseffekt von Erwartungen gibt es noch eine Reihe anderer Erwartungseffekte. Was die Integration der Ansätze, die sich mit Erwartungen beschäftigen, „zu einem übergreifenden Bezugsrahmen für eine 'Theorie der Erwartungseffekte' so schwierig macht, sind die verschiedenen Ebenen, auf denen die Modelle ansetzen, die unterschiedlichen Akzentuierungen, die sie vornehmen, und die wechselseitige Abhängigkeit aller involvierter Prozesse und Variablen" (Hanke/Mandl 1975, 736). Ein solcher differenzierter Bezugsrahmen für alle Erwartungstheorien kann auch hier nicht hergestellt werden. Für den vorliegenden Kontext genügt es vereinfachend vor allem zwei Erwartungseffekt-Arten zu unterscheiden: den Bestätigungseffekt und eine Art Restkategorie, in der sich alle übrigen Erwartungseffekte befinden, die nichts mit dem Bestätigungseffekt zu tun haben. Diese Restkategorie soll „*allgemeine Erwartungseffekte*" (Ludwig 1991, 44f) genannt werden. Diese allgemeinen Effekte umfassen alle Auswirkungen von Erwartungen mit Ausnahme der

Wirkung der Erwartung auf das erwartete Ereignis. Solche allgemeinen Effekte sind also nicht realisierungsbezogen. *„Realisierungsbezogene Erwartungseffekte"* bestehen aus der Wirkung der Erwartung auf das erwartete Ereignis. (Der Bestätigungseffekt ist beispielsweise realisierungsbezogen. Der Vollständigkeit wegen sei erwähnt, daß es noch eine andere Subform des realisierungsbezogenen Effekts neben dem Bestätigungseffekt gibt: den Widerlegungseffekt. Er spielt im vorliegenden Zusammenhang allerdings keine Rolle. Insofern können die Bestätigungseffekte hier einfachheitshalber als Gegenstück zu den allgemeinen Effekten betrachtet werden, obwohl dies genau genommen den realisierungsbezogenen Effekten zukommt; siehe Ludwig im Druck.)

Bsp. für einen allgemeinen Erwartungseffekt: Eine Person erwartet einen Kälteeinbruch (Erwartungsinhalt) und stattet sich deshalb mit einem warmen Mantel aus, bevor sie das Haus verläßt (Effekt der Erwartung). Kälte und das Verhalten, einen Mantel anzuziehen, sind nicht identisch. Der Erwartungseffekt („Tragen warmer Kleidung") bestätigt also nicht die Erwartung („Kälte"). Ein Bestätigungseffekt würde aus dem erwartungsbedingten Eintreten eines tatsächlichen Kälteeinbruchs bestehen.

Damit wird der Begriff „Erwartungseffekt" so global verwendet, wie er es - wörtlich genommen - auch signalisiert. Der Terminus „Erwartungseffekt" kann damit jegliche Wirkung meinen, die von einer Erwartung ausgeht. Bei einem solchen Effekt kann es sich, aber muß es sich nicht zwangsläufig um einen Einfluß der Erwartung auf das erwartete Ereignis handeln. *„Erwartungseffekt"* ist damit eine Kategorie, die der Erfüllung von Erwartungen noch übergeordnet ist: Nicht jeder Erwartungseffekt führt zur Bestätigung der Erwartung. (Im Unterschied zu dieser Auffassung wird der Ausdruck „Erwartungseffekt" auch weit spezifischer, etwa im Sinne einer SFP verwendet; z.B. von Rosenthal [alle Titel]; vgl. Abschnitt 1.3.3.2)

Diejenigen Erwartungstheorien, die sich mit dem Bestätigungseffekt von Erwartungen befassen, lassen sich grob in zwei Hauptansätze unterteilen:

* den Ansatz der *„Selbst*erfüllung von Erwartungen":
  die *sich selbst erfüllende Erwartung* (SFP)
* und den Ansatz der *„Motivations*erfüllung von Erwartungen":
  die *sich motivational erfüllende Erwartung*

Die Erfüllung oder Konfirmation von Erwartungen wird bisweilen begrifflich eingeengt auf die Erfüllung von *Verhalten*, etwa in den Ausdrücken „behaviorale Konfirmation" („behavioral confirmation"; z.B. Taylor/Pham 1996, 220) und „Verhaltenswirksamkeit von Erwartungen". Im Hinblick auf die Vielfalt von Bestätigungseffekt-Bereichen ist dies eine terminologische Eingrenzung, da die Erfüllung von Erwartungen auch aus Ereignissen bestehen kann, die mit Verhalten zwar immer in Verbindung stehen, selbst aber kein Verhalten darstellen, z.B. das Ereignis des Bestehens einer Prüfung.

Die Wirkung von Erwartungen auf das Verhalten, die sogenannte *Verhaltenswirksamkeit*, bezeichnet nur dann einen Bestätigungseffekt, wenn die Erwartung eine Verhaltenserwartung ist, sich also inhaltlich auf ein (erwartetes) Verhalten bezieht (z.B. die Erwartung einer guten Prüfungsleistung). Die „Verhaltenswirksamkeit" von solchen Erwartungen, die sich nicht auf (erwartetes) Verhalten beziehen, sind allgemeine Erwartungseffekte (z.B. die Erwartung eines Kälteeinbruchs, die bzgl. der Mitnahme von warmer Bekleidung verhaltenswirksam ist). Verschiedene Erwartungstheorien beherbergen die Idee, daß Erwartungen eine verhaltensleitende Funktion haben. Die Verhaltenswirksamkeit kann sich dabei auch auf den Wirkmechanismus einer SFP beziehen, der immer eine Form von Verhalten darstellt.

In beiden Ansätzen, dem der Selbsterfüllung und dem der Motivationserfüllung, ist die Erfüllung des erwarteten Ereignisses eine Funktion der Erwartung. Die Erwartung bringt das erwartete Ereignis hervor. Beide Ansätze enthalten also denselben Anfangspunkt als Ursache des kausalen Ablaufs, eine Erwartung, und denselben Endpunkt als Wirkung, nämlich das tatsächliche Eintreffen des erwarteten Ereignisses. Sie unterscheiden sich lediglich durch den wirkmechanischen Zwischenschritt.

Bei der Selbsterfüllung ereignet sich die Erfüllung - aus der Perspektive des Erwartenden betrachtet - *unwillkürlich*, also wie von *selbst*. Der vermittelnde Wirkmechanismus besteht hier im wesentlichen aus nicht-willentlichem, unbeabsichtigtem Verhalten, das von der Erwartung beeinflußt wird. Bei der Selbsterfüllung ist die Erwartung also die Ursache, ohne daß das erwartete Ereignis vom Erwartenden bewußt angestrebt werden muß. Eine SFP wird deshalb häufig als „automatisch" ablaufend beschrieben (z.B. Gheorghiu 1989a, 34). Die Erwartung ist hier quasi „unmittelbar" die Ursache für die Wirkung.

Bsp.: Im Fall einer Selbsterfüllung ist sich die besagte Englisch-Dozentin (siehe oben) nicht bewußt darüber, daß sie dem Kurs-Teilnehmer, von dem sie große Forschritte erwartet, häufiger als anderen Teilnehmern Gelegenheit zu sprechen verschafft. Der Bestätigungseffekt „gute akzentfreie Aussprache" stellt sich also ohne ihr absichtliches Zutun ein.

Bei der Motivationserfüllung hingegen erzeugt der Betroffene das erwartete Ereignis *willentlich*. Die Erwartung löst hier eine Motivation zum zielbewußten Handeln aus, das erwartete Ereignis zu erreichen. Der Erwartende strebt also nicht nur das erwartete Ereignis an; er unternimmt auch etwas zielstrebig für seinen Eintritt. Bei der Motivationserfüllung hat die Erwartung eine nur quasi „mittelbare" Funktion: Sie stößt die Motivation und damit Handeln an, wobei das Handeln wiederum das erwartete Ereignis hervorbringt. Damit ist eine Motivationserfüllung keine SFP, da der SFP-Wirkmechanismus immer insofern ein 'unwillkürliches' Verhalten beinhaltet, als der Erwartende damit eben nicht das erwartete Ereignis hervorbringen 'will'. Für eine SFP ist Unabsichtlichkeit definitionsgemäß ein konstitutives Merkmal (Rosenthal 1976, 331, 401, 408; Rosenthal/Jacobson 1971, 22, 198; Ludwig 1991, 73-78).

Bsp.: Im Fall einer Motivationserfüllung ruft die Englisch-Dozentin den erfolgversprechenden Kurs-Teilnehmer absichtlich häufiger auf und fördert ihn so bewußt mehr als die anderen, etwa weil sie glaubt, daß sich eine gezielte Förderung bei so viel Talent mehr lohnt.

Die beiden Ansätze zum Bestätigungseffekt lassen sich also folgendermaßen voneinander unterscheiden: Bei der „Selbsterfüllung einer Erwartung" ist die Erwartung die Ursache ihrer Erfüllung (Bestätigung), ohne daß zusätzlich ein zielbewußtes Handeln, das auf Erfüllung der Erwartung ausgerichtet ist, ausgelöst wird. Bei der „Motivationserfüllung einer Erwartung" tritt die Erwartung als Ursache ihrer Erfüllung (Bestätigung) auf, indem sie ein Handeln auslöst, welches auf die Erzeugung des erwarteten Ereignisses abzielt.

Beide Ansätze unterscheiden sich also nur durch die Intention bzw. Nicht-Intention des erwartungsbedingten Verhaltens: im Fall der Selbsterfüllung ein nicht-intendiertes unwillkürliches Verhalten und im Fall der Motivationserfüllung ein intendiertes zielbewußtes Handeln. Mit „Intention" ist hier die Absicht gemeint, zum Eintreten des erwarteten Ereignisses beizutragen. Eine detailliertere Analyse der Unabsichtlichkeit in Bezug auf den Wirkmechanismus bei SFPs wurde bereits andernorts vorgenommen (siehe Ludwig 1991, 69ff).

Auf den ersten Blick mag es fraglich erscheinen, ob wegen dieses einen Unterschieds überhaupt zwischen beiden Ansätzen differenziert werden muß. Jedoch ist dieser Kontrast in Bezug auf die Intentionalität des Tuns entscheidend: Im eigenen Erleben von Umwelt-Kontrolle und Selbstkontrolle (self-regulation) macht es einen beträchtlichen Unterschied, ob man es mit unwillkürlichem oder willkürlichem Verhalten zu tun hat: Ein reflektiert erfolgendes Verhalten ist vom Betroffenen selbst leichter steuerbar und damit änderbar. Absichtlichkeit bzw. Unabsichtlichkeit markieren den Kontrast zwischen dem „profanen" eigenen Eingreifen in das Geschehen durch einen unmittelbar einleuchtenden erwartungsbedingten Handlungsprozeß im Fall der Motivationserfüllung und dem quasi „magisch" anmutenden Eigenbeitrag an der Erfüllung der Erwartungen im Fall der Selbsterfüllung. Im zweiten Fall ist es „aufregend zu entdecken, in welch starkem Maße wir heimlicher Regisseur unseres Schicksals auch dort sind, wo wir ihm passiv zu erliegen scheinen" (Schulz von Thun 1989, 77). Beide Kausalabläufe sind im Diagramm 5 symbolisiert, das eine Erweiterung des Diagramms 4 darstellt. Die obere Hälfte des Schaubildes zeigt eine Motivationserfüllung, die untere eine Selbsterfüllung.

Der Ausdruck „*Selbst*erfüllung" wurde in Anlehnung an den eingeführten Terminus der „sich *selbst* erfüllenden Prophezeiung" gewählt. Diese Wahl ist insofern nicht völlig zufriedenstellend, als sich beide Ansätze auf Erwartungen beziehen, die sich gewissermaßen „*selbst*" erfüllen. Wenn nicht die Länge der Ausdrücke und die Begriffstradition dagegenstehen würden, müßte eigentlich präziser von „sich unabsichtlich selbst erfüllenden Erwartungen" (statt von Selbsterfüllung) und von „sich absichtlich (oder willentlich oder motivational) selbst erfüllenden Erwartungen" (statt von Motivationserfüllung) gesprochen werden. „Selbst" im gewählten Terminus „*Selbst*erfüllung" soll signalisieren, daß sich die Erwartung ohne Hinzuziehung von zielbewußtem Handeln des Erwartenden erfüllt, also quasi „von selbst". Insofern erfüllt sich die Erwartung bei der Motivationserfüllung nicht *selbst*, sondern eben durch (willentliches) Handeln. Der Ausdruck „Motivationserfüllung" wurde in Anlehnung an den Begriff „Selbsterfüllung" gebildet. Er meint die Erfüllung der Erwartung mittels einer erwartungsbedingten Motivation und nicht etwa - begrifflich mißverständlich - die Erfüllung der Motivation.

Diagramm 5: Selbsterfüllung und Motivationserfüllung

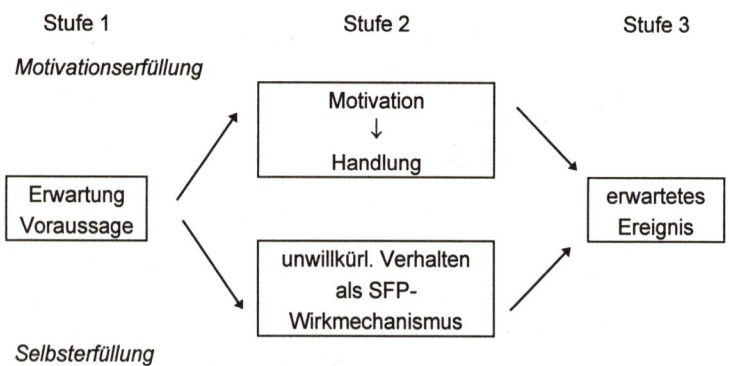

Da Motivationserfüllung und Selbsterfüllung einen identischen Anfangs- und Endpunkt besitzen und sich beide nur durch den Wirkmechanismus unterscheiden, können produktorientierte Studien, die nur den Input (Erwartung) und Output (erwartetes Ereignis) erfassen und vergleichen, nicht aber den Wirkmechanismus dazwischen näher beleuchten (wie prozeßorientierte Untersuchungen), nicht zwischen beiden Ansätzen diskriminieren. Ergeben solche Studien hypothesenkonforme Befunde, nämlich einen Nachweis des Bestätigungseffekts, ist empirisch nicht zu erkennen, ob es sich um eine Motivations- oder eine Selbsterfüllung handelt (auch wenn die Autoren der Studien einen von beiden Ansätzen in der Diskussion ihrer Resultate dadurch als gestützt ansehen mögen - was häufig geschieht -, da sie in der Denktradition des jeweiligen Ansatzes stehen). Eine vor-empirische Möglichkeit der Unterscheidung gibt es allerdings: Die Lebensbereiche, in denen die Studien thematisch angesiedelt sind, legen selbst meist jeweils einen der beiden Ansätze nahe. Am betrachteten Thema bzw. der Aufgabenstellung läßt sich häufig erkennen, ob eher mit willkürlichem oder unwillkürlichem Verhalten als Folge von Erwartungen zu rechnen ist. Da dieses Unterscheidungskriterium nicht immer beachtet wird, sondern die Zuordnung von Studien zu einem der Ansätze vom Paradigma der „Schule" abzuhängen scheint, der sich die Autoren verpflichtet fühlen, ist es lohnenswert, dieses Kriterium im folgenden genauer zu beleuchten.

Es gibt Typen von Aufgaben, die zu ihrer Bewältigung ein Verhalten erfordern, das auf einer „kontinuierlichen" Skala unterschieden werden kann, und andere Aufgaben, die ein Bewältigungsverhalten verlangen, dem man bereits zureichend gerecht wird, wenn es als „diskret-dichotomes" Merkmal aufgefaßt wird. Ein Großteil der Formen des *Leistungs*verhaltens variiert kontinuierlich. D.h.: Es kommt dabei entscheidend auf den Gütegrad der Verhaltensausführung an. Man kann dabei mehr oder weniger „gut" abschneiden (z.B. bei sportlichen Leistungen). Bei diskret-dichotom variierenden Verhaltensweisen hingegen kommt es weniger darauf an, *wie* sie ausgeführt werden, als vielmehr darauf, *ob* sie überhaupt ausgeführt werden oder nicht (z.B. einen Lottoschein ausfüllen, essen, rauchen). Das Verhalten des diskret-dichotomen Variationstyps beinhaltet eine Entscheidungs- oder Entschluß-problematik und impliziert damit hauptsächlich bewußt motiviertes Handeln. Man entscheidet sich beispielsweise für oder gegen das Essen, Trinken oder Rauchen. Wenn ein Asket oder Abstinenzler seine Vorsätze durchbricht, geschieht dies willentlich und bewußt, indem er absichtlich ißt, trinkt oder raucht (auch wenn es der Volksmund mißverständlicherweise so formuliert, daß das Fleisch sich dann als stärker erweise als der „Wille", so handelt es sich dabei doch um willentliches Verhalten aufgrund von Wertentscheidungen). Das Verhalten des kontinuierlichen Variationstyps hingegen enthält auch viele nicht-absichtliche Anteile, weil die exakte Leistungsstärke nicht frei wählbar ist. Wieviel man aktualgenetisch tatsächlich leistet, untersteht nicht völlig der eigenen (bewußten) Kontrolle. Für eine hohe Anstrengung kann man sich zwar entscheiden, nicht jedoch für jedes beliebige Leistungsniveau. Sonst gäbe es bei Sportveranstaltungen keinerlei Leistungsdifferenzen. Verhalten des kontinuierlichen Typs ist eine Frage des „Mehr oder weniger", Verhalten des diskrete Typs eine Frage des „Entweder - oder".

Lebensbereiche und Aufgabenstellungen, die im wesentlichen Verhalten des kontinuierlichen Variationstyps erfordern, unterliegen, soweit sie von einem Bestätigungseffekt einer Erwartung bestimmt werden, tendenziell eher einer Selbsterfüllung als einer Motivationserfüllung. Die erfolgreiche Bewältigung solcher Aufgaben hängt weniger vom Leistungswillen oder einer klaren Ja-Nein-Entscheidung ab, als vielmehr von Faktoren, die nicht dem eigenen Willen unterliegen.

Bsp.: Die Erwartungsabhängigkeit von Prüfungsleistungen ist der Selbsterfüllung zuzuordnen. Im Vorfeld kann man sich zwar dafür entscheiden, sich optimal vorzubereiten; die aktuelle Prüfungsleistung ist jedoch in erster Linie keine Frage des Willens und der Entscheidung dafür. Nervosität und Unkonzentriertheit als häufige Prüfungsbegleiterscheinungen sind Spontan-Verhaltensformen, die nicht dem Willen unterliegen.

Lebensbereiche und Aufgabenstellungen, die hingegen im wesentlichen Verhalten des diskreten Typs erfordern, unterliegen, soweit sie von einem Bestätigungseffekt bestimmt werden, tendenziell eher einer Motivationserfüllung als einer Selbsterfüllung. Bewußte Entscheidungen hängen von der Motivation ab und bedingen (willkürliches) Handeln.

Bsp.: Die Erwartungsabhängigkeit von erfolgreichem Abstinenzverhalten ist der Motivationserfüllung zuzuordnen, da Abstinenz ein Verhalten des diskreten Typs darstellt. Es ist bekannt, daß der Erfolg von Therapien zu Übergewichtigkeit, Alkohol- und Drogenmißbrauch sowie Nikotinentwöhnung sehr gut durch die Erwartungen der Klienten prognostiziert werden kann. Bei einschlägigen Studien zur Erwartungsabhängigkeit bei Suchteindämmung ist zu unterstellen, daß das „rationale Handeln" und das Aufbringen von Willensstärke der Klienten die Wirkmechanismen darstellen (Oettingen 1997, 30f, 309). Auch eine Bestätigungseffekt-Studie zum „Erfolg in der Liebe" von Oettingen untersucht die Motivationserfüllung, da dabei Handlungen der Kontaktaufnahme als abhängige Variable („Erfolg") definiert wurden (1997, 208ff). Die Aufnahme von Sozialkontakt beruht auf Motivation und Entscheidung dafür. Sie ist dem diskreten Typ zuzuordnen: Entweder die verehrte Person wird angesprochen oder nicht. Sie kann nicht 'ein bißchen' angesprochen werden.

Neben dem diskreten Verhalten als Wirkmechanismus setzt die Motivationserfüllung folgende weitere Aspekte voraus, die zur Unterscheidung von Motivationserfüllung und Selbsterfüllung herangezogen werden können: Wissen, Können und Wollen.

- Motivationserfüllung setzt voraus, daß die Erwartenden *wissen*, mit welchen Handlungen sie dazu beitragen können, das erwartete Ereignis hervorzubringen. In Lebensbereichen, wo dies nicht der Fall ist und es zu Bestätigungseffekten kommt, liegt deshalb die Selbsterfüllung nahe (z.B. bei der Intelligenzförderung von Schülern in Pygmalion-Studien, bei Rattenlern-Versuchen in Untersuchungen zum Versuchsleiter-Erwartungseffekt; Ludwig 1991, 113; 1994).
- Motivationserfüllung setzt voraus, daß die Erwartenden das förderliche Verhalten (als Wirkmechanismus) überhaupt bewußt hervorbringen *können*, es also der unmittelbaren willentlichen Kontrolle unterliegt. In Lebensbereichen, bei denen dies nicht der Fall ist, liegt die Selbsterfüllung nahe; z.B. bei physiologischen oder biochemischen Reaktionen als Folge von Erwartungen in Studien zur Gesundheitsentwicklung (z.B. Oettingen 1997, 18, 32).
- Motivationserfüllung setzt voraus, daß die Erwartenden das erwartete Ereignis auch hervorbringen *wollen*. Ein Bestätigungseffekt von Erwartungen gegenüber negativen, unerwünschten oder unangenehmen Ereignissen kann deshalb nur ein Selbsterfüllungseffekt sein.

Der kategorialen Klarheit wegen sei darauf hingewiesen, daß nicht alle motivationalen Erwartungseffekte 'Bestätigungseffekte' sind. Es gibt auch allgemeine Erwartungseffekte auf Motivation und Handlung. Bei solchen *„allgemeinen motivationalen Erwartungseffekten"* besteht die Wirkung der Erwartung auf Motivation und Handlung nicht darin, daß sich die Erwartung erfüllt. Dies ist z.b. bei Wahlentscheidungen der Fall.

Bsp.: Die Kompetenzerwartung in Mathematik steuert die Berufswahl stärker als die tatsächlich vorhandene Kompetenz in diesem Fach (z.B. Oettingen 1997, 33f). Die Berufswahl ist fraglos ein diskretes Entscheidungsverhalten und damit eine *motivierte* mentale Handlung und kein unabsichtliches Verhalten. Dieser empirische Befund belegt allerdings keinen motivationalen *Bestätigungs*effekt. Die Berufswahl als Handlung ist zwar eine Folge dieser Erwartung, stellt aber keine Erfüllung der Erwartung, in Mathematik gut zu sein, dar. Ähnliches gilt für folgende empirisch gestützte Hypothese: Die geschlechtsdifferente Erwartung und das Selbstkonzept zur eigenen Leistungsfähigkeit in Bezug auf verschiedene Schulfächer bedingen die Unterschiede in der Fächerwahl und bei der Berufsentscheidung zwischen weiblichen und männlichen Schülern (Eccles/Jacobs/Harold 1990, 184, 198).

Bsp.: Experimentell induzierte Fähigkeitserwartungen in Bezug auf bestimmte Fächer erhöhen das Interesse und den Spaß an diesen Fächern (z.B. Oettingen 1997, 34). Auch hier ist die emotionale Einstellung keine Erfüllung der Erwartung, sondern ein allgemeiner Effekt dieser Erwartung.

Abbildung 6: Taxonomie der Erwartungseffekte

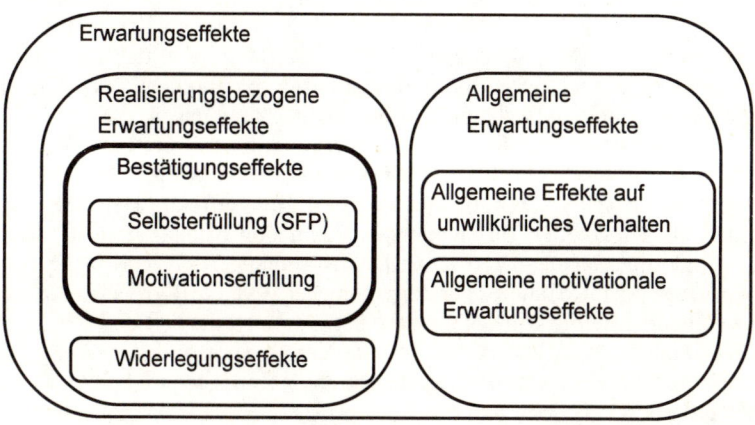

Entsprechendes gilt auch für den unabsichtlichen Bereich: Nicht alle Wirkungen von Erwartungen auf unbeabsichtigtes Verhalten sind Bestätigungseffekte. Es lassen sich auch *„allgemeine Erwartungseffekte auf unwillkürliches Ver-*

halten" finden. Bei ihnen besteht die Wirkung nicht darin, daß sich die Erwartung erfüllt. In solchen Fällen liegt also keine Selbsterfüllung vor.

Bsp.: Eine Schülerin freut sich auf die Rückgabe einer korrigierten Klassenarbeit, da sie eine gute Note zu erhalten erwartet. Die emotionale Reaktion der Schülerin ist zwar ein erwartungsbedingtes unwillkürliches Spontan-Verhalten; allerdings erfüllt sich in der Reaktion die Zensurerwartung nicht.

Das Prozeßmodell der Ermutigung (Abschnitt 1.2) berücksichtigt die Tatsache, daß es auch Erwartungseffekte auf unwillkürliches Verhalten bzw. (willkürliches) Handeln gibt, die keine Bestätigungseffekte und somit keine Selbsterfüllungs- bzw. Motivationserfüllungseffekte darstellen. Dieses Modell umfaßt also sowohl Bestätigungseffekte als auch allgemeine Erwartungseffekte. Abbildung 6 stellt eine Übersicht über alle Klassen von erwähnten Erwartungseffekten und ihre hierarchische Beziehung untereinander her.

1.3.3.2 Zuordnung von Erwartungstheorien zu den beiden Ansätzen von Bestätigungseffekten

Im folgenden werden Erwartungstheorien jeweils einem der beiden Ansätze, Selbsterfüllung bzw. Motivationserfüllung, zugeordnet. Die zu nennenden Erwartungstheorien stellen dabei nur eine exemplarische Auswahl aus der Vielzahl solcher Theorien dar. Dabei geht es nur um die prinzipielle Möglichkeit der Zuordnung einer Theorie zu einem der Ansätze. Die gewählte Zuordnung erhebt also nicht den Anspruch, die jeweilige Theorie damit vollständig abzubilden. D.h.: Die Zuordnung schließt keineswegs aus, daß die Theorien zusätzlich noch hier unerwähnte Kausalmuster beschreiben oder Elemente enthalten, die mit dem Bestätigungseffekt nichts zu tun haben.
  Erwartungstheorien, die sich auf Robert Mertons Terminus „SFP" berufen (z.B. Rosenthal und Schüler), beziehen sich damit explizit auf den Bestätigungseffekt in seiner Subform des Selbsterfüllungseffekts. Der SFP-Ansatz firmiert auch unter den Bezeichnungen Pygmalion-Effekt, Placebo-, Rosenthal-, Andorra-, Galatea-, Versuchsleiter-Erwartungseffekt (Ludwig 1991, 48f) und Theorie der Reaktionserwartung (Kirsch 1990, 8ff). In den Aussagen dieser Theoriebildung wird explizit auf die Unabsichtlichkeit des Wirkmechanismus hingewiesen. Damit ist ihre Zuordnung zum Selbsterfüllungseffekt bereits durch die Theorie-Begründer legitimiert und bedarf keiner weiteren Erläuterung.
  Bei Erwartungstheorien, die zumindest partiell dem Ansatz der Motivationserfüllung von Erwartung zuzurechnen sind, ist die Legitimation der Zuordnung etwas aufwendiger. Denn diese Theorien beziehen sich meist nur implizit auf den Bestätigungseffekt. Bei derartigen motivationalen Erwartungstheorien wird es selten ausgewiesen, daß sie im Grunde einen solchen

Effekt schildern. (Das Konzept des Bestätigungseffekts wäre auch ohne den hier erst eingeführten Terminus beschreibbar.) Anhand einer Auswahl von drei dieser Theorien soll dieser Zusammenhang deutlich gemacht werden: bei der Motivationstheorie des Zukunftsdenkens (Oettingen), der sozial-kognitiven Theorie der Selbstwirksamkeitserwartung (Bandura) und der behavioristisch-lerntheoretischen Theorie des erlernten Optimismus (Seligman). Im Rahmen dieser motivationalen Theorien wurde die Bedeutung von Erwartungen vor allem auf die Gesundheit, auf den Berufs- und Therapieerfolg empirisch erforscht (vgl. Oettingen 1997, 17ff, 33f, 36ff; Seligman 1992, 93ff; Peterson/ Bossio 1991). Weitere motivationstheoretische Erwartungsansätze und Vertreter finden sich zusammengefaßt bei Oettingen (1997, 3ff), Helmke (1992, 26f, 34ff) und Ruvolo & Markus (1992, 96).

Alle Lerntheorien des Zukunftsdenkens stimmen darin überein, daß positive Erwartungen zu positiven Ergebnissen führen und negative zu negativen Ergebnissen. Spezieller formuliert haben nach diesen Theorien positive Erwartungen einen förderlichen Effekt auf Motivation und Handeln und negative Erwartungen einen behindernden (Oettingen 1997, vii, 143f). Von solchen motivationalen Theorien wird allerdings kaum konzeptionell herausgearbeitet, daß es sich bei dem betrachteten Effekt nicht nur um irgendeinen „allgemeinen" Erwartungseffekt auf Motivation und Handeln handelt, sondern daß beim Weiterverfolgen des Kausalgefüges wiederum - als Effekt von Handlungsmotivation und Handeln - der spezifisch „bestätigende" Effekt erreicht wird; d.h., daß es dabei also (auch) um die Erfüllung der Erwartung mit der Erwartung als Ursache dafür geht. Die oft verwendeten Formulierungen „Effekt auf Motivation und Handeln" und „positive Erwartungen führen zu positiven Ergebnissen" in der Konzeption dieser Modelle sind bestätigungs-effekttheoretisch unspezifisch. Sie lassen zwei Mißverständnisse zu:

• Der Bestätigungseffekt bezieht sich auf die Übereinstimmung von Erwartungsinhalt und späterem Ausgang des erwarteten Ereignisses. Die Formulierung „positive Erwartung führt zu einem positiven Ergebnis" schließt diese Identität von Inhalt und Ausgang zwar als eine Interpretationsmöglichkeit durchaus mit ein, grenzt aber andere, darüberhinaus gehende Auslegungen nicht aus. Diese Formulierung ließe sich auch so (miß)deuten, daß es gar nicht so sehr auf den Erwartungsinhalt, als auf die Erwartungsrichtung (positiv/negativ) ankommt. Demnach könnte jede positive Erwartung (z.B. Erwartung von Sonnenschein) ein positives Resultat bewirken (z.B. Erfolg in einer Prüfung). Die „Identität" als Merkmal des Bestätigungseffekts besteht hingegen nicht nur darin, daß Erwartung und Ereignisentwicklung insofern „identisch" sind, als beide positiv bzw. negativ sind; sondern, daß Erwartung und ihr Effekt auch *inhaltlich* identisch sind: Demnach bewirkt nicht *irgendeine* positive Erwartung, sondern nur eine positive Erwartung des *Prüfungs*ergebnisses eine Steigerung des *Prüfungs*erfolgs.

- Der von motivationstheoretischen Ansätzen formulierte Effekt der Erwartung „auf Motivation und Handeln" ist selbst noch kein Bestätigungseffekt, sondern stellt aus der Perspektive des Bestätigungseffekts einen wirkmechanischen Zwischenschritt dar (Stufe 2 des Diagramms 5, Abschnitt 1.3.3.1). Entgegen dieser konzeptionellen Formulierung scheint es in motivationstheoretischen Erwartungstheorien allerdings nicht nur um Effekte auf Motivation und Handeln, sondern auch um das Resultat von Motivation und Handeln zu gehen (Stufe 3).

Die folgenden Ausführungen werden zeigen, daß die herangezogenen motivationalen Erwartungstheorien offensichtlich nicht so unspezifisch gemeint sind, wie sie konzeptionell mitunter formuliert werden.

(1.) Theorie der Motivationseffekte des Zukunftsdenkens
Oettingen legte einen elaborierten Ansatz zum Zukunftsdenken vor (1996; 1997). Da sie ihm selbst keinen Namen gegeben hat, firmiert er hier vorläufig unter „Theorie der Motivationseffekte des Zukunftsdenkens". Im folgenden genügt es, nur den Erwartungsaspekt dieser Theorie zu betrachten. Der eigentliche Hauptaspekt dieser Theorie, der sich mit Vorstellungseffekten auseinandersetzt, spielt für den vorliegenden Zusammenhang keine Rolle. Er wird andernorts aus der Perspektive des Bestätigungseffekts diskutiert (Ludwig im Druck).
　　Die Theorie der Motivationseffekte des Zukunftsdenkens bezieht sich zentral zunächst nur auf die Verhaltenswirksamkeit von Erwartungen auf Motivation und Handeln, also auf einen allgemeinen motivationalen Erwartungseffekt im oben erwähnten Sinne: Positive Erwartungen werden in dieser Theorie als motivations- und handlungsfördernd betrachtet, negative Erwartungen entsprechend als hemmend. Folgt man jedoch den peripheren Überlegungen der Autorin, so wird deutlich, daß sich die Theorie auch als ein Repräsentant des Bestätigungseffekts motivationaler Prägung verstehen läßt. Dies wird durch die Formulierung angedeutet, die Erwartung zukünftiger Erfolge würde das Engagement hinsichtlich der Realisierung dieser Erfolge beflügeln (Oettingen 1997, 153). Eine stringente Fortsetzung dieser Überlegung führt zum Schluß, daß das gesteigerte Engagement (Handeln) die Wahrscheinlichkeit erhöht, die Realisierung des Erfolgs tatsächlich zu erreichen, also die Erwartung tendenziell zu erfüllen. Die Motivationserfüllung kommt direkter in Oettingens Überlegung zum Ausdruck, daß positive Erwartungen nicht nur die Motivation, sondern auch den Erfolg selbst fördern (1997, 153f, 158). Unverkennbar auf die Erfüllung der Erwartung, also auf die Übereinstimmung des Erwartungsinhalts mit dem Erfolg als Effekt der Erwartung, verweist die Annahme, daß die Korrelation zwischen Erwartung und Erfolg dann besonders hoch sei, „wenn der gemessene Erfolg genau dem Ereignis entspricht, auf das sich die erhobene Erwartung bezieht" (Oettingen 1997, 154).

Neben den theoretischen Überlegungen bringen vor allem die einschlägigen empirischen Studien zum Ausdruck, daß sich die Theorie der Motivationseffekte des Zukunftsdenkens implizit auf den Bestätigungseffekt bezieht und nicht nur auf einen allgemeinen motivationalen Erwartungseffekt: Oettingen postuliert für ihre Korrelationsstudien (1997, 159ff) eine positive Beziehung zwischen „Erfolgserwartung und tatsächlichem Erfolg", nämlich der „Erfolgsverwirklichung"; und eben nicht nur eine Beziehung zwischen Erwartung und Motivation. Sie tut dies, indem sie eine Kausalbeziehung zwischen den korrelierten Variablen annimmt, die der eines Bestätigungseffekts von Erwartungen entspricht. Sie untersucht in ihren Studien, ob die „Erfolgserwartung" der Teilnehmer eines Gewichtsverlustprogramms, der Patienten einer Therapie chronischer Krankheiten und die Erfolgserwartung bei der Partner- bzw. Stellensuche mit dem tatsächlichen Erfolg der Interventionen in Beziehung stehen. Bei drei dieser Studien deckt sich die erhobene Erfolgserwartung als unabhängige Variable inhaltlich mit dem später gemessenen Interventionserfolg als abhängiger Variable. Die Erwartungen beziehen sich also spezifisch auf den Erfolg der jeweiligen Situation. D.h.: Eintretender Erfolg (z.B. tatsächlicher Gewichtsverlust) bedeutet die Erfüllung dieser Erwartungen (z.B. der Erwartung, durch das Diätprogramm abzunehmen). Die Resultate sichern die Hypothese einer solchen Erwartungserfüllung (Oettingen 1997, 34, 153f, 158ff, 219f; Oettingen /Wadden 1991, 170). (Da es in der Therapie-Studie um lebensbedrohliche somatische Erkrankungen bei Kindern ging, wurde dort aus ethischen Gründen auf eine direkte Erfassung der Erfolgserwartung verzichtet und statt dessen der *generelle* Optimismus der Kinder erhoben.)

Auch drei experimentelle Studien Oettingens zur empirischen Überprüfung ihres Ansatzes beziehen sich auf den Bestätigungseffekt (1997, 247ff). Untersucht wurden Erwartungseffekte bei zwischenmenschlichen Beziehungen, beim Kennenlernen einer attraktiven Person und bei einer beruflichen Problematik. Die Autorin weist zwar explizit vor allem auf den allgemeinen Erwartungseffekt *auf die Motivation* hin (z.B. ob die Erwartung, den attraktiven jungen Mann auf einem Foto näher kennenlernen zu können, Handlungsschritte des Kennenlernens motiviert) und die Annahme dieses Kausalzusammenhangs wird empirisch geprüft bzw. durch die Daten fundiert (und nicht der bestätigende Effekt *auf das erwartete Ereignis*); Oettingen macht jedoch deutlich, daß sie diesen Effekt im weiteren thematischen Umfeld des realisierungsbezogenen Effekts der Erwartungsbestätigung angesiedelt sieht (z.B. daß eine erwartungsbedingte hohe Motivation des Kennenlernens ein tatsächliches Kennenlernen erwartungsgemäß begünstigen würde). In diesen Untersuchungen stellen die Erwartungen allerdings keine (manipulierten) unabhängigen Variablen dar, so daß auch hier kein *experimenteller* Nachweis der angenommenen Erwartungseffekte erfolgen kann.

Welcher Typ des Bestätigungseffekts wurde durch diese Studien geprüft? Bei den Korrelationsstudien wurden als abhängige Variablen „Handlung" und „Erfolg" erfaßt, nicht jedoch die „Handlungsmotivation", so daß kein empirischer Nachweis eines bestimmten Wirkmechanismus erfolgen kann. Trotzdem kann aufgrund der Art der thematisierten Lebensaufgaben aus bestätigungseffekttheoretischer Sicht von einer Motivationserfüllung (und nicht etwa einer Selbsterfüllung) ausgegangen werden, was auch der expliziten motivationstheoretischen Einordnung der Studien durch die Autorin entspricht. Erfolg ist in den Studien so definiert, daß er maßgeblich von Handlungsmotivation bzw. Entscheidungen abhängt. Damit ist der vermittelnde Wirkmechanismus zwischen Erwartung und potentiellem Erfolg ein willkürliches Verhalten des diskreten Typs. Beispielsweise wird der Erfolg einer Fastenkur wesentlich vom Aufrechterhalten der Entscheidung bestimmt, auf Nahrung zu verzichten; der Erfolg einer Therapie, die ärztlichen Anweisungen zu beachten; der Erfolg bei der Partnersuche, die verehrte Person tatsächlich anzusprechen und der Erfolg bei der Stellensuche, Bewerbungen überhaupt abzuschicken. Bei den *experimentellen* Studien Oettingens kann die Einordnung in den theoretischen Kontext der Motivationserfüllung sogar empirisch begründet werden, da hier die Motivationshöhe und die Handlungsintensität als abhängige Variablen erhoben wurden.

(2.) Theorie der Selbstwirksamkeitserwartung
Bandura (1977) führte im Rahmen seiner sozial-kognitiven Handlungstheorie das Konstrukt der Selbstwirksamkeitserwartung ein, das sich in der Kognitiven Psychologie als sehr einflußreich erwies. Selbstwirksamkeit ist die eigene Fähigkeit, bestimmte „Handlungen" (erfolgreich) ausführen zu können. Die Selbstwirksamkeits*erwartung* ist der Grad der Überzeugung einer Person, die „Fähigkeit" zur Ausführung einer bestimmten „Handlung" zu besitzen, also eine bestimmte Handlung ausführen zu können oder nicht (Bandura 1986, 391). Der Erwartungsinhalt dieser Art von Erwartung bezieht sich damit auf das eigene Verhalten; z.B. die eigene Fähigkeit des Zurückweisens von Süßigkeiten wegen einer Diätvorschrift.

Bandura (1977) unterscheidet Selbstwirksamkeitserwartungen (efficacy expectations) von Ergebnis-Erwartungen (outcome expectations). Eine Ergebnis-Erwartung ist die Überzeugung, daß eine eigene Handlung ein gewünschtes Ergebnis zur Folge hat. Sie bezieht sich also auf die Konsequenz einer bestimmten Handlungen; z.B. auf den Gewichtsverlust als Diäterfolg. Der Begriff ist nur sinnvoll, wenn angenommen wird, daß ein Ergebnis an eine bestimmte Handlung gebunden ist.

Statt von „self-efficacy expectations" spricht Bandura neuerdings von „self-efficacy be-*liefs*", ein Ausdruck, der insofern für den gemeinten Bedeutungsgehalt adäquater ist, als er die Zeit-Ungerichtetheit der „Überzeugung" in den Vordergrund rückt und sich nicht auf die Zukunftsbezogenheit der „Erwartung" beschränkt. Denn hält man sich für fähig, eine bestimmte Handlung auszuführen, so galt dies vermutlich auch gestern und gilt noch morgen. Alternativ bezeichnet Schwarzer (1993) die Selbstwirksamkeitserwartungen als „Kompetenzerwartungen" und die Ergebnis-Erwartungen als „Konsequenzerwartungen".

„Self-efficacy" wird auch mit „Effizienz-Überzeugungen" (Flavell 1984, 27) oder mit „Selbsteffizienz" (Singer/Pope 1986b, 39) übersetzt.

Bei einigen Aufgabentypen entfällt die Trennung zwischen Ergebnis-Erwartungen und Selbstwirksamkeitserwartungen, da sich beide inhaltlich decken. Dies ist z.B. bei Studien von Bouffard-Bouchard (1990, 357) und Bouffard-Bouchard, Parent & Larivée (1991, 157) der Fall. Dort wurde erhoben, ob die Versuchspersonen (Vpn) erwarteten, eine kognitive Aufgabe erfolgreich lösen zu können. Diese Erwartung bezieht sich damit auf den Erfolg des eigenen Verhaltens während der Aufgabenbewältigung, die Aufgaben-lösung, und gleichzeitig auf das erhoffte Ergebnis der Aufgabenbewältigung, ebenfalls die Lösung. Das erfolgreich ausgeführte Verhalten ist mit dem Ergebnis identisch. Die Autorinnen bezeichnen den erhobenen Erwartungstypus als „Selbstwirksamkeitserwar-tung". Genausogut könnte er auch als Ergebnis-Erwartung bezeichnet werden. Erwartun-gen, die komplexer operationalisiert sind und beide Typen darstellen, nennt Oettingen „Gesamterwartungen" (1997, 154, 160, 167, 184, 221). Mitunter werden Erwartungs-typen auch „Selbstwirksamkeitserwartung" genannt, die mit der Definition Banduras nicht mehr in Einklang stehen. Selbstwirksamkeitserwartungen sind intrapersonale Erwartungen, die sich auf eigenes Handeln beziehen, nicht auf den Erfolg als Konsequenz des Handelns. Solche Erwartungen bzgl. eines Diätprogramms beinhalten damit nicht, „den gewünschten Gewichtsverlust auch erreichen zu können" (Oettingen 1997, 30), sondern z.B. die dazu notwendigen Handlungsschritte unternehmen zu können, z.B. die Diät einzuhalten (ähnlich auch Eden/Kinnar 1991, 771, 773).

Die Bestimmung des Begriffs „Selbstwirksamkeitserwartung" läßt es zunächst fraglich erscheinen, ob diese Form von Erwartung überhaupt zur eigenen Erfüllung beitragen kann. Es gibt Erwartungstypen, die grundsätzlich keinen Bestätigungseffekt auslösen können. Dazu gehört z.B. die Kontrollerwartung im Sinne des Konzepts des „locus of control" von Julian B. Rotter. Kontroll-erwartungen beziehen sich nicht darauf, ob eine Situation kontrolliert werden wird oder nicht, sondern darauf, ob sie prinzipiell kontrollierbar ist oder nicht. Kontrollerwartungen beziehen sich damit auf einen Sachverhalt, nämlich die objektive Kontrollierbarkeit, der durch nichts abänderbar ist und damit auch nicht durch eine Erwartung (detaillierter Ludwig 1991, 85ff).

Selbstwirksamkeitserwartungen sind subjektive Urteile über die eigene „Fähigkeit", eine Handlung ausführen zu „können". Ob die Selbstwirksam-keitserwartung zu den bestätigungs*un*fähigen Erwartungstypen gehört, wie etwa die Kontrollerwartung, oder ob sie Bestätigungseffekte auslösen kann, hängt von der Auffassung der Begriffe „Fähigkeit" und „Können" ab. Wird hier „Fähigkeit" als ein *trait*, also als ein relativ stabiles Persönlichkeits-merkmal aufgefaßt, so entzieht sich die Änderung einer solchen Fähigkeit der aktuellen objektiven Kontrollierbarkeit des Handelnden und damit auch des Einflusses seiner Erwartungen. Eine derartige Fähigkeit kann überhaupt nicht kurzfristig verändert werden. Erwartungen können nichts ausrichten, wenn dem Erwartenden die „Fähigkeit" als trait zur Hervorbringung des erwarteten Ereignisses fehlt (Bandura 1977, 194).

Bsp.: Verfügt eine Person nicht über die Fähigkeit, Schwedisch zu sprechen, so würde auch keine noch so hohe Selbstwirksamkeitserwartung bzgl. der Fähigkeit Schwedisch zu sprechen, etwas an der Unfähigkeit ändern, sich kurzfristig dieser Sprache bedienen zu können.

Die Konzeption der Theorie der Selbstwirksamkeitserwartung schließt es nicht aus, „Fähigkeit" im trait-Sinn als Kompetenz zur Ausführung einer bestimmten Verhaltens zu deuten. Allerdings macht Bandura (1977) in der experimentellen Begründung seiner Theorie implizit deutlich, daß hier „Fähigkeiten" und „Können" im Sinne des state-Konzepts gemeint sind. Solche „Fähigkeiten" können rasch geändert werden. Beispielsweise kann die „Unfähigkeit" eines Schlangenphobikers, sich den Tieren zu nähern, durch Modell-Lernen relativ schnell in die Fähigkeit verwandelt werden, sich zum Umgang mit einer Schlange zu überwinden. Denn es geht dabei nicht um motorische, sondern um volitional-kognitiv begründete Verhaltenseinschränkungen. Es handelt sich also nicht um Eigenschaften, die, wenn sie nicht vorhanden sind, grundsätzlich völlig außerhalb des Verhaltensrepertoires liegen.

Gemäß der state-Auffassung des Begriffs „Fähigkeit" ist eine Selbstwirksamkeitserwartung grundsätzlich in der Lage, einen Bestätigungseffekt auszulösen (was im übrigen auch auf die Ergebnis-Erwartung zutrifft). Damit ist aber die Frage noch nicht beantwortet, ob die Theorie der Selbstwirksamkeitserwartung diesen Effekt auch impliziert. Bandura spricht in seinen konzeptionellen Ausführungen von Erwartungen, die Verhalten und Leistung „beeinflussen" (1977, 194), ohne genau zu spezifizieren, in welche Richtung die Selbstwirksamkeitserwartung das Verhalten verändert und ob sich die Erwartung inhaltlich auf diese Verhaltensänderung beziehen muß, um diese Wirkung zu zeigen. Mit dieser offenen Konzeptualisierung könnte lediglich ein allgemeiner Erwartungseffekt gemeint sein. Die Experimente, die er als Beleg seiner Theorie anführt, sind allerdings spezifischer. Bei ihnen geht es um den Bestätigungseffekt. Die abhängigen Variablen in diesen Experimenten sind „auf die situative Selbstwirksamkeitserwartung hin zugeschnitten" (Oettingen 1997, 27, 30f): In diesen Studien äußerten Schlangenphobiker während ihrer Therapiesitzungen als experimentelles Treatment ihre Selbstwirksamkeitserwartung, mit ihrem phobischen Objekt in mehr oder weniger engen Kontakt treten zu können. Anschließend wurde in verschieden schwierigen Aufgabenstellungen überprüft, inwieweit die Klienten sich tatsächlich überwinden können, mit einer Boa Constrictor in-vivo Umgang zu haben. Die Erwartungen bezogen sich inhaltlich also genau auf die späteren Aufgabenstellungen. Es konnten hohe Korrelationen zwischen Verhaltenserwartung und späterem tatsächlichen Verhalten festgestellt werden. Je höher die Selbstwirksamkeitserwartung der Vpn ausfiel, sich an das Tier annähern zu können, um so mehr taten sie es auch. Nach den Hypothesen Banduras ist die Erwartung die Ursache und das Kontaktverhalten die Wirkung. Da beide, Erwartung und Verhalten, in diesen Experimenten als abhängige Variablen auftreten, ist keine empirische Entscheidung der Kausalrichtung möglich. Die Erwartung als Ursache zu sehen, ist nur eine unter vielen Interpretationsmöglichkeiten (Bandura 1977, 211f). Diese Interpretation entspricht dem Bestätigungseffekt. Weitere ähnliche Studien wurden zur Alkohol-, Drogen- und Nikotinabstinenz durchgeführt. Die erhobenen Erwartungen wurden dabei operationalisiert als die Überzeugung, dem Konsum widerstehen zu können. Die Resistenz gegenüber dem Konsum war die abhängige Variable (vgl. Oettingen 1997, 31). Auch bei solchen Studien ist der überprüfte Erwartungseffekt also ein bestätigender Effekt.

Nicht alle Studien zur Theorie der Selbstwirksamkeit thematisieren den Bestätigungseffekt von Erwartungen. Ob ein theoretisch postulierter oder empirisch gefundener Effekt einer Selbstwirksamkeitserwartung ein Bestätigungseffekt ist, hängt davon ab, wie das Ereignis, auf das sich der Erwartungseffekt bezieht, also die abhängige Variable, festgelegt ist. Dies soll anhand einer der Studien von Oettingen (1997, 30) veranschaulicht werden, bei der es um Übergewichtige ging, die an einem Diätprogramm teilnahmen: Wenn das Ereignis das eigene Verhalten darstellt (z.B. die Ausdauer, am Programm regelgemäß teilzunehmen), dann befaßt sich die Studie mit dem Bestätigungseffekt, weil sich die Selbstwirksamkeitserwartung auch auf dieses Ereignis bezieht. Wenn jedoch der Therapieerfolg (z.B. Gewichtsverlust) die abhängige Variable darstellt, dann wäre diese Studie in Bezug auf die Selbstwirksamkeitserwartung nicht mit dem Bestätigungseffekt befaßt, sondern mit einem allgemeinen Erwartungseffekt, weil sich die Selbstwirksamkeitserwartung nicht auf diesen Erfolg bezieht, sondern auf das Verhalten, das möglicherweise den Erfolg erbringt. Im zweiten Fall liegt keine Erfüllung der Selbstwirksamkeitserwartung vor.

Es bleibt noch zu klären, ob der Bestätigungseffekt nach der Theorie der Selbstwirksamkeitserwartung ein Motivationserfüllungs- oder ein Selbsterfüllungseffekt ist. Bandura legt in seinen theoretischen Ausführungen die Motivationserfüllung nahe. Er spricht von „Motivation" und Handlungsentscheidungen, die von der Erwartung beeinflußt werden (1977, 193f). Diese Zuordnung ist auch in Bezug auf die die Theorie stützenden Experimente plausibel. Die Studien zur Therapie von Schlagenphobien lassen sich aus thematischen Gründen eher dem motivationalen Bestätigungseffekt als dem selbsterfüllenden zuweisen: Der Wirkmechanismus besteht aus Verhalten des diskreten Typs: Entweder die Vpn können die geforderten Aufgaben ausführen oder nicht (z.B. sich der Schlange zu nähern, sie zu berühren). Es kommt dabei nicht auf den Grad der Ausführung an, nur ein „Entweder-oder" wird als Variable erfaßt. Es geht zudem in diesen Experimenten um eine Entscheidung bzw. ein Überwinden zu einem bestimmten Handeln, das sehr bewußt initiiert wird, nicht um ein unwillkürliches Verhalten. Über die motorische Fähigkeit, eine Schlange zu berühren, verfügt jede Person, nicht aber über den Willen dazu. Die Motivation stellt die eigentliche Hürde dar, die genommen werden soll. Es handelt sich also um ein Paradebeispiel für eine Motivationserfüllung.

Bei Banduras Schlangenphobie-Experimenten kann der Prozeß der motivationalen Bestätigung der Erwartung um eine Stufe reduziert betrachtet werden, da das Handeln nicht erst zum erwarteten Ereignis führt, sondern dieses bereits selbst darstellt (vgl. Diagramm 5, Abschnitt 1.3.3.1). Diese Reduzierung kommt zustande, weil die Selbstwirksamkeitserwartung eine intrapersonale Verhaltenserwartung ist. Deshalb konfundiert hier der Bestätigungseffekt mit der Verhaltenswirksamkeit.

(3.) Theorie des erlernten Optimismus
Die reformulierte Theorie der erlernten Hilflosigkeit erklärt die *Entstehung* von Hilflosigkeit mit der Ausbildung von Kontrollerwartungen (Peterson/Seligman 1984). Nach dem Verlaufsmodell dieser Theorie bewirken Erfahrungen von objektiver Nicht-Kontrollierbarkeit einer Situation eine entsprechende subjektive Ursachenerklärung von Nicht-Kontrollierbarkeit. D.h.: Der Betroffene hält es für unmöglich, Einfluß auf seine Welt zu nehmen. Diese Kausalattribution wiederum bedingt eine externale Kontrollerwartung, die sich langfristig in Depression und Hilflosigkeitssymptomen äußert. Der Effekt der Kontrollerwartung nach dieser Theorie entspricht einem allgemeinen motivationalen Erwartungseffekt: Der Erwartungsinhalt ist mit den nachfolgend hervorgebrachten Ereignissen nicht identisch. Denn die Symptome der Hilflosigkeit selbst, wie z.B. Passivität und kognitive Defizite, werden nicht erwartet. Erwartet wird die Unkontrollierbarkeit der Situation (Peterson/ Seligman 1984, 350). Kontrollerwartungen können grundsätzlich ohnehin keinen Bestätigungseffekt hervorbringen (vgl. oben; Ludwig 1991, 85-88).

Seligman und Mitarbeiter beschäftigten sich in den letzten Jahren hauptsächlich mit dem positiven Gegenstück zur erlernten Hilflosigkeit, dem „erlernten Optimismus" (z.B. Seligman 1991; 1992; 1995; Peterson/Bossio 1991). Interessant sind im vorliegenden Zusammenhang die Studien zu den *Konsequenzen* der erlernten Hilflosigkeit bzw. des erlernten Optimismus im Rahmen des Programms der „Attributionsstilforschung" von Seligman. Zwar gilt auch für die Folgen der einmal erlernten Hilflosigkeit bzw. des erlernten Optimismus, daß die aufgebauten Kontrollerwartungen grundsätzlich keine bestätigende Wirkung haben können; in Erweiterung der Seligmanschen Theoriekonzeption kann jedoch angenommen werden, daß Kontrollerwartungen (z.B. „Ich kann die kommenden Ereignisse kontrollieren") nicht den einzigen Erwartungstypus darstellen, der im Zusammenhang mit Hilflosigkeit bzw. Optimismus ausgeformt wird. Als Folge von Hilflosigkeit, Optimismus bzw. einem entsprechenden Erklärungsstil bildet die betroffene Person auch solche Erwartungen aus, die sich nicht auf die Kontrollierbarkeit, sondern auf das Ergebnis bzw. den Erfolg einer Situation beziehen (z.B. „Ich werde es schaffen, erfolgreich zu sein"). Nach dieser Überlegung fördert etwa ein optimistischer Erklärungsstil „Erwartungen einer positiven Zukunft" (Oettingen 1997, 18). Solche Erwartungen können sehr wohl Bestätigungseffekte nach sich ziehen (vgl. a.a.O., 15ff). Korrelationsstudien, die unter Berufung auf die

Seligmansche Theorie durchgeführt wurden, können aus dieser Perspektive interpretiert werden: In diesen Felduntersuchungen wurden Zusammenhänge zwischen generalisierter Erwartung und bedeutsamen Lebensereignissen wie Gesundheit, Schul- und Berufserfolg überprüft und auch gefunden. Die optimistischeren Menschen erwiesen sich also als die gesünderen und erfolgreicheren. Dabei wurden die Erwartungen nicht direkt erhoben (geschweige denn ein bestimmter Erwartungstyp wie z.B. Kontrollerwartungen), sondern indirekt aus der chronischen Attributionsgewohnheit, dem „Erklärungsstil", als trait erschlossen und als allgemeiner Optimismus bzw. Pessimismus der Person gedeutet (Peterson/Seligman 1984, 370). Die Autoren interpretieren diesen Optimismus bzw. Pessimismus zwar aus der Sicht der Kontrollerwartungen; wegen des sehr indirekten Erhebungsinstruments widerspricht das empirische Vorgehen aber zumindest nicht der alternativen Annahme, daß damit ein Erwartungstypus erhoben wurde, der sich - entgegen des theoretischen Paradigmas dieser Studien - *nicht* auf die Kontrollierbarkeit bezieht.

Wenn man innerhalb des Modells des erlernten Optimismus nicht nur Kontrollerwartungen, sondern auch andere Erwartungstypen am Werke sieht, ist der Bestätigungseffekt in dieses Modell integrierbar. Diese Integration ist in der Sekundärliteratur auch bereits erfolgt: „Die grundlegende Annahme des *Learned Optimism* ist, daß ein optimistischer Erklärungsstil positive Leistungserwartungen begünstigt, die wiederum das Erzielen guter Leistungen fördern" (Oettingen 1997, 20). Ein optimistischer Erklärungsstil fördert „die Erwartungen einer positiven Zukunft" und damit positive Effekte (a.a.O., 18). Die Fragestellung der empirischen Attributionsstilforschung im Rahmen dieser Theorie bezieht sich damit im Grunde auf die Bestätigungseffekt-Hypothese: Es geht um die Wirkung des Attributionsstils einer Person und damit um ihren Grad an Optimismus auf ihre psychische und physische Gesundheit, auf berufliche, schulische, akademische und sportliche Leistungen (zusammengefaßt bei Oettingen 1997, 17-21).

Wiederum bleibt noch die Frage zu klären, ob der Bestätigungseffekt in der Theorie des erlernten Optimismus dem Modell der Selbsterfüllung oder dem der Motivationserfüllung folgt. Als Neo-Behaviorist läßt Seligman diese Frage nach den Wirkmechanismen offen. Die in den einschlägigen Studien betrachteten Lebensbereiche legen keine eindeutige Zuordnung nahe. Oettingen interpretiert diese Theorie motivationstheoretisch. Sie spricht von „Handlungen" als Folge der Erklärungsstils (1997, 13f, 18, 28). Folgt man dieser Interpretation, so beschreibt die Theorie der erlernten Hilflosigkeit bzw. des erlernten Optimismus einen Motivationserfüllungseffekt der Erwartung.

(4.) Ausblendung des jeweils alternativen Ansatzes
Wie vorausgehend gezeigt wurde, werden die zwei Ansätze des Bestätigungseffekts der Erwartung, Selbsterfüllung und Motivationserfüllung, von verschiedenen Erwartungstheorien vertreten. Dabei bewegen sich die verschiedenen Forschungstraditionen allerdings nur jeweils in einem der beiden

Ansätze. Nur selten wird von der Existenz des jeweils anderen Ansatzes als einer zu erwägenden Möglichkeit, Wirklichkeit zu beschreiben, Notiz genommen; nicht einmal zum Zweck der gegenseitigen Abgrenzung voneinander. Die Einnahme solcher strikt isolierter Perspektiven ist insofern bemerkenswert, als sich beide Ansätze sehr ähneln bzw. in vielen empirischen Studien ohnehin nicht so ohne weiteres voneinander zu trennen sind. Dieser Sachverhalt hindert Autoren aber offensichtlich nicht daran, solche „zweideutigen" Studien als Beleg des jeweils eigenen Ansatzes quasi „eindeutig" zu interpretieren bzw. sogar eindeutige Studien irrtümlich dem anderen (nämlich dem eigenen) Ansatz zuzuordnen (siehe unten). Hier scheint die Selbstverpflichtung gegenüber der eigenen akademischen Denktradition eine Art Blindheit gegenüber der jeweils anderen zu erzeugen.

Die Autoren von Erwartungstheorien und empirischen Studien, die sich dem Selbsterfüllungsansatz verbunden sehen, ignorieren bisher weitgehend den motivationalen bestätigungseffekttheoretischen Ansatz. Als Beispiel hierfür kann eine Schrift von Ludwig (1991) angeführt werden. Stellvertretend für die Perspektive des Motivationserfüllungsansatzes sei die Arbeit von Oettingen (1997) genannt. In dieser Arbeit wird eine „Psychologie des Zukunftsdenkens" konstatiert. Als Elemente dieser Psychologie werden alle einflußreichen Denktraditionen aufgeführt, welche sich mit Erwartungs- und Vorstellungseffekten beschäftigen, mit Ausnahme solcher, die dem Selbsterfüllungsansatz angehören. Die Bezeichnung „Psychologie des Zukunftsdenkens" für dieses Forschungsprogramm gibt semantisch nicht zwingend vor, es auf motivationale Theorien zu begrenzen. Auch die populäre Lebensratgeber-Lehre des sogenannten „Positiven Denkens" wird vom motivationstheoretischen Ansatz als vulgarisierte Version der These der Motivationserfüllung dargestellt (z.B. McAuliffe 1991; Oettingen 1997, vii, 143, 179, 195, 343; Seligman 1991, 25; Taylor/Pham et al. in press, 9f, 22), obwohl die meisten Positiv-Denker eher dem Selbsterfüllungsansatz zuzurechnen wären (wenn sie als Theoretiker wissenschaftlichen Ansprüchen genügen würden), da sie stark auf das „Unbewußte" als Wirkmechanismus Wert legen und dieses geradezu zu einer mystisch überhöhten, allmächtigen psychischen Instanz verklären.

Der Begriff der SFP wird zwar auch von Motivationstheoretikern erwähnt, jedoch eher beiläufig und nicht theoretisch eingebunden oder näher diskutiert (z.B. Johnson/Sherman 1990, 499; Oettingen 1997, 237; Taylor/Pham 1996, 227). Eine explizite Verbindung zwischen SFP und Motivation ziehen z.B. Heckhausen (1973; 1980a, 639ff), Weinstein (1989), Jussim (1989, 472) und Eden (1990a, 69ff); allerdings nicht im Sinne einer Gegenüberstellung der Selbst- und Motivationserfüllung, sondern im Sinne eines zusätzlich motivational unterstützten Wirkmechanismus einer interpersonalen SFP: Dabei wird angenommen, daß sich eine interpersonale Erwartung selbst erfüllt, weil das erwartungsbedingte unabsichtliche Verhalten des Erwartenden („expecter") eine Handlungsmotivation zur Verwirklichung des erwarteten Ereignisses beim Erwartungsobjekt („expectee", „target") auslöst.

Bsp.: Eine Lehrerin drückt ihre hohe Leistungserwartung gegenüber einem Schüler unabsichtlich aus, indem sie diesen gehäuft aufruft und ihn dadurch zur vertieften Auseinandersetzung mit dem Unterrichtsstoff motiviert. Wenn dadurch die Leistung des Schülers tatsächlich gesteigert wird, handelt es sich um eine Selbsterfüllung der interpersonalen Erwartung der Lehrkraft. Die Beteiligung der Motivation macht den Vorgang - von der Perspektive des Schülers aus betrachtet - deshalb nicht zu einer Motivationserfüllung, weil *seine* intrapersonale Erwartung für diesen Kausalablauf belanglos ist. Seine Motivation ist also nicht von seiner Erwartung abhängig.

Warum ist es überhaupt erforderlich, den jeweils anderen Bestätigungseffekt-Ansatz nicht zu ignorieren, wenn erklärterweise nur einer der beiden im Fokus der Betrachtung steht? Die Gegenüberstellung von Selbst- und Motivationserfüllung immunisiert dagegen, beide nicht miteinander zu verwechseln. Einer Verwechslung wird schon durch gemeinsame Ausdrücke der Weg gebahnt, die in beiden Ansätzen mit einer unterschiedlichen Bedeutung versehen werden. Dies erschwert die Kommunikation zwischen den Schulen. In beiden Ansätzen wird z.B. der globale Ausdruck „Erwartungseffekt" in einer spezifischen Weise verwendet, allerdings jeweils in einer unterschiedlichen Bedeutung: im Sinne einer Selbsterfüllung (z.B. Rosenthal, alle Titel) bzw. einer Motivationserfüllung (z.B. Oettingen 1997, 232).

Die durchgeführten empirischen Studien werden meist von den Autoren selbst einer der beiden Ansätze zugeordnet. Nicht immer gelingt diese Zuordnung überzeugend. Mitunter werden Befunde von einzelnen Studien zu vermeintlichen „SFP-Effekten" gemacht, die eigentlich die Motivationserfüllung bzw. einen allgemeinen motivationalen Erwartungseffekt belegen, und umgekehrt.

Beispielsweise untersuchten Eden & Kinnar (1991) den Einfluß von erwartungssteigernden Informationen auf die Entscheidung der Vpn, an einem anspruchsvollen Fortbildungsprogramm teilzunehmen. Sie bezeichnen diesen Einfluß als SFP. Es scheint hier aber eher ein Motivationseffekt vorzuliegen, da es um eine willentliche Entscheidung, also um eine Handlungsmotivation ging. Zudem handelt es sich dabei nicht um einen Bestätigungseffekt und damit definitiv nicht um eine SFP, sondern um einen allgemeinen motivationalen Erwartungseffekt. Denn die gemessenen Erwartungen bezogen sich inhaltlich nicht auf ihren Effekt, nämlich die Entscheidung (z.B. eben nicht: „Ich erwarte, mich für X zu entscheiden"), sondern auf die eigene Leistungsfähigkeit („Ich erwarte, die Leistung X zu erbringen"). Damit stellt der Effekt der Erwartung, die Entscheidung zur Teilnahme, keine Erfüllung der Erwartung dar.

Andere Studien zum Bestätigungseffekt wiederum, die dem motivationalen Ansatz zugeordnet werden, lassen aus thematischen Gründen auch eine SFP-Erklärung zu: Sie zeigen, daß eine experimentelle Steigerung der Selbstwirksamkeitserwartung die verbale Intelligenz, die Schulleistung bzw. die kognitiven Leistungen Erwachsener erhöht. Ob diese beschriebenen Auswirkungen über eine Motivationssteigerung oder über unbeabsichtigtes Verhalten zustande kommt, bleibt allerdings empirisch unentscheidbar (z.B. Bouffard-Bouchard 1990; Bouffard-Bouchard/Parent/Larivée 1991).

Bei den Korrelationsstudien der Attributionsstilforschung zur Theorie des gelernten Optimismus wird der Zusammenhang von Attributionsstil und anderen Variablen untersucht, die als abhängig betrachtet werden, wie z.b. die psychische und physische Gesundheit, berufliche, schulische, akademische oder sportliche Leistungen (Oettingen 1997, 17-21). Bei vielen der non-experimentellen Langzeitstudien blieb die Höhe der Korrelation zwischen Positivität des Erklärungsstils und den abhängigen Variablen auch dann erhalten, wenn der Einfluß alternativer Variablen herauspartialisiert wurde. Dies spricht für einen kausalen Zusammenhang beider Variablen im Sinne des Bestätigungseffekts. Solche Studien klären allerdings nicht darüber auf, ob der demonstrierte Erwartungseffekt über eine Motivationsveränderung oder eine Veränderung von unwillkürlichem Verhalten zustande kommt. Bei dem von solchen Studien untersuchten Kausalmuster könnte es sich also auch um eine Selbsterfüllung handeln. Dies wäre sogar mit erhöhter Wahrscheinlichkeit bei den Gesundheitsstudien zu unterstellen, soweit man der Annahme folgt, daß die Erwartungseffekte auf die Gesundheit durch physiologisch-immunologische Mechanismen vermittelt wurden (Oettingen 1997, 18, 32), die kaum willkürlich von Patienten beeinflußbar sein dürften.

1.3.4 Duales Modell der Ermutigungskonsequenzen

Die angestellten Überlegungen zur Koppelung von Motivation und Selbsterfüllung an das Konzept der Ermutigung sowie die Ansätze der Motivationserfüllung und Selbsterfüllung von Erwartungen lassen sich in ein 'duales Modell der Ermutigungskonsequenzen' integrieren. Dieses Modell stellt eine weitere Ausdifferenzierung des 'kausalen Prozeßmodells der Ermutigung' (Abschnitt 1.2) und eine Erweiterung des Diagramms 5 „Selbsterfüllung und Motivationserfüllung" (Abschnitt 1.3.3.1) dar.

Eine Ermutigungshandlung selbst kann bereits als erfolgreich gelten, wenn sie tatsächlich eine Steigerung der Zuversicht bzw. der Erwartung bewirkt. Die eigentliche Ermutigung wäre damit bereits abgeschlossen. In pädagogischen Zusammenhängen geht es bei Ermutigungen jedoch selten um eine bloße Zuversichtssteigerung als Selbstzweck, sondern meist um eine konkrete Lernoptimierung mit Hilfe der Zuversichtssteigerung (vgl. Abschnitt 1.2). Konkrete Erziehungsziele können mit Hilfe von Ermutigungsmitteln angegangen werden, indem mit der Zuversichtssteigerung ein bestimmtes Handeln motiviert oder ein unwillkürliches Verhalten ausgelöst werden soll. Diese beiden generellen Möglichkeiten sollen „(handlungs)motivationsorientierte Ermutigung" und „verhaltensorientierte Ermutigung" genannt werden. Diese beiden Typen stellen keine unterschiedlichen Formen von Ermutigungsmitteln dar, sondern differenzieren lediglich zwischen den verschiedenen Zwecken einer Ermutigung: bei der zu ermutigenden Person eine Handlungsmotivation bzw. ein unbeabsichtigtes Verhalten auszulösen. Durch diese beiden Möglichkeiten werden die angestrebten Konsequenzen von Ermutigungshandlungen näher bestimmt. Erfolgreiche Ermutigung bewirkt damit in erster Linie eine Steigerung der Zuversicht und in zweiter Linie eine Handlungs- bzw. Verhaltensänderung (vgl. Antoch 1981, 154).

Handlungsmotivationsorientierte Ermutigung ist gemeint, wenn davon gesprochen wird, eine Person zu einer bestimmten Handlung zu ermutigen (z.B. Dreikurs/Cassel 1991, 59). Die Konsequenz, auf die ein solcher Ermutigungsvorgang dann abzielt, ist ein bestimmtes willentliches Handeln, das auf eine Wunschverwirklichung ausgerichtet ist. Es ist also der Wille oder der Entschluß für eine bestimmte Handlung, der im Mittelpunkt dieses Ermutigungsinteresses steht. Damit soll die Ziel-Person überhaupt erst in die Lage versetzt werden, etwas tatsächlich anzugehen. Zuversicht soll eine „Initialzündung" für eine Handlung auslösen; z.B. für Lernhandlungen. Wenn man sich an keine neue Aufgabe wagt, kann auch nichts dazu gelernt werden. Hier ist Ermutigung eine Motivierung zu einer Handlung.

Verhaltensorientierte Ermutigung ist gemeint, wenn davon gesprochen wird, eine Person zu einem bestimmten unwillkürlichen Verhalten zu ermutigen. Hier zielt die Ermutigung nicht auf eine willentliche Handlung ab, zu der sich das Ermutigungssubjekt entscheidet, sondern auf ein Verhalten, das sich als Konsequenz der gesteigerten Zuversicht quasi „von selbst" einstellt.

Mit einer Handlungs- oder Verhaltensorientierung ist aber das pädagogische Endziel einer Ermutigung meist noch nicht erreicht. Es wird nicht nur ermutigt, 'zu' einer Handlung bzw. einem Verhalten, sondern 'damit' sich ein Leistungs- oder Lernergebnis als zweite Konsequenz einstellt. Die motivationsorientierte bzw. verhaltensorientierte Ermutigung streben beispielsweise an, daß das auszulösende Handeln bzw. Verhalten in ein bestimmtes Lernergebnis mündet.

Beide Ermutigungstypen trachten nach einer gesteigerten Zuversicht. Beide verfügen also über einen gemeinsamen Ausgangspunkt, die Zuversichtssteigerung, und eine gemeinsame Endstufe, nämlich das Verhaltens- bzw. Handlungsergebnis, z.B. ein Lernresultat. Sie unterscheiden sich lediglich in der Kausalstufe 3, der „Verhaltenskonsequenz" (Diagramm 7). Diese Verhaltenskonsequenz besteht bei der motivationsorientierten Ermutigung aus der Entscheidung und dem Willen zu einer Handlung (als kognitivem Verhalten) und der Handlung selbst (als willentlichem Verhalten). Bei der verhaltensorientierten Ermutigung kann die Verhaltenskonsequenz je nach thematischem Kontext der Aufgabe aus kognitivem oder offenem Verhalten bestehen.

Beide Ermutigungskonsequenz-Typen sind als getrennte Abläufe zu betrachten, die im dualen Modell der Ermutigungskonsequenzen zusammengefaßt sind (Diagramm 7). Bei der motivationsorientierten Ermutigung ergibt sich im Erfolgsfall der Ablauf „Ermutigung - erhöhte Zuversicht - Motivation und Handlung - Ergebnis", bei der verhaltensorientierten Ermutigung der Ablauf „Ermutigung - erhöhte Zuversicht - unwillkürliches Verhalten - Ergebnis". Es ist auch denkbar, daß in Einzelfällen beide Ereignisketten gleichzeitig, ineinander verzahnt ablaufen.

Diagramm 7: Duales Modell der Ermutigungskonsequenzen

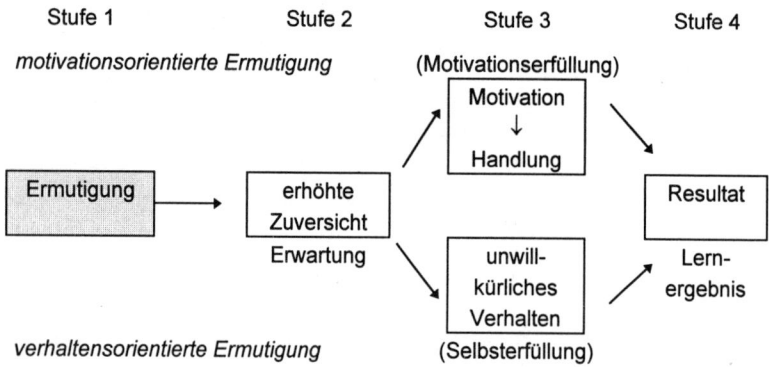

Bei einer pädagogischen Verwendung von Ermutigung entspricht das Ergebnis (Stufe 4) dem Erziehungs- oder Bildungsziel. Die Motivation bzw. die Verhaltenskonsequenz selbst stellen also noch nicht das Endziel, sondern angestrebte Zwischenziele dar, um entsprechende Lernprozesse zu aktivieren.

Soweit wurden die Ermutigungskonsequenzen im Sinne von unspezifischen allgemeinen Erwartungseffekten beschrieben. Das Resultat der Kausalfolge (Stufe 4) kann jedoch auch spezifischer im Sinne eines Bestätigungseffekts der Erwartung ausfallen: Das Lernresultat ist dann mit der durch die Ermutigung gesteigerten Erwartung identisch. Ist diese Spezifikation in der Ermutigung angestrebt, so wird aus einer allgemeinen motivationsorientierten Ermutigung eine spezifisch *„motivationserfüllungsorientierte Ermutigung"* und aus einer verhaltensorientierten Ermutigung eine spezifisch *„selbsterfüllungsorientierte Ermutigung"*. Im ersten Fall wird also ermutigt, um eine Motivationserfüllung zu erreichen. Das erwartete Ereignis (Stufe 4) wird dabei zum subjektiv angestrebten Handlungsziel des Ermutigten. Im zweiten Fall dient die Ermutigung dem Zweck, eine Selbsterfüllung auszulösen. Das unwillkürliche Verhalten wird zum Wirkmechanismus einer SFP.

Bsp. für eine motivationserfüllungsorientierte Ermutigung: Einen Jungen reizt es, das Einradfahren zu erlernen. Ein älterer Freund, der das Einrad schon seit längerem beherrscht, vermittelt ihm durch eine Demonstration seiner Fahrkünste, daß dies gar nicht so schwer ist wie es den Anschein hat. Der Junge entwickelt darauf hin die Zuversicht, es selbst schnell zu erlernen, was ihn stark motiviert, anfangs so lange intensiv und konsequent zu üben bis er schließlich bald freihändig fahren kann.

Bsp. für eine selbsterfüllungsorientierte Ermutigung: Ein Mädchen, welches das Fahrradfahren erlernen möchte, glaubt zunächst, daß das Radfahren sehr schwierig sei. Der Vater meint: „Bei deinem Talent, das Gleichgewicht zu halten, lernst du es in kürzester Zeit!" Diese Bemerkung bewirkt, daß sich die Tochter bei ihren ersten Fahrversuchen von Anfang an sehr sicher fühlt und rasche Fortschritte erwartet. Sie legt dadurch unwillkürlich ein flottes Fahrtempo vor. Dies erleichtert ihr das Balancieren. Dadurch erlernt sie auch die notwendige Koordination der Bewegungsabläufe des Radfahrens sehr schnell.

Die motivationserfüllungsorientierte und die selbsterfüllungsorientierte Ermutigung bauen auf den realisierungsbezogenen Bestätigungseffekt von Erwartungen, während die motivationsorientierte und verhaltensorientierte Ermutigung auf den allgemeinen Erwartungseffekt bauen (vgl. Abschnitt 1.3.3.1). Das Diagramm 7 dient zur Beschreibung von Ermutigungskonsequenzen sowohl in Form der allgemeinen Erwartungseffekte als auch der realisierungsbezogenen Bestätigungseffekte. Nicht jede Ermutigung strebt also einen Bestätigungseffekt an. Pädagogisch motivationsorientiert ermutigt kann z.B. auch werden, um einen allgemeinen motivationalen Effekt auszulösen.

Bsp. für eine Ermutigung mit nachfolgendem allgemeinen motivationalen Effekt: Ein Junge möchte das Radfahren erlernen. Er ist aber ängstlich und wagt es nicht, es zu probieren, da er vor kurzem Zeuge eines Radsturzes seines älteren Bruders war. Seine Mutter verspricht ihm deshalb, ihn bei seinen Fahrversuchen zu begleiten, um so auf seinen Zuruf jederzeit stützend eingreifen zu können. Das Versprechen seiner Mutter gibt ihm die nötige Zuversicht, nicht dabei zu stürzen. Aus dem Wünschen wird ein Wollen. So entschließt er sich für seine ersten Fahrversuche. Die Zuversicht ermöglicht die Fahrversuche und die Handlung „Fahrversuch" ist eine Voraussetzung, die Fähigkeit des Radfahrens als Resultat zu erwerben. Diese Fähigkeit stellt allerdings keine Erfüllung der Erwartung des Jungen dar. Denn die durch das Versprechen ausgelöste Erwartung beinhaltet nicht, das Radfahren zu beherrschen, sondern der Junge erwartet, nicht zu stürzen, weil er notfalls gehalten wird. Selbständiges Radfahren besteht jedoch nicht darin, nicht zu stürzen, *weil* dies durch Helfer verhindert wird.

Auch Autokommunikation kann ermutigen bzw. entmutigen (Zastrow 1979a, 70-79, 317). Etliche Erhebungsinstrumente zu Selbstgesprächen beinhalten die Dimension „Selbstermutigung"; z.B. der „Hamburger Fragebogen zur Selbstkommunikation" (Tausch/Tausch 1974) oder das „Inventar zur Selbstkommunikation" (Tönnies o.J.). Nach Zastrow können Selbstgespräche Handeln über die Steigerung von Zuversicht motivieren. Positive Selbstgespräche (z.B. „Ich werde meinen Wunsch verwirklichen") würden die Motivation erhöhen, negative sie verhindern (1979a, 69f, 317). In dieser Annahme erscheint Autokommunikation als motivationsorientierte Ermutigung. Sie wird zur motivationserfüllungsorientierten Ermutigung, wenn der Inhalt des Selbstgespräches als Konsequenz der ausgelösten Handlungen Realität wird (z.B. die Verwirklichung des Wunsches). Ein solcher realisierungsbezogener Bestätigungseffekt kommt etwa in Formulierungen zum Ausdruck wie: Was man zu sich selbst sagt, hat die Tendenz sich zu realisieren (Hilger 1990, 152; Rihs-Middel 1990, 530).

1.4 Intentionalität versus Funktionalität des Ermutigungsbegriffs

Der Einfachheit des sprachlichen Ausdrucks wegen wurde in der vorausgegangenen terminologisch-konzeptionellen Betrachtung meist unterstellt, daß die Handlungen im Zusammenhang mit Ermutigung a priori die erhoffte Zuversichtssteigerung und die weiteren erhofften Konsequenzen garantieren könnten. Werden die modellhaften Kausalannahmen auf reale Situationen übertragen, so wäre es naiv, immer vom Erfolg einer Maßnahme auszugehen. Denn kein Erziehungsmittel kann sich für seine tatsächliche Wirksamkeit von vornherein verbürgen (Brezinka 1995, 223; Netzer 1972, 91; Wexberg 1931, 303). In der Erziehung muß vielmehr vorsichtshalber der Aphorismus beherzigt werden, der Konrad Lorenz zugeschrieben wird: „Gesagt ist noch nicht gehört, gehört noch nicht verstanden, verstanden noch nicht einverstanden, einverstanden noch nicht angewandt, angewandt noch nicht beibehalten."

Im Unterschied zu konzeptionellen Überlegungen ist in der Erziehungswirklichkeit grundsätzlich Skepsis gegenüber dem Ermutigungserfolg angezeigt. Eine bestimmte Wirkung zu intendieren bedeutet noch nicht, die Wirkung tatsächlich zu erzielen. Dies wirft die terminologische Frage auf, ob „Ermutigung" als Wirkungsbegriff oder als Absichtsbegriff festgelegt werden soll (Brezinka 1990, 55f). Dies bedeutet: Meinen wir, wenn wir von Ermutigung sprechen, eine Handlung, die eine Zuversichtssteigerung bewirken soll, oder eine Handlung, die die Zuversicht tatsächlich steigert? Der mit dieser Frage angesprochene Bedeutungsaspekt der Begriffsfestlegung, nämlich der Aspekt der Intentionalität vs. Funktionalität, stellt ein einfaches Modell für Definitionsmöglichkeiten dar. Es soll im folgenden kurz als „Definitionsmodell" bezeichnet werden. Dieses Definitionsmodell enthält nur den Bedeutungsaspekt 'Intentionalität und Funktionalität'. Die definitorische Problematik erziehungsbedeutsamer Handlungen erschöpft sich allerdings nicht nur in der Frage dieses Bedeutungsaspektes. Daneben gibt es noch weitere Aspekte, die Brezinka in einer Klassifikation zu Bedeutungsvarianten des Erziehungsbegriffs aufgelistet hat: die Prozeß- und Produktbedeutung, die deskriptive und präskriptive Bedeutung sowie die Handlungs- und Geschehensbedeutung (1990, 51ff). Für den vorliegenden Kontext genügt es aber, im wesentlichen die Bedeutung der Intentionalität und Funktionalität zu beleuchten. Diese definitorische Frage zu klären ist im Zusammenhang mit Ermutigung wichtig, da sonst einschlägige Aussagen nahezu inhaltsleer bleiben. Sätze wie „Lob kann sehr entmutigend sein" (Dreikurs/Grunwald/Pepper 1976, 77) werden erst verständlich, wenn deutlich gemacht wird, ob Lob und Ermutigung dabei intentional oder funktional verstanden werden sollen.

Das herkömmliche Definitionsmodell der Intentionalität und Funktionalität sowie die gewohnte Anschauung von „Erziehungsabsicht" und „-wirkung" sind nicht tauglich, um im vorliegenden Kontext zur angestrebten terminologischen Klärung beitragen zu können. Es ist deshalb notwendig, zuerst diese erziehungswissenschaftlichen Denkgewohnheiten zu hinterfragen und zu erweitern. Da die erforderlichen Modifikationen auch elementare Termini der Pädagogik tangieren, erscheint es lohnend, aus der (Definitions-)Not eine Tugend zu machen, und die ohnehin anzustellenden grundsätzlichen Überlegungen in einem weiter ausholenden Exkurs zunächst generalisierend, also von „Ermutigung" abstrahierend, darzustellen. Die definitorischen Vorschläge, die sich aus diesem begriffsanalytischen Exkurs ergeben, werden erst anschließend auf den Ermutigungsbegriff rückbezogen und an ihm konkretisiert. Der Gültigkeitsbereich der sich anschließenden Ausführungen erstreckt sich vermutlich grundsätzlich über die Ermutigung hinaus auch auf viele andere „Erziehungsmittel". Innerhalb dieses Exkurses ist es allerdings nicht zu leisten, ihren Gültigkeitsbereich für alle Erziehungsmittel verallgemeinernd abzustecken.

1.4.1 Herkömmliches Definitionsmodell

Die Frage der Intentionalität vs. Funktionalität einer Begriffsfestlegung taucht in der Pädagogik im Zusammenhang mit den Termini „Erziehung" und „Sozialisation" auf. Vor allem beim Erziehungsbegriff wird traditionell zwischen Erziehung im intentionalen und funktionalen Sinn unterschieden. Gleichbedeutend sind die Ausdrücke „Absichtsbedeutung" und „Wirkungsbedeutung" (z.B. Brezinka 1990, 60f; Henz 1964, 13f; Geißler 1973, 35; Gudjons 1993, 173; Weber 1977, 48):

- Der Erziehungsbegriff im *intentionalen* Sinn erhebt die Absicht, Lernprozesse anzuregen, zum konstitutiven Definitionsmerkmal. Es wird dabei als *begrifflich* (!) belanglos angesehen, ob die entsprechenden Handlungen zum erwünschten Erfolg führen oder nicht. Nach dieser Festlegung gilt also jede Handlung mit Lernhilfeabsicht als Erziehung.
- Der Erziehungsbegriff im *funktionalen* Sinn erhebt die Wirksamkeit, also die tatsächlich erfolgende Lernunterstützung zum konstitutiven Definitionsmerkmal. Die Absicht, Lernen anregen zu wollen, ist für diese Defini-

tion unmaßgeblich. Gemäß dieser Festlegung gilt jede Situation als Erziehung, solange von ihr ein Lernfördereffekt ausgeht.

Es gibt auch andere Auffassungen der Definitionsattribute „funktional" und „intentional" (vgl. Brezinka 1990, 45, 64, 67). Im Gegensatz zu Tremls Verständnis (1987, 158) bedeutet Erziehung im funktionalen Sinn hier also nicht, daß eine solche sich „unbewußt und ungeplant" ereignen *muß*, sondern daß sie sich *entweder* unbewußt und ungeplant *oder* bewußt und geplant ereignen *kann*. Ausschlaggebend ist lediglich ihre Wirkung. Die Frage der Intentionalität ist ohne Belang. Absicht darf durchaus, aber muß nicht bestehen. Analoges gilt für die Erziehung im intentionalen Sinn: Freilich darf eine entsprechende Handlung auch Erfolg haben, um Erziehung genannt zu werden (gegensätzliche Festlegungen wären absurd). Nur ist der Erfolg nicht Voraussetzung, um eine Handlung als Erziehung (im intentionalen Sinn) bezeichnen zu können.

Diese Unterscheidung kann nicht nur beim Erziehungsbegriff vorgenommen werden. Alle Handlungsbegriffe können intentional oder funktional aufgefaßt werden, die umgangssprachlich eine Tätigkeit(sabsicht) und gleichzeitig den Effekt dieser Tätigkeit benennen: z.B. loben, strafen, heilen, auswendiglernen, manipulieren, steuern, überzeugen, hemmen (Klauer 1973, 17f). Eindeutig intentional festgelegt sind z.B. die Verben „(ärztlich) behandeln", „angeln" und „suchen". Man benennt entsprechende Tätigkeiten so, wenn jemand damit „Fische fangen" oder etwas „finden" *will*, unabhängig davon, ob dies auch gelingt. Auch Aggression wird definiert als Verhalten mit Schädigungs*absicht*. Eher funktional festgelegt sind die Verben „finden", „fangen", „treffen" und „heilen". Diese Unterscheidung hat auch im juristischen Bereich eine große lebenspraktische Bedeutung. Sie macht den für das Strafmaß entscheidenden Unterschied zwischen Mord und fahrläßiger Tötung aus. Auch der in Einzelfällen fatal enge Grenzbereich zwischen liebevoller Zärtlichkeit im Umgang mit Kindern und sexuellem Mißbrauch von Kindern wird unter anderem an der Absicht des Erwachsenen festgemacht.

Nach Möglichkeit sollten Termini, welche die wissenschaftliche Fachsprache aus der Alltagssprache entleiht, so definiert werden, daß sie der Umgangssprache und damit dem „natürlichen Sprachgefühl" nicht zuwiderlaufen. Dieser Maxime zu folgen, kann beim Erziehungsbegriff nur sehr grob gelingen (vgl. Brezinka 1990, 30). Eine gewisse Gekünsteltheit in der wissenschaftlichen Begriffswahl im Vergleich zur umgangssprachlichen Verwendung ist hier nicht völlig vermeidbar, da sich die Alltagssprache ihren „lockeren" Umgang mit vielen Begriffen mit großer semantischer Unschärfe erkauft, die im wissenschaftlichen Kontext nicht tolerierbar ist. Beispielsweise scheint das begriffliche Alltagsverständnis von Erziehung dem Traum einer perfekten Welt nachzugeben, in dem alle Unternehmungen erfolgreich zum Ziel führen und sich deshalb eine Differenzierung in „intentional" und „funktional" erübrigt.

Die Entscheidung für eine intentionale oder funktionale Begriffsfestlegung ist zunächst eine willkürliche, die begründet werden kann, aber nicht im Sinne von „richtig" oder „falsch" *nachweisbar* ist (vgl. Brezinka 1990, 18, 33, 58; Bortz 1984, 38). Der Versuch, phänomenologisch zwingend zu argumentieren, kann letztlich wenig überzeugen, da er in die Nähe von tautologischen Aussagen gerät; sei es, daß phänomenologisch gegen die intentionale Festlegung plädiert wird - z.B. „Da nun die *wirkliche* Erziehung sich nicht in der intentionalen Tätigkeit von Erziehungspersonen erschöpft, sondern Erziehung das Gesamt aller persönlichkeitsbildenden Wirkungen ist ..." (Henz

1964, 14, Hervorhebung P.L.) - oder sei es, daß für die intentionale Festlegung Stellung bezogen wird - z.B. „Man muß entschieden festhalten, daß Erziehung immer das Werk bewußten Wollens ist" (Spranger 1958, 35). Phänomenologische Definitionen vermischen Begriffe mit Tatsachen (vgl. Abschnitt 1.1.1). „Begriffe können als abkürzende Symbole verstanden werden, die die längeren Definitionsformeln ersetzen. Definitionen geben die in einem Begriff gedachten Inhalte an. Begriffe und Definitionen liefern uns nicht die geringste Information über *Tatsachen* ..." (Brezinka 1989, 154).

1.4.1.1 „Erziehung" im herkömmlichen Definitionsmodell

Nach Gudjons (1993, 175) und Giesecke (1991, 70) hat sich der intentionale Erziehungsbegriff weitgehend durchgesetzt: Fürsprecher sind z.B. Alisch (1994, 60f), Alisch & Rössner (1981, 38), Brezinka (1964; 1990), Klafki (1971, 17), Kron (1996), Netzer (1972, 17), Schmidt (1989, 193), Weber (1977); aber auch schon Schleiermacher (1902, 513), Dilthey (1934, 190f), Litt (o. J., 84) und Spranger (1958, 35). Auch diese Arbeit schließt sich dieser Begriffsfestlegung an. In diesem Sinn werden unter Erziehung soziale Handlungen verstanden, mit denen versucht wird, das Gefüge der psychischen Dispositionen von Menschen zu fördern (Brezinka 1990, 95). Kürzer: *Erziehung ist beabsichtigte Lernhilfe* (Weber 1977, 48f, 66).

Im vorliegenden Kontext wird der Begriff „Erziehung" im weiten Sinne benutzt. Er ist also nicht auf moralische Lernhilfen beschränkt, sondern schließt z.B. jegliche Formen des Unterrichtens oder Lehrens beliebiger Inhalte mit ein (Brezinka 1979, 27; 1990, 11; Weber 1977; 1988). Üblicherweise wird die Anwendung des Begriffs „Erziehung" auf Lernhilfen für Kinder und jüngere Jugendliche begrenzt. Der Formulierungseinfachheit halber steht „Erziehung" im folgenden stellvertretend für alle „pädagogischen Handlungen" (education). Das heißt: Was hier für Erziehung festgestellt wird, gilt für intentionale Lernhilfen hinsichtlich aller Altersgruppen, etwa auch für pädagogische Maßnahmen in der Erwachsenenbildung.

Auf den ersten Blick mag es verwundern, einen Sachverhalt, der klar auf ein Ziel- bzw. eine Wirkung bezogen ist, definitorisch nicht nach seinem Erfolg, seiner Wirkung auszurichten. Von seiten der Kritik gegen den intentionalen Erziehungsbegriff wurde auch oft eingewandt, es sei paradox, auf die Wirkung im Erziehungsbegriff zu verzichten, wo es doch genau um diese Wirkung gehe. In dieser Überlegung wird Begriff und Realität irrtümlich gleichgesetzt. Das „Paradoxon" läßt sich leicht auflösen, wenn man zwischen Begriff und Realität trennt. Denn diese Überlegung ignoriert, daß es hier lediglich darum geht, sich auf eine (wertneutrale) *Definition* des Erziehungs*begriffs* zu verständigen; es geht also nicht um den Gegenstand dieses Begriffs als reales Phänomen (Alisch 1994, 60; Brezinka 1990, 24f; Weber 1977, 49, 51). Eine intentionale Begriffsfestlegung bedeutet keineswegs, daß man Erziehungsakte auf ihre Absichtlichkeit reduzieren will und damit auf Erfolg keinen Wert legt (vgl. Brezinka 1989, 172f).

Bsp.: An dieser Stelle sei das Argumentieren mit einem Trivial-Analogon erlaubt, da es den zu verdeutlichenden Unterschied zwischen Begriff und Realität unmittelbar transparent macht: Das Tätigkeitswort des „Suchens" wird für gewöhnlich im intentionalen Sinn gebraucht. Niemand käme auf die Idee, den Gebrauch des Ausdrucks „Pilze suchen" an den Erfolg eines entsprechenden Unternehmens zu binden. Ein solches funktionales Verständnis würde nämlich zur Folge haben, daß ein Vorgang nur dann als „Pilze suchen" bezeichnet werden darf, wenn dabei auch welche gefunden werden, der Versuch also von Erfolg gekrönt wird. Die begriffliche (!) Reduktion dieser Tätigkeit des Suchens auf die *Absicht* des Findens, nicht auf den *Erfolg* des Findens, bedeutet allerdings mitnichten, daß einem Wald-Spaziergänger, der von sich behauptet, Pilze zu suchen, das Pilze-Finden nicht am Herzen läge. (Nur der Kinderbuch-Satiriker Janosch läßt seine Figuren davon sprechen, in den Wald zu gehen, um „Pilze zu finden".)

Wenn Erziehung als eine Handlung gilt, dann kann sie schon deshalb *nicht* nicht intentional festgelegt sein, weil jede Handlung definitionsgemäß aus absichtlichem Verhalten besteht (vgl. Abschnitt 1.2.1).

Versuche der Anwendung von nicht intentional definierten Erziehungsbegriffen verstricken sich häufig in innere Widersprüche. Geißler (1973), Henz (1964, 14) und Bollnow (1983, 43f) verwenden den intentionalen und funktionalen Erziehungsbegriff nebeneinander; z.T. in einer Weise, die nicht mehr klar erkennen läßt, ob mit „funktional" bzw. „intentional" eine reine Festlegung des Erziehungs*begriffs* an sich oder vielmehr Teilbereiche, Subformen der *Erziehung* bzw. Erziehungskonzeptionen gemeint sind (vgl. auch Berner 1992, 41-43; Kron 1996, 57, 216f). Mitunter droht z.B. der logische Unterschied der Begriffe „indirekte Erziehung" und „funktionale Erziehung" zu verschwimmen (z.B. Geißler 1973, 35, 38f, vgl. Gudjons 1993, 180). Solche Vermengungen der Frage der Intentionalität vs. Funktionalität mit Klassifikationen von verschiedenen Erziehungsformen kommen der sinnleeren Gegenüberstellung gleich, einmal „absichtsvoll" und das andere mal „wirkorientiert" zu erziehen. Diese Vermengung von Begriffsfestlegung mit Quasi-Subformen der Erziehung kommt bereits meist dann zum Ausdruck, wenn von „intentionaler/funktionaler *Erziehung*" gesprochen wird statt vom „intentionalen/funktionalen Erziehungs*begriff*" bzw. von Erziehung im „intentionalen/funktionalen *Sinn*". Begriffsfestlegungen einerseits und Differenzierungen innerhalb eines Begriffs andererseits sollten auf jeden Fall getrennt behandelt werden. Begriffsdifferenzierungen sind dabei nachrangig: Zuerst muß geklärt werden, was unter Erziehung grundsätzlich verstanden werden soll, bevor Unterklassen des Erziehungsbegriffs diskutiert werden können.

1.4.1.2 Nachweisproblematik in funktionalen Begriffen

Ein Begriff sollte so festgelegt sein, daß es möglichst leicht überprüfbar ist, ob seine konstitutiven Bestimmungsmerkmale im konkreten Fall vorhanden sind oder nicht, ob also die Voraussetzungen gegeben sind, um einen Sachverhalt mit dem Begriff belegen zu können oder nicht. Diese Definitionsregel bleibt bei einer funktionalen Festlegung wenig berücksichtigt. Denn das Ziel einer erzieherischen Maßnahme liegt oft weit in der Zukunft, weshalb die Zielerreichung in der Gegenwart, in der der Begriff „Erziehung" angewendet werden soll, noch gar nicht möglich ist. Eine funktionale Bestimmung verunmöglicht also die Anwendung des Begriffs „Erziehung" weitgehend. Sie hätte zur Folge, daß ein Erzieher nur äußerst selten behaupten dürfte, er erziehe soeben bzw. habe soeben erzogen, da dann die Entscheidung, ob Erziehung vorliegt oder nicht, nur *ex post* oder *a posteriori* getroffen werden könnte. Er dürfte eigentlich vorsichtig höchstens von Erziehungs*versuchen*, - *absichten* oder -*vermutungen* sprechen. Die intentionale Festlegung vermeidet diese sprachliche Umständlichkeit, indem sie den Versuchscharakter des Vorgehens gleich in den Begriff selbst mit aufnimmt (Alisch 1994, 60f; Brezinka 1990, 95; Hofer 1992, 256). Die Erfolgsfeststellung ist eine empirische und keine theoretisch-terminologische Frage. Es ist deshalb ungeschickt, den Erfolg in einen Handlungsbegriff hineindefinieren zu wollen (vgl. Kirsch 1990, 43). Dies würde bedeuten, daß man den Erziehungsbegriff erst verwenden darf, wenn die empirische Überprüfung des Erziehungserfolgs „in jedem konkreten Fall abgeschlossen worden ist und ergeben hat, daß eine Kausalbeziehung zwischen einer bestimmten (...) Verhaltensweise und der eingetretenen 'Verbesserung fremden Verhaltens' besteht" (Brezinka 1990, 46, 60f). Eine funktionale Begriffsfestlegung für „Erziehung" ist deshalb grundsätzlich nur sehr beschränkt tauglich. Die Befürworter des funktionalen Erziehungsbegriffs übergehen gern das Problem, wie denn festgestellt werden soll, ob eine erzieherische Maßnahme tatsächlich ihr Ziel erreicht hat. Zur genaueren Beleuchtung dieser Frage muß zwischen den sich tatsächlich ereignenden Wirkungen in der authentischen Realität und in dem Abbild der realen Bedingungsgefüge in theoretischen Annahmen oder Modellen unterschieden werden.

Wir können unterstellen, daß zu allen beobachtbaren Phänomenen so etwas wie dazugehörige „wahre" Kausalverhältnisse existieren. Wenn also ein Verhalten einer Person beobachtet werden kann, muß es dafür eine Ursache(nkette) geben. „Wahrheit" ist hier mit der zutreffenden Antwort auf eine kausale Frage gleichzusetzen, also mit der Übereinstimmung einer kausalen Aussage mit den tatsächlichen Kausalverhältnissen. Wir können uns in sozialen und behavioralen Bereichen meist nicht sicher sein, die richtige Antwort auf die Ursachenfrage gefunden zu haben. Wir wissen nur, daß es sie gibt. Diese allgemeine Feststellung dürfte so konsensfähig sein wie sie trivial ist. Interessanter ist die Frage nach den konkreten Determinanten, die einem *bestimmten* Verhalten zugrundeliegen. Die Verhaltenswissenschaften müssen sich meist mit mehr oder weniger gut begründeten Annahmen über die realen kausalen Verhältnisse zufriedengeben. Jedenfalls dürfen die (unbekannten) realen Verhältnisse nicht so ohne weiteres mit ihrem Spiegelbild verwechselt werden, das in Hypothesen seinen Ausdruck findet. Denn der direkte Zugang zur kausalen Realität ist uns bei verhaltenswissenschaftlichen Untersuchungsgegenständen i.d.R. versagt. Diese Bescheidenheit und die damit verbundene Skepsis gegenüber jeglichen Annahmen über die Wirklichkeit - seien sie anscheinend auch noch so evident - lehrt der Kritische Rationalismus Poppers (1987, 12).

Bei der Frage nach der Wirkung von Erziehung im allgemeinen bzw. von einzelnen Erziehungsmitteln im konkreten ist zu unterscheiden, ob sich Aussagen auf die „Welt der theoretischen Setzungen" oder auf die „reale Welt" beziehen.

• Auf die *„Welt theoretischer Setzungen"*, der „ideellen Welt", beziehen sich Modelle, hypothetische Konstrukte, nomothetische Theorien, Prinzipien, deduzierte Regelmäßigkeiten, die die Welt beschreiben. Hier können Annahmen über Kausalverhältnisse getroffen werden. In dieser Welt bewegen sich illustrierende Beispiele zu theoretischen Aussagen, die Ursache-Wirkungsverhältnisse oder deren Voraussetzungen und Bedingungen beliebig setzen (etwa die fiktiven Beispiele in der vorliegenden Schrift). In ihr gibt es fiktive Personen, deren Verhalten wunschgemäß determinierbar ist. Der Nachweis im Sinne der Überprüfung der Übereinstimmung mit der Realität kann hier ausbleiben.

• Die *„reale Welt"* existiert materiell und immateriell objektiv. In ihr gibt es authentische Personen, Situationen und konkrete Einzelfälle der Erziehungspraxis. Es ist zwar das erklärte Ziel aller Realwissenschaften, Aussagen über die reale Welt zu treffen; aber der Erfolg dieses Unternehmens kann erhofft, aber selten in vollem Umfang garantiert werden.

Diese „Welten" haben weder etwas mit Edmund Husserls „theoretischer Welt" bzw. „Lebenswelt" zu tun noch mit Karl Poppers „Welt 1-3" (1979, 263ff; 1987, 16ff; 1994, 75f, 94ff).

„Ideelle Aussagen" betreffen bloß Gedachtes (Brezinka 1990, 26). Sie stehen nur in einem mittelbaren Zusammenhang zur realen Welt. In der Welt der Ideen sind z.B. die geometrischen Figuren der Mathematik angesiedelt, die in der Realität in ihrer gedachten Perfektion so nicht wiederzufinden sind. Aussagen dieser Welt sind meist gewissermaßen ideell-vereinfachend. Sie stoßen nicht direkt auf den Widerstand empirischer Tatsachen. Die Welt der Modelle und Annahmen gestattet grundsätzlich zunächst jede Spekulation. Grenzen werden höchstens durch subjektive Plausibilität oder Nützlichkeitsüberlegungen gezogen. Diese Freiheit des realwissenschaftlichen Denkens in der idealisierenden Welt des „Entdeckungszusammenhangs" von Forschung wird allerdings mit dem permanenten Risiko erkauft, an der Realität vorbei zu zielen. Natürlich bleibt die Hoffnung, die Welt theoretischer Setzungen so zu gestalten, daß ein möglichst enger Kontakt zur Realität vorhanden ist und es eben nicht zu einer „wildgewordenen" Theoriebildung kommt (Adorno 1969, 184). In der ideellen Welt darf beliebig definiert werden. In der realen Welt hingegen definiert man nicht; man beschreibt sie entweder zutreffend oder unzutreffend.

Das simplifizierende Alltagsdenken neigt dazu, die theoretische mit der realen Welt als identisch aufzufassen. Beispielsweise werden räumliche Figuren, denen man im Alltag begegnet, mit ihren geometrischen Idealtypen gleichgesetzt. Melodien werden mit Noten und historische Zeitabschnitte werden mit der geistesgeschichtlichen Literatur der jeweiligen Epochen verwechselt. Gelegentlich geraten diese beiden Welten aber auch in der wissenschaftlichen Betrachtung durcheinander, was sich z.B. in der Vermengung von Labor- und Alltagssituationen ausdrückt (Ludwig 1994) oder in der Gleichsetzung von pädagogischen Begriffen mit der Erziehungsrealität bemerkbar macht (Brezinka 1989, 239, 241, 257).

Begriffsfestlegungen gehören zunächst der Welt theoretischer Setzungen an. Insofern wäre eine funktionale Definition des Begriffs „Erziehung" in dieser Welt der Konstrukte durchaus berechtigt, da man in ihr die Wirkung von erzieherischem Handeln nicht nachweisen muß, sondern schlicht durch eine entsprechende Annahme in einem Modell ʻkonstruiertʼ. Die reale Welt ist jedoch der eigentlich interessierende Untersuchungsgegenstand einer handlungsorientierten Wissenschaft. Es entsteht aber ein Dilemma, wenn mit der funktionalen Definition in die reale Welt übergewechselt werden soll. Hier erweist sich diese Form der Definition als überaus sperrig. Denn Aussagen der realen Welt erheben den grundsätzlichen Anspruch der „Wahrheitsfähigkeit" (Fend 1984, 115). In der Realität stellt sich das Nachweisproblem. Kausalverhältnisse, wie zum Beispiel Auswirkungen von pädagogischen Handlungen, sind hier nicht durch beliebige Annahmen zu ʻdefinierenʼ, sondern ʻaufzuzeigenʼ. An diesem Punkt der Überlegung stellt sich aber das meist unauflösbare Problem des Versuchscharakters aller Erziehung (Brezinka 1990, 87ff; März 1993, 194) und der „Unabsehbarkeit der Wirkungen erzieherischen Handelns" (Oelkers/Lehmann 1983, 73ff; Seibert 1994, 809; vgl. Birnbaum 1950, 15; Weber 1969, 11). Da man aber keine Erfolgsgarantie besitzt, wäre ein funktional festgelegter Erziehungsbegriff in der realen Welt nur selten verwendbar.

Aussagen innerhalb der Welt theoretischer Setzungen, wie z.B. „Erziehung kann durch Mitmachen zustande kommen, durch Teilnahme am gemeinsamen Leben von Kindern und Erwachsenen", sind auch dann nicht falsch, wenn „Erziehung" dort funktional ausgelegt wird. Aussagen zur realen Welt, wie z.B. „Die Erzieherin Frau Schmid hat Martina durch einsichtige Argumente zur Ordnungsliebe erzogen", wären rein spekulativ und deshalb als definitive Behauptungen in sich widersprüchlich, wenn hier die funktionale

Bedeutung von „Erziehung" gemeint ist, weil niemand verläßlich sagen kann, warum aus Martina ein ordnungsliebendes Kind geworden ist.

Die Unterscheidung zwischen intentionaler und funktionaler Definition der Erziehung scheint irrtümlicherweise bisweilen so gedeutet worden zu sein, als ob der Erfolg der „funktionalen Erziehung" in der Realität eher gesichert werden könnte als der der „intentionalen Erziehung"; so als ob die Nachweisproblematik „wegdefiniert" werden könnte. So weise die „funktionale Erziehung in der Regel größere Erfolge als die intentionale Erziehung auf" (Geißler 1973, 22). In dieser Vermutung wird wahrscheinlich „funktionale" mit „indirekter" Erziehung vertauscht. Auch wird angenommen, die „intentionale Erziehung" würde dazu beitragen, daß „Erziehung zu einer sehr beiläufigen, in ihrer Wirkung fragwürdigen drittrangigen Größe schrumpft (...) und sich dadurch vieler Wirkmöglichkeiten (beraubt)" (Geißler 1973, 35). Hier wird der gravierende Unterschied zwischen „Begriff" und „Wirklichkeit" nicht genügend beachtet (vgl. Brezinka 1990, 24ff): Eine Begriffsfestlegung ist überhaupt nicht in der Lage, auf „Wirkmöglichkeiten" Einfluß zu nehmen.

Die meist einzige Brücke zwischen theoretischer und realer Welt stellt in der Pädagogik als Realwissenschaft die Erfahrung dar. Die reale Welt ist nur empirisch (im weitesten Sinn) zu ergründen. Die Logik als Wahrheitsinstanz hilft allein selten dort weiter, wo die eigentlich brisanten praxisrelevanten Fragen der Pädagogik auftauchen. In der realen Welt besteht aber das Kausalitätsproblem, die Tatsachen „tat-sächlich" zutreffend zu identifizieren. Es ist meist schon nicht einfach, empirisch im Gruppenvergleich eindeutig zu belegen, daß ein bestimmtes erzieherisches Handeln prinzipiell - quasi gesetzmäßig - wirksam ist, also in der Lage ist, einen spezifischen Effekt im Zu-Erziehenden hervorzurufen. Noch schwieriger bzw. i.d.R. unmöglich ist der ex-post-facto-Nachweis oder die Prognose, daß im konkreten Einzelfall eine bestimmte Ursache eine bestimmte Wirkung hervorgerufen hat oder hervorrufen wird (vgl. Weber 1977, 49), z.B. ob tatsächlich das mehrfache Lob der Lehrerin Müller die Leistungen des Schülers Helmut verbessert hat oder nicht. Selbst wenn objektiv gezeigt werden kann, daß erstens ein bestimmtes Erziehungsmittel (Lob) zu einem bestimmten Zweck angewendet worden ist und zweitens das Ziel der Erziehung tatsächlich erreicht wurde (Leistungsverbesserung), so ist dies noch kein eindeutiger Beleg dafür, daß die feststellbare Veränderung (Leistungsverbesserung) ursächlich auf das Erziehungsmittel (Lob) zurückzuführen ist. Hier stoßen wir nicht nur an methodische Unzulänglichkeiten empirischen Forschens, die mit einem entsprechenden Aufwand umgegangen werden können (z.B. mit einer Vergrößerung der Stichprobe, der Kontrolle von zusätzlichen Störvariablen), sondern an seine prinzipiellen Grenzen. Lediglich im umgekehrten Fall eines negativen Befunds ist in gewissem Umfang ein Falsifikationsschluß nach der kausalen Inkompatibilitätsregel plausibel: Ist das Erziehungsziel sichtlich nicht erreicht worden, ist damit der Mißerfolg des entsprechenden Erziehungsmittels quasi belegt. Denn das Ausbleiben der erwünschten Veränderung ist mit der Annahme einer kausalen

Beziehung zwischen dem eingesetzten Mittel als Ursache und der Veränderung als Wirkung unvereinbar (Ludwig 1991, 109; 1997a, 131, 149; im Druck). Nur bei nicht-komplexen Erziehungszielen, deren Erreichung unmittelbar nach dem Erziehungshandeln überprüfbar ist, kann bei gesicherter Zielerreichung auf den Erfolg der Erziehungsmaßnahme geschlossen werden. Werden beispielsweise den Schülern im Englischunterricht bisher unbekannte Vokabeln eingeübt und diese unmittelbar anschließend von den Schülern nachweislich beherrscht, so kann mit an Sicherheit grenzender Wahrscheinlichkeit davon ausgegangen werden, daß der stattgefundene Vokabel-Unterricht von Erfolg gekrönt war.

Der im Alltagsdenken gängige Fehlschluß, das tatsächliche Erreichen eines Ziels dem entsprechenden zielgerichteten Handeln zuzuschreiben, ändert nichts an der Unmöglichkeit, bei komplexeren Zusammenhängen im Einzelfall Kausalverhältnisse dadurch eindeutig erkennen zu können. Man könnte hier analog zum „fundamentalen Attributionsfehler" (Ross 1977) und der „Kontrollillusion" (z.B. Heckhausen 1980a, 468ff; Koch 1992) einen „fundamentalen Fehler der Mittel-Erfolgsattribution" postulieren: Nach diesem Fehlertypus besteht die Tendenz, erklärte Mittel zur Erreichung erklärter Ziele dann als „nachgewiesenermaßen" erfolgreich zu interpretieren, wenn die Ziele erreicht wurden. (Von dieser naiven Plausibilitätseinschätzung leben etliche zweifelhafte Esoterik-Branchen.) Auch Erzieher unterliegen gerne diesem Attributionsfehler der „persönlichen Erfahrung" (z.B. Neffe 1990b, 63). Natürlich sind subjektive Erfahrungen in der Praxis oft die einzigen und daher auch zulässigen Hinweise für künftig „richtiges" Handeln. Es geht in diesem Zusammenhang nur darum festzustellen, daß solche Einzelerfahrungen keinen Nachweiswert, sondern bestenfalls einen Hinweiswert besitzen.

Fazit: Für den Erziehungsbegriff eignet sich eine intentionale Festlegung, da der Begriff dadurch auch im authentischen pädagogischen Einzelfall verwendbar ist, nicht nur in theoretischen Modellen. Denn die Voraussetzung seiner Anwendung, die Präsenz seines konstitutiven Merkmals, ist leicht zu klären: Die Absicht des Erziehers ist ihm selbst bekannt bzw. läßt sich von Außenstehenden prinzipiell durch einfaches Nachfragen ermitteln (Klauer 1973, 22). Eine funktionale Festlegung des Erziehungsbegriffs hingegen würde die Anwendung des Terminus „Erziehung" auf die Welt theoretischer Aussagen und Modelle beschränken und ihn für die Anwendung in der pädagogischen Praxis, also der realen Welt, ungeeignet machen, da sein entscheidendes Definitionsmerkmal „Wirkung" schwer zu überprüfen ist (vgl. Brezinka 1990, 46, 54).

1.4.1.3 „Sozialisation" im herkömmlichen Definitionsmodell

Trotz der gut begründbaren Entscheidung, den Erziehungsbegriff intentional aufzufassen, besteht in der Pädagogik das Bedürfnis, auch den nicht intentional festgelegten Bereich der Lernhilfen in der Forschung und Erziehungspraxis mit zu beachten und folglich zu benennen (vgl. Brezinka 1964, 192-194; 1989, 16, 21; 1990, 68): aus Gründen der begrifflichen Abgrenzung gegen Erziehungseinflüsse und weil es für die Befunde der kausalanalytischen Forschung zunächst keine Rolle spielt, ob ein Einfluß absichtlich oder unabsichtlich erfolgt (hingegen bei der Anwendung solcher Befunde in der Praxis durchaus!). Denn was unbeabsichtigt erfolgreich ist, kann oft auch absichtlich im Rahmen von erzieherischen Handlungen verwendet werden. Zudem können erzieherische Wirkungen nicht isoliert betrachtet werden, da sie eben häufig im Gesamtkontext eines Kausalgeflechts von Einflüssen stehen, die unabsichtlich erfolgen (z.b. das oft zitierte „hidden curriculum" in Schulen oder die sogenannten „Geheimen Miterzieher", z.B. die Medien). Dieser nicht intentional definierte Bereich der Lernhilfen wird beispielsweise von Langeveld (1969) als „Erziehungssituation", von Brezinka als „erzieherisch bedeutsame Wirklichkeit" (1964, 193ff), neuerdings als „die für das Erreichen von Erziehungszielen bedeutsame Wirklichkeit" (Brezinka 1989, 16), von Geißler als „Erziehungsfeld" (1973, 35), von Roth als „funktionales Erziehungsfeld" (1967, 197; 1971, 480) oder von Netzer (1972, 18) als „Prägung" bezeichnet. Keiner dieser Ausdrücke hat sich allgemein durchgesetzt, wohl weil sie schwergängig bzw. mißverständnisträchtig sind, sofern sie ebenfalls den Ausdruck „Erziehung" beinhalten.

Der gängigste Ausdruck für diesen Bereich nicht intentional gebundener Lernhilfen ist „Sozialisation". Aufgrund der Mehrdeutigkeit und der Inkonsistenz im Gebrauch dieses Ausdrucks plädiert Brezinka gegen seine Verwendung, unabhängig davon, was damit bezeichnet werden soll (1989, 192ff, 269). In der Tat handelt es sich um einen der verschwommensten Termini im Feld der Sozialwissenschaften überhaupt. Allerdings ist meines Wissens keine sprachliche Alternative für die Bezeichnung von nicht intentional festgelegten Lernhilfen eingeführt. Aus konventionellen Gründen soll der Ausdruck „Sozialisation" für diesen Bereich der Lernhilfen hier weiter verwendet werden. Der Haupteinwand gegen diesen Ausdruck für die hier angepeilte Bedeutung ist seine semantische Verknüpfung mit *sozialen* Belangen: „Sozialisation" als Ausdruck für Lernhilfen im weitesten Sinn impliziert, daß alles Lernen, welches unter Sozialisationseinflüssen steht, unter dem soziologistischen Paradigma der Einführung in die Gesellschaft bzw. der Einwirkung der Gesellschaft auf ein Individuum gesehen werden muß. Es ist zwar vermutlich möglich, aber nicht unbedingt unabdingbar, die gesamte Lernwirklichkeit so zu interpretieren. Zumindest entzieht sich diese totale Auffassung wohl einer eindeutigen Falsifikation (vgl. Kron 1996, 86; Weber 1988, 27). Wer einen Sozialisationsbegriff akzeptiert, der weit genug ist, um alle Lernhilfen zu umfassen, muß damit die inhaltliche Einengung von „Sozialisation" auf Lernvorgänge aufgeben, die nur auf das „*soziale* Zusammenleben" bezogen sind und sämtliche (auch nicht sozial bezogene) Lernvorgänge zulassen oder eben der soziologistischen Auffassung folgen, die letztlich alle Lernvorgänge als sozial bedeutsam bzw. vermittelt interpretiert. Würde man an der Bindung des Sozialisationsbegriffs an nur sozialen Lernvorgängen festhalten, so stellte sich die schwierige Frage, wie man den gesamten Bereich von Lernhilfen denn sonst benennen sollte? Die Alternative wäre die Einführung eines gewöhnungsbedürftigen artifiziellen Terms.

Grundsätzlich wären auch die Termini „Enkulturation" und „Personalisation" zur Bezeichnung von nicht intentional festgelegten Lernhilfen bedenkenswert. Allerdings haben sich diese Ausdrücke in der akademischen Fachsprache nicht so stark etablieren können wie der Sozialisationsbegriff. Sogar im Alltagsjargon intellektueller Kreise ist letzterer für die Gesamtheit der gesellschaftlichen Einflüsse auf die Persönlichkeitsentwicklung eingeführt (Tillmann 1989, 9; Brezinka 1989, 194). Zum Teil wird „Enkulturation" bedeutungsgleich mit „Sozialisation" verwendet (vgl. Weber/Domke/Gehlert 1976, 97; Weber 1988, 26). Derbolav spricht von Enkulturation als einem Ergänzungsbegriff (1987, 18). Giesecke (1991) verzichtet völlig auf ihn. In Bezug auf reale Lernprozesse ist zwischen Enkulturation als Einführung in die Kultur und Sozialisation als Einführung in die Gesellschaft ohnehin nicht scharf zu trennen. So wird etwa auch der Sozialisationsbegriff mit dem Erwerb von Kultur beschrieben (Gudjons 1993, 140; Kron 1996, 52).

Mit der Wortwahl „Sozialisation" ist noch nicht geklärt, was darunter genau verstanden werden soll. Das Attribut „nicht intentional festgelegt" kennzeichnet die zu bezeichnenden Lernhilfen lediglich ex negativo, eine Kennzeichnung, die bei Definitionen möglichst zu vermeiden ist (Brezinka 1990, 30). Sie besagt nur, daß die „Absichtlichkeit" für den Sozialisationsbegriff belanglos ist. Unter „Sozialisation" sollen also absichtliche, aber auch von niemandem beabsichtigte Lernhilfen fallen können. Wenn diesen Lernhilfen die Intention abgehen kann, was bleibt dann übrig, das *positiv* als vorhanden angegeben werden könnte? Es mag nahe liegen, dabei zunächst an die Funktionalität zu denken. *Innerhalb* des herkömmlichen Definitionsmodells ist dies die einzige verbleibende Alternative. Tatsächlich wird nicht selten vorgeschlagen, den Sozialisationsbegriff funktional aufzufassen und ihn damit quasi als Ersatz für 'Erziehung im Sinne der Wirkungsbedeutung' zu verwenden (z.B. Giesecke 1991, 69f; Weber 1988, 27; 1995, 79; 1996, 222; Weber/Domke/Gehlert 1976, 98; vgl. Brezinka 1989, 21; Kron 1996, 86, 215f). Damit wären mit „Sozialisation" Lernhilfen gemeint, die tatsächlich Lernprozesse beim Adressaten auslösen bzw. ein Lernergebnis als Resultat erwirken.

Hierarchisierung: Etliche Autoren betrachten „Sozialisation" (im funktionalen Sinn) der „Erziehung" (im intentionalen Sinn) als begriffslogisch übergeordnet (z.B. Giesecke 1991, 69f; Derbolav 1987, 18; Gudjons 1993, 141, 167; Hurrelmann 1986, 14; Kron 1996, 86f; weitere Autoren genannt von Brezinka 1989, 205, 233, 242, 245, 250, 258). Sozialisation umfaßt damit sowohl alle geplanten Maßnahmen als auch alle ungeplanten, aber erfolgreichen Lernhilfen (vgl. Abb. 8). Der Sozialisation ist die Erziehung als ihr intentionaler Teilbereich untergeordnet.

In der Tat ist es für den praktischen Einsatz dieser Termini günstig, den nicht intentional festgelegten Bereich „Sozialisation" nicht auf derselben Abstraktionsstufe gegen Erziehung als intentionalem Bereich abzugrenzen, sondern der Erziehung überzuordnen. Diese Hierarchisierung von „Sozialisation" und „Erziehung" hat den Vorteil, daß man sich bei kausalanalytischen Untersuchungen begrifflich zunächst nicht darum kümmern muß, ob eine Situation absichtlich oder unabsichtlich herbeigeführt wurde. Denn die Wirkung bestimmter Sozialisationsfaktoren tritt unabhängig davon ein, ob sie absichtlich herbeigeführt wurde oder nicht. Man kann dann auf jeden Fall zutreffend den Terminus „Sozialisation" gebrauchen und diesen, falls angebracht, später durch den spezifischeren Ausdruck „Erziehung" ersetzen. Es gibt auch alternative Vorschläge, das Verhältnis zwischen Sozialisation und Erziehung zu fassen (Übersicht bei Brezinka 1989, 204ff). Sieht man das Verhältnis zwischen Sozialisation und Erziehung jedoch als nicht-hierarchisch, also als gleichrangig an, wodurch die beiden zwei nebeneinander liegende Klassen auf derselben Abstraktionsebene bilden, so verliert man die Möglichkeit, die Oberklasse, also den Gesamtbereich absichtlicher und unabsichtlicher Einflüsse mit einem Ausdruck benennen zu können.

Abbildung 8: Hierarchie von Erziehung und Sozialisation

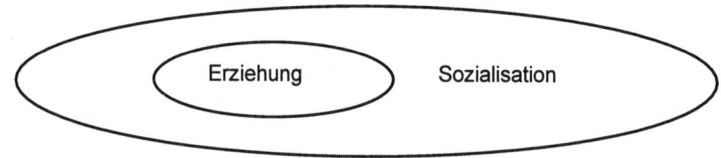

1.4.1.4 Nachteile einer funktionalen Festlegung des Sozialisationsbegriffs

Mit der funktionalen Festlegung des Begriffs „Sozialisation" sind zwei erhebliche Schwierigkeiten verbunden, nämlich die Nachweis- und die Hierarchisierungsproblematik.

(1.) Nachweisproblematik
Die Nachweisproblematik der funktionalen Festlegung gilt nicht nur für den Erziehungsbegriff, sondern auch für den Sozialisationsbegriff. Denn im Zusammenhang mit Sozialisationsprozessen in der Realität des Einzelfalls stellt sich das Problem des Kausalnachweises nicht minder dramatisch. Sozialisation als funktionaler Begriff ist damit ebenfalls ein hypothetisches Gedankengebilde, das zwar auf Modelle der ideellen Welt, nicht aber auf die Realität anwendbar ist (vgl. Brezinka 1989, 241, 261). Modellbezogene grundsätzliche Aussagen zur Welt theoretischer Setzungen sind z.B. „Sozialisation und Erziehung sind aufeinander wechselseitig angewiesen" oder „Sozialisiert wird

durch Medien wie Recht, Sitte, Moral aber auch durch die Struktur des Alltags, über die Definition des Normalen und Unnormalen, des Gewöhnlichen und Außergewöhnlichen", d.h. durch Lernprozesse, „die größtenteils funktional ablaufen ..." (Treml 1987, 61, 159). Solche grundsätzlichen, abstrakten Aussagen sind auch dann nicht falsch, wenn der Begriff „Sozialisation" in ihnen funktional ausgelegt wird, da prinzipiell unterstellt werden kann, daß z.B. Sitten und Moralvorstellungen gelernt werden. Aussagen zur realen Welt, wie z.B. „Frau Foerster hat Irina durch ihr Vorbild zur Ordnungsliebe sozialisiert", sind rein spekulativ, wenn „Sozialisation" hier funktional gemeint ist, weil niemand mit Sicherheit sagen kann, warum aus Irina ein ordnungsliebendes Kind geworden ist. Das erlernte Verhalten der Sozialisandin als Ergebnis eines Sozialisationsprozesses (z.B. Ordentlichkeit) ist zwar unmittelbar anschaulich (Gudjons 1994, 139), aber die Kausalkette und damit die Determinanten des Verhaltens sind es nicht. Das Gleiche gilt für die Aussage: „Hans wurde durch brutale Action-Spielfilme zu einem gewaltbereiten Menschen sozialisiert." Den Nachweis zu führen, daß die benannte Sozialisationsbedingung „Film" als Ursache bei Hans tatsächlich zu der Persönlichkeitseigenschaft „Gewaltbereitschaft" als Wirkung geführt hat, gelingt wohl kaum.

Es kann hier weitgehend unberücksichtigt bleiben, daß ein funktionaler Sozialisationsbegriff für eine hochabstrakte pauschale Kausalannahme im authentischen Einzelfall durchaus ausreichen würde, jedoch nur im nachhinein, nicht aber im Zuge einer Prognose: Von einem gesicherten Lernresultat läßt sich auf Sozialisation rückschließen. D.h.: Wenn etwas gelernt wurde, so läßt sich das zutreffend *immer* auf die Wirkung von (irgendwelchen, nicht näher angegebenen) „Sozialisationseinflüssen" zurückführen (vgl. Brezinka 1990, 54; 1989, 256). Z.B. erwerben Menschen mit Sicherheit ihre Muttersprache vollständig über Sozialisationsprozesse (im funktionalen Sinn). Aussagen von solch hohem Allgemeinheitsgrad sind allerdings zwar unzweifelhaft, aber ebenso trivial und uninteressant, weil von ihnen kein verwertbarer Erkenntnisgewinn ausgeht. Die Feststellung „Jemand hat seine Muttersprache durch Sozialisationseinflüsse erworben" ist kaum inhaltsreicher als die ursachenlose Aussage: „Jemand beherrscht seine Muttersprache." (Zur Ursache der genannten Sprachfähigkeit erfahren wir durch diese Feststellung lediglich, daß der Sprecher offensichtlich einen anlagebedingten Spracherwerb ausschließt, wie ihn Friedrich II. vertreten hat.) Den Praktiker und Forscher interessieren jedoch, welche konkreten Ereignisse zum Spracherwerb beigetragen haben, um Kenntnis darüber zu gewinnen, wie der Lerneffekt replizierbar ist. Wird aber detaillierter nach solchen konkreten Sozialisationsbedingungen eines Lernprozesses gefragt, die erfolgreich gewirkt haben, z.B. ob und in welchen Situationen tatsächlich bestimmte Worte gelernt worden sind, so gerät man mit dem funktionalen Sozialisationsbegriff zumindest in Bezug auf reale Einzelfälle in dieselben Schwierigkeiten des Kausal-Nachweises wie mit dem funktionalen Erziehungsbegriff und müßte daher permanent bescheidenere Umschreibungen wie „Sozialisations*vermutungen*" wählen.

Diese Überlegung zu hochabstrakten pauschalen Kausalannahmen ist insofern bemerkenswert, als sie zeigt, daß Sozialisation im funktionalen Sinn quasi zu einem tautologischen Begriff werden kann, der zirkulär ist, weil er nichts erklärt (siehe Abschnitt 1.3.1). Zudem demonstriert diese Überlegung, daß der Bedeutungsgehalt des funktionalen Sozialisationsbegriffs bereits weitgehend durch den Lernbegriff abgedeckt ist. Die Begriffskerne sind zwar nicht identisch - Sozialisation als äußerer Stimulus und Lernen als innerpsychischer Vorgang -, aber die so benannten Sachverhalte bedingen sich gegenseitig. Alles Lernen impliziert dann Sozialisation und jeder Sozialisationsprozeß impliziert Lernen (vgl. Brezinka 1989, 237).

„Lernen" wird im allgemeinen funktional verstanden (z.B. Giesecke 1991, 64), etwa im Sinne des Erwerbens oder der Veränderung einer Disposition oder Fähigkeit, die dauerhaft erhalten bleibt, durch Erfahrung bzw. Informationen (z.B. Alisch/Rössner 1981, 39; Gagné 1980, 14f). Der Lernbegriff kann auch im funktionalen Sinn konsequent verwendet werden, da die diskutierten Einwände der Nachweisproblematik gegen funktionale Festlegungen hier nicht greifen. Denn „Lernen" wird im lernpsychologischen Sinn nicht als eine erzieherische Handlungsform oder ein Verhalten des *Erziehers*, sondern als ein mentales Verhalten des *Lernenden* betrachtet, das mit der *Wirkung* der Veränderung von Verhaltensdispositionen gekoppelt ist. Die dazugehörige erzieherische Handlungsform wird mit „Lernhilfe" umschrieben. Beim Lernen besteht kein Nachweisproblem im Einzelfall: Wenn jemand eine Fähigkeit oder ein Wissen erworben hat, dann hat er definitionsgemäß gelernt. Die schwierigere Frage der Ursache des Lernens berührt den Lernbegriff selbst nicht.

Selten wurden in den Verhaltenswissenschaften grundsätzliche Abweichungen von diesem Lern-Begriff vorgeschlagen. Giesecke unterscheidet z.B. zwar implizit „intentionales" von „funktionalem Lernen"; diese Begriffe scheint er aber als Teilbereiche des allgemeinen Lernbegriffs aufzufassen (1991, 64); wobei beim „intentionalen Lernen" die Absicht zusätzlich zur Wirkung als Definitionsmerkmal hinzukommt.

Neben dem Terminus existiert der umgangssprachliche Lernbegriff im Sinne einer zielgerichteten Handlung. Wenn eine Schülerin über ihren Hausaufgaben sitzt, sagt man: „sie lernt". Dieser Begriff ist intentional festgelegt. Denn damit wird ausgedrückt, daß die Schülerin Handlungen ausführt, die zielorientiert auf die Aneignung von Wissen ausgerichtet sind. (Ob sie dabei auch im lernpsychologischen funktionalen Sinn „lernt", bleibt zu hoffen.) Um beide Bedeutungsinhalte unterscheiden zu können, wird vorgeschlagen, „Lernen" in der umgangssprachlich-intentionalen Bedeutung mit „Lernverhalten" bzw. spezifischer mit „Lernhandlung" zu umschreiben (vgl. Klauer 1973, 31). Eine Lernhandlung in diesem Sinn ist z.B. „studieren", „üben", „wiederholen" oder „Vokabeln lesen". Lernhandeln im intentionalen Sinn zielt auf Lernen im funktionalen Sinn ab.

Es läßt sich also festhalten: Im Unterschied zum funktional festgelegten Lernbegriff ist der Sozialisationsbegriff mit funktionaler Bedeutung in der realen Welt genausowenig verwendbar wie der funktionale Erziehungsbegriff.

(2.) Hierarchisierungsproblematik

Die zweite Schwierigkeit bei der funktionalen Definition des nicht intentional festgelegten Sozialisationsbegriffs ist ein begriffslogisches Problem, das sich bei der Hierarchisierung ergibt. Man gerät nämlich (wie z.B. Giesecke 1991, 69f) in einen nicht auflösbaren Widerspruch, wenn einerseits „Sozialisation" funktional definiert wird, aber andererseits der Sozialisationsbegriff als Oberklasse zum Erziehungsbegriff aufgefaßt wird. Denn beides ist logisch inkompatibel. Denn dann müßte sich das Definitionsmerkmal „Funktionalität" des Sozialisationsbegriffs als Eigenschaft des Oberbegriffs auch auf den Sozialisations-Teilbereich erstrecken, der Erziehung (im intentionalen Sinn) genannt wird (vgl. Brezinka 1989, 234f, 238, 256; 1990, 44), weil alle konstitutiven Eigenschaften der Oberklasse auch für alle Unterklassen Geltung haben müssen.

Analog-Bsp.: Wenn Bäume als verbindliches Merkmal eine Wurzel besitzen, so muß dies auch für Birken gelten, sonst wären sie definitionsgemäß eben keine Bäume. Umgekehrt sind Delphine und Wale keine Fische, weil sie durch Lungen atmen. Ein Kriterium für den Oberbegriff „Fisch" ist die Kiemen-Atmung.

Damit wäre aber „Erziehung" im Grunde als „intentional" *und* „funktional" festgelegt, also mit den Definitionsmerkmalen „Absicht" *und* „Wirkung" versehen. „Erziehung" dürften also dann nur konsequenterweise diejenigen Verhaltensweisen genannt werden, die absichtsvoll und gleichzeitig erfolgreich angewandt werden. Die Bindung an die Wirkung von erzieherischen Handlungen sollte aber mit der Entscheidung für die intentionale Definition des Erziehungsbegriffs gerade vermieden werden. Ähnlich widersprüchlich ist der Gebrauch des „weiten" Erziehungsbegriffs, der „zusammen mit den intentionalen auch alle diese funktionalen Elemente in sich enthält" (Netzer 1972, 16f), wenn dieser weite Begriff ein Oberbegriff zum „engen" intentionalen Begriff sein soll und gleichzeitig ein Begriff, der dem engen Begriff gegenübergestellt wird.

Die vorausgehende Argumentation sollte deutlich machen, daß die funktionale Definition für „Sozialisation" mehr Probleme als Klärung mit sich brächte. Für den Erziehungsbegriff hat sich deshalb eine Koppelung mit Absichtlichkeit weitgehend durchgesetzt. Wie soll aber der Sozialisationsbegriff festgelegt werden, wenn nicht funktional? Mit der Entwicklung einer positiven Alternative, den Sozialisationsbegriff 'nicht intentional' festzulegen, beschäftigen sich die folgenden Ausführungen.

1.4.2 Erweiterung des Definitionsmodells

Das Definitionsmodell stellt die Positionen Intentionalität und Funktionalität einander gegenüber und suggeriert damit, es handle sich um einander sich ausschließende Kategorien. Intentionalität und Funktionalität sind jedoch keineswegs - wie Brezinka unterstellt - logisch unvereinbar (1990, 52; vgl. auch Gudjons 1993, 172f). Mit anderen Worten: Es handelt sich dabei nicht um antagonistische Pole *einer* Dimension. Vielmehr befinden sich beide Kategorien auf zwei unterschiedlichen orthogonalen Dimensionen und schließen sich folglich gegenseitig durchaus nicht aus. Wer die intentionale Begriffsfestlegung ablehnt, befindet sich nicht schon dadurch zwingend im Lager der Befürworter der funktionalen Definition. „Funktional" bedeutet nicht „absichtslos" - wie es mitunter zu lesen ist (vgl. Kron 1996, 213); genausowenig wie „intentional" „wirkungslos" meint. Eine funktionale Definition bindet einen Begriff lediglich nicht an Absichtlichkeit; es bleibt offen, ob eine Absicht besteht oder nicht. Der Ereignisraum der Definitionsmöglichkeiten, der aus den beiden Dimensionen *„Absicht"* und *„Wirkung"* besteht, ist mit dieser dichotomen Unterscheidung nicht voll ausgeschöpft. Aus den Faktoren „Absicht" und „Wirkung" als Koordinaten mit ihren jeweils zwei Ausprägungsmerkmalen „gegeben" und „unerheblich" ergibt sich vielmehr eine zweidimensionale Taxonomie mit vier Kombinationsmöglichkeiten, Lernhilfe-Begriffe festzulegen (vgl. Abb. 9). Diese Taxonomie stellt das erweiterte Definitionsmodell der Intentionalität und Funktionalität dar.

Abbildung 9: erweitertes Definitionsmodell

	Absicht gegeben	Absicht unerheblich
Wirkung gegeben	1	2
Wirkung unerheblich	3	4

Die klassische Unterscheidung umfaßt nur die zwei erstgenannten Möglichkeiten:

- Die *intentionale* Definition erhebt die Absicht einer Lernhilfe zur Erreichung bestimmter Lernziele zum konstitutiven Merkmal. Die tatsächliche Wirkung ist dabei unerheblich (Feld 3 in der Abb. 9).
- Für die *funktionale* Definition ist es wesentlich, daß Lernen tatsächlich stattfindet bzw. sich der Lernerfolg einstellt, unabhängig davon, ob dies auch beabsichtigt war (Feld 2).

Der Ereignisraum wird durch die beiden folgenden Definitionsmöglichkeiten komplettiert:

- Die *intentional-funktionale* Definition legt fest, daß sowohl eine Lernhilfe-Absicht mit einem Lernhilfe-Verhalten verbunden wird als auch ein tatsächlicher Lerneffekt von ihm ausgehen muß (Feld 1).
- Für die verbleibende Kombination wird hier der Ausdruck „situational" vorgeschlagen (Feld 4). Eine *situationale* Definition geht weder von einer Absicht noch von einer tatsächlichen Wirkung aus. Es genügt das Vorhandensein einer Lernhilfe, die als ein 'potentieller' Lerneinfluß interpretiert wird.

Der intentionale und funktionale Begriff wurden vorausgehend hinreichend diskutiert und der Erziehungsbegriff der intentionalen Definition zugeordnet. Die intentional-funktionale Definition ist die anspruchsvollste Kombination. Sie ist beim Erziehungsbegriff nicht nur eine denkbare Möglichkeit; tatsächlich lassen sich Beispiele für die implizite Vertretung von „kombinierten Absichts- und Wirkungsbegriffen" der Erziehung auffinden (Übersicht bei Brezinka 1990, 36ff). Möglicherweise haben jene Autoren in der Formulierung ihrer Definition die intentional-funktionale Kombination nicht bewußt zum Ausdruck gebracht; jedenfalls gehen sie auf die Anwendungsprobleme des Nachweises, die man sich damit einhandelt, nicht ein (siehe Abschnitt 1.4.1.2). Wenn z.B. Erziehung ein *intentionaler* Prozeß der *Einwirkung* genannt wird (Kron 1996, 55), ist Erziehung in diesem intentional-funktionalen Sinn festgelegt, da „Einwirkung" üblicherweise als faktische Wirksamkeit gilt. Unverfänglich im Sinne einer rein intentionalen Festlegung wäre es, Erziehung als Einwirkungs*versuche* zu bezeichnen.

Eine situationale Definition verzichtet auf Absicht und Wirkung als verbindliche Eigenschaften der so bezeichneten Lernhilfen. Was bleibt dann aber als Definitionsmerkmal übrig? Dies ist das Moment, welches allen vier Definitionsmöglichkeiten des erweiterten Modells gemeinsam ist: die Lernhilfe an sich. „Lernhilfe" ist ein Lernanreiz, ein Lernanreger, -antrieb oder -impuls, ein äußerer Stimulus, das Vorhandensein einer Situation, mit der eine Person konfrontiert ist, ein Reiz, den sie sinnlich bewußt oder nicht-bewußt wahrnimmt. Diese Lernanreiz-Situation wird als Auslöser eines potentiellen Lernprozesses dieser Person aufgefaßt. Eine solcher Stimulus kann das *Verhalten* eines Erziehers oder einer sonstigen Person sein (z.B. loben, lächeln, mahnen), eine *sozial-kulturelle Situation* (z.B. ein Schulfest, ein Spielfilm, eine Innenstadt als Erfahrungswelt) oder auch eine *natürliche Gegebenheit* (z.B. ein großer Garten mit Kletterbäumen, das regionale Klima). Für eine situationale Begriffsfestlegung reicht das Vorhandensein eines äußeren Stimulus, einer Situation aus, um einen situational determinierten Begriff verwenden zu können. Es ist dazu also nicht erforderlich, daß der Stimulus tatsächlich Lernprozesse auslöst oder daß mit ihm eine Lernförder-Absicht verbunden ist. Das Merkmal „Lernhilfe-Situation" ist gemeinsamer impliziter

Bestandteil aller vier Kombinationsmöglichkeiten von Intentionalität und Funktionalität. Die situationale Festlegung stellt die geringsten Ansprüche an Voraussetzungen, die erfüllt sein müssen, um einen Begriff anwenden zu können. Sie ist damit die „robusteste" Festlegung.

Die Begriffe „Lernhilfe", „Lernstimulus", „-anreiz", „-impuls" bzw. „-anreger" sollen hier nicht bedeuten, daß lernhelfende, -stimulierende, -anreizende bzw. -anregende Situationen tatsächlich zwangsläufig Lernen bewirken. Sie bedeuten, daß solche Situationen eine Art Aufforderungscharakter zum Lernen besitzen, so daß Lernen als kausale Folge solcher Situationen *denkbar* erscheint. In diesem Sinne ist etwa eine rote Ampel ein Anreiz oder Anreger dazu, Verkehrsteilnehmer zum Halten zu bringen. Der Stimulus „rote Ampel" kann dies jedoch nicht erzwingen bzw. garantieren. „Hilfe" schließt weder zwangsläufig Absicht noch Erfolg ein. „Hilfe" impliziert nicht, daß sie auch vom Hilfeobjekt immer in Anspruch genommen wird.

Die Wortwahl „situational" für diese Form von Definition schließt sich an Heckhausen und Langeveld an. Eine „Situation" ist nach Heckhausen die „gegenwärtige Umgebung eines Lebewesens" (1980a, 42). „Situation" meint eine Anordnung von Objekten bzw. Organismen als Einheit mit Gestaltungscharakter in einer Zeiteinheit. Eine „(Erziehungs-)Situation" ist „das Ganze von Erfahrungsmöglichkeiten, worin Menschen Handlungen setzen" (Langeveld 1969, 109, vgl. 11, 161ff, 200; Ponnath 1995). Langeveld lehnt sich dabei an die aristotelische Bedeutung von „Situation" als „Sich-an-einer-Stelle-Befinden" an, im Sinne des Insgesamts von umgebenden Umständen oder Sachlagen (1969, 200). Die Behavioristen nennen eine Situation „Reiz" oder „Stimulus" und meinen damit ein Ereignis, das sinnlich wahrnehmbar ist (Klauer 1973, 19). Das Wort „Reiz" wird in diesem Sinn bereits von Friedrich Schleiermacher verwendet (Brezinka 1989, 16, 22).

Die situationale Begriffsfestlegung impliziert, daß eine bestimmte Situation nicht nur vorhanden ist, sondern auch subjektiv als lernanregend interpretiert wird. Die *subjektive Interpretation* ist eine Art „Hilfsmerkmal" der situationalen Festlegung. Dieses Hilfsmerkmal ist allerdings keine zusätzliche Definitionseigenschaft, sondern bereits in der Idee der Situationalität impliziert. Die explizite Erwähnung dieses Merkmals würde sich eigentlich erübrigen; sie mag aber zur Vermeidung von Mißverständnissen hilfreich sein: Die situationale Definition bezieht sich nicht auf die *Möglichkeit an sich*, daß in einer Situation Lernauslöser-Potential steckt, daß sie also Lernen auslösen kann. Denn dies wäre eine empirisch zu entscheidende, objektive Frage, die wiederum der funktionalen Festlegung nahe käme. Die situationale Definition bezieht sich vielmehr auf die subjektive Annahme, die Vermutung, die Befürchtung oder Erwartung, daß eine Situation grundsätzlich einen Lerneinfluß hat oder haben kann, also um die *Annahme einer Möglichkeit*. Dies ist keine empirische Frage, sondern eine des subjektiven Für-Denkbar-Haltens. Diese Einschätzung wird vom Begriffsanwender vorgenommen, der eine Situation durch eben diese Einschätzung zum Lernanreiz macht. Es kann sich dabei um die Person handeln, von der der Lernanreiz ausgeht (z.B. ein Pädagoge), aber auch um den Betroffenen selbst (z.B. einen Schüler) oder einen nicht-teilnehmenden, außenstehenden Beobachter der Situation (z.B. einen Sozial-forscher oder Erziehungswissenschaftler). Merkmal der situationalen Defini-tion ist also eine gegebene Situation nur dann, wenn sie als Ursache einer möglichen bestimmten Wirkung interpretiert wird. Ohne dieses Hilfsmerkmal würden situational definierte Lernhilfe-Begriffe grenzenlos die gesamte wahrnehmbare Welt umfassen. Ausschnitte der Welt werden aber nur dann zu Lernanreizen, wenn diese als solche interpretiert werden.

Auch das Hilfsmerkmal „Annahme der möglichen Wirksamkeit" ist in allen vier Kombinationen des erweiterten Definitionsmodells enthalten: Er-ziehung als intentionaler Begriff (Feld 3 der Abb. 9) impliziert, daß der Erzieher eine solche Wirksamkeit annimmt. Es wäre geradezu sinnlos, eine Wirkungsabsicht beim Erziehen zu verfolgen, ohne gleichzeitig anzunehmen, daß zumindest eine gewisse Chance auf den angestrebten Erfolg besteht, d.h. daß die eigenen Handlungen wirksam sein könnten. In jeder Handlung steckt neben der Intention auch die Vermutung, die Annahme oder die subjektiv sichere Überzeugung einer Ursache-Wirkungs-Verbindung, von der der Handelnde hofft, sie durch sein Handeln auszulösen, um eine bestimmte Wirkung zu erreichen. Auch die funktionale Definition schließt die „Annahme der möglichen Wirksamkeit" ein (Feld 2). Denn Wirkung wird immer unter-stellt, wenn sie sich sichtlich eingestellt hat.

Die Reihenfolge „funktional-intentional-situational" stellt einen sukzes-siven Rückzug des Anspruchs an die Wirkung dar: Bei der *funktionalen* Definition muß die tatsächliche Wirkung selbst sichergestellt sein. Bei der *intentionalen* Definition muß die Wirkung vom Handelnden lediglich beab-sichtigt sein und bei der *situationalen* Definition muß eine potentielle Wirkung vom Begriffsanwender nur noch als denkbar angenommen werden.

Auch die beiden zusätzlichen Kombinationsmöglichkeiten des erweiterten Definitions-modells sind in der Umgangssprache zu finden. So sind etwa die Verben „schreiben" und „stehlen" intentional-funktional bestimmt. Als Stehlen wird eine Handlung bezeichnet, die unter dem Vorsatz der illegalen Entwendung ausgeführt wird (intentional) und bei der dies auch gelingt (funktional). Auch situational festgelegte Tätigkeitswörter lassen sich ausmachen, z.B. „sonnenbaden" oder „sexuell interagieren". Ein Sonnenbad kann bei Gartenarbeiten unabsichtlich genommen werden. Es muß am Strand auch nicht die erhoffte Bräune erbringen, um als solches bezeichnet zu werden. Die biologische Funktion sexueller Interaktion ist die Reproduktion. Entsprechende soziale Handlungen werden aber auch so bezeichnet, selbst wenn sich reproduktive Folgen weder einstellen noch beabsichtigt sind.

1.4.2.1 Sozialisation als situationaler Begriff

Es wird hier vorgeschlagen, die nur begrenzt einsatzfähige funktionale Definition des Sozialisationsbegriffs durch die angemessenere situationale Festlegung zu ersetzen. Dieser Reformulierung zufolge reicht die bloße Annahme, daß von einer bestimmten Situation eine lernfördernde Wirkung ausgehen kann, aus, um diese Situation als (Teil der) Sozialisation zu bezeichnen. (Im folgenden kann auf den Ausdruck „funktional" allerdings nicht völlig verzichtet werden, um das Gedankengut anderer Arbeiten begrifflich akkurat zu zitieren, wohl wissend, daß häufig „situational" dort auch inhaltlich die bessere Alternative wäre und vermutlich häufig implizit auch gemeint war.) Zwei Beispiele sollen die Verwendung des situationalen Sozialisationsbegriffs illustrieren:

Bsp. 1: Ein Vater ist im Beisein seiner Tochter immer ausgesucht höflich zu seinen Mitmenschen. Würde er dies absichtlich sein, um seiner Tochter höfliches Verhalten beizubringen, so handelte es sich um Erziehung. Wir gehen aber davon aus, daß er diese Absicht nicht hegt, sondern aus Gewohnheit immer zuvorkommend ist, z.B. auch in Abwesenheit seiner Tochter. Auch ist zum gegenwärtigen Zeitpunkt keineswegs sicher, daß die Tochter dieses Verhalten im Sinne des Modell-Lernens übernehmen wird. Trotzdem würde die (gesicherte) Sachlage der gegebenen Situation „höfliches Verhalten" in Anwesenheit der Tochter ausreichen, um nach dem situationalen Verständnis davon sprechen zu können, daß der Vater die Tochter „sozialisiert", wenn ein außenstehender Beobachter die Situation als potentiellen Auslöser für Imitations-Lernen auslegt.

Bsp. 2: Ein Kind, das einem regional-typischen Dialektmilieu entstammt, verfolgt regelmäßig eine Sendereihe des Kinderprogramms, in der hochdeutsch gesprochen wird. Die Eltern ermöglichen das Ansehen der Sendungen. Geschieht dies in der Absicht, einen Einfluß auf das Erlernen des Hochdeutschen im Sinne des Modell-Lernens zu nehmen, so handelt es sich dabei um eine Erziehungsmaßnahme. Wollen die Eltern jedoch das Hochdeutsche dadurch keineswegs fördern, sondern befürchten sie vielmehr, daß ihr Kind den gewohnten Akzent durch die Sendung verlieren könnte, so ist für sie die Sendung ein (unerwünschter) Teil der Sozialisation ihres Kindes (unabhängig davon, ob sich die Sendung tatsächlich auf die Spracheinfärbung des Kindes auswirkt oder nicht).

Im Sinne der situationalen Festlegung ist „Sozialisation" die Eigenschaft wahrgenommener situativer Gegebenheiten (Ereignisse, Vorgänge, Prozesse, Verhalten), als Stimuli die Veränderung psychischer Dispositionen der wahrnehmenden Person anzuregen. Kurz: *„Sozialisation" ist Lernhilfe durch lernanregende Situationen.* Sie ist also die lernanregende Qualität situativer Gegebenheiten. Diagramm 10 vergleicht den intentionalen und funktionalen Erziehungsbegriff mit dem situationalen Sozialisationsbegriff.

Diagramm 10: Vergleich der intentionalen, funktionalen und situationalen Begriffsfestlegung

int. E.:	Handlung	····▶ intendierter Einfluß ····▶		Lernen
fkt. E.:	Verhalten	⟶ tatsächlicher Einfluß ⟶		bzw.
sit. S.:	Situation	‑‑‑▶ potentieller Einfluß ‑‑‑▶		Lernergebnis

int. E.: intentionaler Erziehungsbegriff; fkt. E.: funktionaler Erziehungsbegriff; sit. S.: situationaler Sozialisationsbegriff

Um die Konsequenzen dieser Definition im sprachlichen Einsatz des Begriffs leichter zu überblicken, mag eine grobe Übertragung dieses Begriffs in die Umgangssprache nützlicher sein als die formale Definition selbst. Denn die Verträglichkeit einer Definition mit der Anwendungsgewohnheit des definierten Begriffs in der Alltagssprache kann überprüft werden, indem der definierte Begriff in typischen Aussagen durch einen anderen Ausdruck ersetzt wird, der die Spezifität der Definition in ihrem Kern repräsentiert. Der alternative Ausdruck besteht aus einer Reduktion des Begriffsinhalts auf seinen wesentlichen *Begriffskern*. Eine solche Übertragung in die Umgangssprache soll im folgenden vorgenommen werden. Zuvor muß noch der Begriffskern des situationalen Sozialisationsbegriffs herausgearbeitet werden. Eine Übersicht über alle prinzipiell möglichen Verortungsmöglichkeiten der Begriffskerne aller Definitionen von „Erziehung" und „Sozialisation" läßt sich aus einem Schema der Kausalkette beim Lernvorgang von Brezinka gewinnen (1989, 256f).

Diagramm 11: Kausalschema des Lernvorgangs

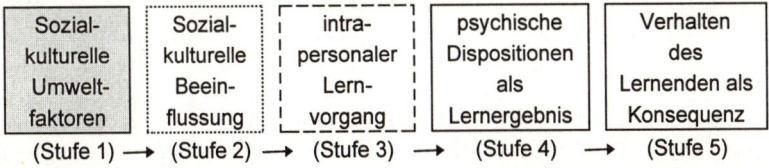

Sozial- kulturelle Umwelt- faktoren	Sozial- kulturelle Beein- flussung	intra- personaler Lern- vorgang	psychische Dispositionen als Lernergebnis	Verhalten des Lernenden als Konsequenz
(Stufe 1) ⟶	(Stufe 2) ⟶	(Stufe 3) ⟶	(Stufe 4) ⟶	(Stufe 5)

Dieses Schema besteht aus fünf Stufen (Diagramm 11): Sozial-kulturelle *Umweltfaktoren* (Stufe 1) führen zu einer sozial-kulturellen *Beeinflussung* des Lernenden (Stufe 2). Diese Beeinflussung setzt einen intrapersonalen *Lernvorgang* in Gang (Stufe 3), der bestimmte psychische Dispositionen als *Lernergebnis* erzeugt oder verändert (Stufe 4). Diese Dispositionen verändern das künftige *Verhalten* des Lernenden als Konsequenz (Stufe 5). Die Stufen 1 und 2 bestehen aus äußeren Bedingungen des Lernvorgangs in der Umwelt des

103

Lernenden, die drei weiteren sind Veränderungen im Lernenden. Jede Stufe stellt einen möglichen Verortungspunkt von Definitionen dar.

Begriffskern des situationalen Sozialisationsbegriffs ist die *Situation* (bzw. das *Verhalten* des Sozialisationsagenten im Spezialfall der sozial vermittelten Sozialisation). D.h.: „Sozialisation" in diesem Sinn bezeichnet eine Art von Situation. In der Literatur finden sich weitere Beispiele für Sozialisationsdefinitionen mit diesem Kern: Z.B. wenn Sozialisation als Training, als Lehren oder Unterrichten bezeichnet wird (zusammengefaßt bei Brezinka 1989, 258f). Begriffskern des intentionalen Erziehungsbegriffs ist die *Handlung* des Erziehers (Brezinka 1990, 95). Die Kerne beider Begriffe decken sich mit der ersten Stufe in Brezinkas Kausalschema. „Handlung" und „Situation" sind aus der Perspektive des Lernenden Umweltfaktoren.

Diese Begriffskerne können in etwa mit folgenden Ausdrücken umschrieben werden: Gemäß der hier präferierten Definition bedeutet „sozialisieren" also „einen Lernanreiz darstellen/bieten" oder „Lernvoraussetzungen bereithalten". „Sozialisiert werden" bedeutet „einem Lernanreiz ausgesetzt sein". „Erziehen" bedeutet im Kern „handeln" oder genauer „absichtlich einen Lernanreiz bieten". Die definierten Begriffe können im Satzkontext durch die so gewonnenen Ausdrücke ausgetauscht werden, um zu überprüfen, welche Definition im jeweiligen Kontext gemeint ist.

Aus der Umschreibung „einen Lernanreiz darstellen" wird deutlich, daß der situationale Sozialisationsbegriff nicht ganz deckungsgleich mit dem Verständnis von „Sozialisation" ist, wie es einer Vielzahl von Aussagen zugrunde liegt. Im Alltagsjargon hat es sich teilweise eingebürgert, mit „Sozialisation" nicht nur den äußeren Reiz (Stufe 1 des Kausalschemas), sondern vor allem den Vorgang der Beeinflussung (Stufe 2) mit zu bezeichnen. (Mit „Alltags-" bzw. „Umgangssprache" ist nicht nur die Kommunikationskultur außerhalb der Fachdisziplinen gemeint. Es scheint auch so etwas wie eine „akademische Umgangssprache" zu existieren, in der sich bisweilen stillschweigend eine gewisse unbefangene Verwendung von Ausdrücken als allgemeine Sprachkonvention einschleift, obwohl diese Konvention von der „formell" geregelten Version der Termini gewissermaßen als terminologischer „Doppelgänger" [Fend 1984] zumindest teilweise abweicht.) Tatsächlich sind auch Definitionen zu finden, die „Sozialisation" explizit entsprechend diesem Verständnis als „sozial-kulturellen (äußeren) Beeinflussungsvorgang" bestimmen (vgl. Brezinka 1989, 255f). Nach dieser Festlegung besteht der Begriffskern aus einem *Beeinflussungsvorgang*. „Sozialisieren" würde demnach im wesentlichen „beeinflussen" meinen (Stufe 2). Die Aussage „Sie wurde durch ihren Beruf sozialisiert" würde demnach bedeuten „Sie wurde durch ihren Beruf 'beeinflußt'", d.h. also „Sie wurde tatsächlich zum Erwerb eines bestimmten Verhaltens durch ihren Beruf bewegt". Der situationale Sozialisationsbegriff hingegen ließe diese Aussage so übersetzen: „Ihr Beruf stellte einen Lernanreiz dar", der zur Ausbildung einer bestimmten Persönlichkeit beigetragen haben kann, aber nicht muß. Ausgehend vom Sprachgefühl mögen solche

Beispiele zunächst den Eindruck erwecken, der situationale Sozialisationsbegriff sei mit einer gewissen Künstlichkeit behaftet. Diese Künstlichkeit kann aber für den (allgemein akzeptierten) Erziehungsbegriff mindestens im selben Maße reklamiert werden. Erziehung als Handlungsbegriff in der Umgangssprache gebraucht geht zwar nicht von Erfolg aus (dies wäre funktional), aber zumindest schwingt auch hier die Konnotation eines Beeinflussungsvorgangs häufig semantisch mit. D.h.: „Erziehen" wird dann eben nicht nur streng als „handeln" verstanden, sondern (auch) als „beeinflussen".

Selbst die am häufigsten vertretene Definition von „Sozialisation", nämlich die im Sinne eines (speziellen) *Lernvorgangs* (Stufe 3 des Diagramms 11) (z.B. Alisch/Rössner 1981, 39; Fend 1977, 18f; Weber 1977; siehe Brezinka 1989, 254f;), scheint dem üblichen Wortgebrauch nicht voll zu entsprechen und weicht damit vom Sprachgefühl ab. In der Umgangssprache entspricht „Sozialisation" im Kern den äußeren Bedingungen des Lernvorgangs in der Umwelt (Stufe 1 und 2 des Kausalschemas); d.h.: Sozialisation ist hier aus der Sicht des Lernenden etwas passiv Erlebtes, wohingegen „Lernen" etwas aktives ist (Stufe 3) (z.B. „Ich werde sozialisiert", aber „Ich lerne", und eben nicht „Ich werde gelernt"). Bei der gängigsten Festlegungsweise besteht der Begriffskern aus einem Lernvorgang. „Sozialisieren" meint also demnach im wesentlichen „lernen". Versucht man diesen Sozialisationsbegriff mit dem vorwissenschaftlichen Sprachgefühl zu erfassen, so müßte man widersprüchlicherweise den passiven mit dem aktiven Aspekt verbinden. Folglich wäre die Aussage „Sie wurde durch ihren Beruf sozialisiert" gleichbedeutend mit dem absurden Satz: „Sie wurde durch ihren Beruf 'gelernt'." An einer gewissen Diskrepanz zwischen spontanem Sprachgefühl und fachsprachlichen Regelungen scheint bei Ausdrücken, die dem allgemeinen Wortschatz entstammen (Erziehung) bzw. in ihm inzwischen aufgegangen sind (Sozialisation), offenbar kein Weg vorbeizuführen. Dies ist auch zu verschmerzen, so lange sich die Verwendung eines Begriffs in der Fachsprache nicht von der strengen Definition, zu der sich Autoren explizit bekannt haben, verabschiedet. (Auch dafür sind Beispiele zu finden.)

Der situationale Sozialisationsbegriff ist aber wenigstens insofern mit dem Alltagsverständnis dieses Ausdrucks (im Sinne eines Beeinflussungsvorgangs) kompatibel, als er in seinem Begriffskern einen Teilbereich der Alltagsbedeutung mit umfaßt. Er widerspricht zumindest der Alltagsbedeutung nicht, wenn er sie auch nicht vollständig abbildet. Deshalb lassen sich Aussagen, in denen „Sozialisation" eigentlich in der funktionalen Alltagsgsbedeutung verwendet wird, auch mit dem situationalen Begriffsverständnis widerspruchsfrei erfassen. Dies soll anhand von zwei frei wiedergegebenen authentischen Beispielen für den Gebrauch des Sozialisationsbegriffs demonstriert werden.

Aussage 1: „Dozenten sozialisieren ihre Kurs-Teilnehmer in der Erwachsenenbildung" (Siebert 1996, 145).

Aussage 2: „Kleinbürgerliches Sauberkeits- und Ordnungsverhalten wird einer Mittelschichtsozialisation zugeschrieben" (Gudjons 1994, 139).

Solche Aussagen beziehen sich wahrscheinlich auf das funktionale Begriffsverständnis der Sozialisation als Beeinflussungsvorgang (Stufe 2 des Diagramms 11). Sie wollen also im Kern darauf hinweisen, daß Lehrende ihre Teilnehmer 'beeinflussen' und daß das Lebensmilieu der Mittelschicht das Sauberkeitsverhalten ihrer Mitglieder auf irgendeine Weise lenkt. Dieses Begriffsverständnis schließt als Minimalvoraussetzung die „Umweltsituation" (Stufe 1) mit ein. Denn wenn eine Beeinflussung stattfindet (Stufe 2), muß auch eine Beeinflussungsquelle (Stufe 1) vorhanden sein. Man kann die Aussagen also auch nach der situationalen Definition deuten, ohne daß dabei sinnleere Aussagen entstehen: Dozenten bieten demnach ihren Teilnehmern Lernanreize und die Mittelschicht stellt bestimmte Lernanreiz-Situationen zur Verfügung, die ihren Mitgliedern das Ausbilden von Sauberkeits- und Ordnungsverhalten nahelegen. In dieser Deutung wird zwar auf die Konnotation „tatsächliche Wirkung" verzichtet, aber dieses Moment wird zumindest auch nicht ausgeschlossen. Insofern ist die situationale Deutung mit dem ursprünglichen Verständnis, das eine Wirkung mit einschließt, vereinbar. Will man eine Wirkung (z.B. eine Beeinflussung, einen Lernvorgang oder ein Lernresultat) definitiv mit einschließen, so steht dafür der Lernbegriff zur Verfügung, indem man z.B. formuliert: „Teilnehmer lernen von ihren Dozenten" oder „Das Erlernen des Sauberkeitsverhaltens wird durch die Mittelschicht gefördert".

Es kann sogar unterstellt werden, daß in vielen Fällen, in denen der Ausdruck „Sozialisation" bisher angewendet wurde, die situationale Bedeutung unausgesprochen gemeint war. Denn anders ist der Begriff auf authentische Sachverhalte korrekt nur selten anwendbar. Insofern handelt es sich bei der situationalen Definition von „Sozialisation" lediglich um eine Anpassung der formellen Begriffsfestlegung an den informellen gängigen Wortgebrauch.

1.4.2.2 Vorteile der situationalen Festlegung des Sozialisationsbegriffs

Im folgenden sollen die Überlegungen dargestellt werden, die für einen situationalen Sozialisationsbegriff sprechen.

Nachweisproblematik: „Sozialisation" im situationalen Sinn mag auf den ersten Blick sehr weitgefaßt erscheinen. In der Erziehungswissenschaft ist es jedoch durchaus sinnvoll, den Bereich aller Lernhilfen und -anreger, also alle potentiellen Lerneinflußquellen grundsätzlich mitbetrachten und damit benennen zu können. Beispielsweise ergaben empirische Studien mit teilnehmender Beobachtung, daß ein großer Teil des elterlichen Verhaltens gegenüber ihren Kindern, das als Lernanreiz betrachtet werden kann, von den Eltern ohne vermittelnde bewußte Kognitionen im Sinne von Absichten erfolgt. Er stellt also keine Erziehung dar. Dieser Teil läuft zumindest zum Zeitpunkt des Verhaltens quasi „automatisch" ab (Cruts 1991, 19f). Dieses nicht intendierte elterliche Verhalten kann Auswirkungen auf die Kinder haben, muß es aber nicht. Deshalb wäre ein funktionaler Sozialisationsbegriff hier nicht anwendbar. Im Grunde lösen „situationale" Definitionen von Lernhilfen den Unterschied zwischen ideeller und realer Welt auf. Das empirische Problem des Wirkungsnachweises wird dabei vermieden. Die situationale Definition hat den Vorteil, den Begriff „Sozialisation" nicht nur abstrakt, sondern auch in konkreten Einzelfällen anwenden zu können, weil er sich - wie der intentionale Erziehungsbegriff - auf ein im Prinzip beobachtbares Phänomen, die gegebene Situation, bezieht, nicht auf ein kausales hypothetisches Konstrukt.

Hierarchisierung: Auf die Praktikabilität des hierarchischen Verhältnisses zwischen Sozialisation und Erziehung wurde bereits hingewiesen (Abschnitt 1.4.1.3). Mit der vorgeschlagenen situationalen Definition entgeht man dem begriffslogischen Problem, das entsteht, wenn der Sozialisationsbegriff als der übergeordnete Begriff funktional festgelegt wird (siehe Abschnitt 1.4.1.4). D.h.: Der situationale Sozialisationsbegriff kann widerspruchsfrei als dem Erziehungsbegriff übergeordnet aufgefaßt werden, da mit dieser Definition zwei Voraussetzungen gegeben sind, um das Hierarchisierungsproblem zu vermeiden: (1) Die Lernanreiz-Situation ist in allen vier Kombinationsmöglichkeiten des erweiterten Definitionsmodells, eben auch in der intentionalen Definition vorhanden. Damit ist das konstitutive Merkmal „Situationalität" des Oberbegriffs „Sozialisation" auch Bestandteil der Teilklasse „Erziehung". (2) Die Begriffskerne von „Sozialisation" und „Erziehung" beziehen sich auf dieselbe Stufe von Brezinkas Kausalschema (Stufe 1).

Der Sozialisationsbegriff belegt damit einen Bedeutungsgehalt, der ansonsten begrifflich unbesetzt bliebe, im Unterschied zum funktionalen Bereich der Lernhilfen, der weitgehend durch den Lernbegriff mit abgedeckt wird (vgl. Abschnitt 1.4.1.4). Lernen bzw. Lernergebnisse bedingen zwar auch immer Sozialisation (im situationalen Sinn); dies gilt aber nicht umgekehrt: Nicht jeder Sozialisationsprozeß bedingt Lernen bzw. Lernergebnisse, sondern nur derjenige mit entsprechender Auswirkung.

Die Hierarchisierbarkeit wird durch die Möglichkeit belegt, den situationalen Sozialisationsbegriff aus dem intentionalen Erziehungsbegriff ableiten zu können: Wenn Erziehung kurz „absichtliche Lernhilfe" bedeutet (Weber 1977), dann besteht der nicht intentional festgelegte übergeordnete Bereich von Lernhilfen aus dem Fortfall der Absichtlichkeit aus dieser Kurzformulierung, also uneingeschränkt aus allen Lernhilfen. Man gewinnt „Sozialisation", wenn „Erziehung" um die Absicht reduziert wird. Das Hilfsmerkmal der „*Interpretation einer Situation als lernanregend*" bleibt dabei erhalten, da dieses Hilfsmerkmal auch im Erziehungsbegriff vorhanden ist. Auch Erziehung impliziert, wie jede Handlung, Kausalannahmen zur möglichen Wirkung des eigenen Tuns (Brezinka 1995, 30, 189; Luhmann 1982, 41; Luhmann/ Schorr 1982a, 7). Schon Johann Friedrich Herbart wies darauf hin, daß Erziehung ohne Annahme von Kausalität nicht möglich ist (zit. nach Brezinka 1995,

254). (Erziehungs)Handeln setzt zwar nicht zwingend die Kenntnis von *wahren* Kausalverhältnissen voraus, aber zumindest eine *subjektive* Vorstellung von Kausalverhältnissen. Solche Kausalvorstellungen nennen Luhmann & Schorr „Kausalpläne" (1982b, 18). Denken im Zusammenhang mit (pädagogischem) Handeln basiert damit immer auf dem „Zweck-Mittel-Schema" (Brezinka 1995, 218ff). „Erziehung" steht damit zu „Sozialisation" im analogen Verhältnis wie „Handlung" zu „Verhalten", soweit es sich um unmittelbar sozial vermittelte Sozialisation handelt (vgl. Abschnitt 1.2.1).

Erhalt des Effektbezugs: Erziehung und Sozialisation in der hier vorgeschlagenen Bedeutung sind „Prozeßbegriffe", keine „Produktbegriffe" (Brezinka 1990, 52; 1989, 252). D.h.: Sie bezeichnen einen Vorgang, keinen Zustand als Resultat eines Vorgangs. Freilich geht es aber bei Erziehung und Sozialisation um Wirkungen auf den Zu-Erziehenden bzw. Sozialisanden. Ohne Wirkung nützt keine erzieherische Handlung. Diesem Umstand tragen die hier vorgeschlagenen Definitionen durchaus Rechnung, trotz des bewußten Verzichts auf eine bereits terminologisch verbindliche Anbindung an die tatsächliche Wirkung aus den erläuterten Gründen (Abschnitt 1.4.1.2 und 1.4.1.4). Erziehung und Sozialisation stellen sehr wohl einen Bezug zum Effekt her: bei der Erziehung in Form der *angestrebten, erhofften* Wirkung (Intention, Erziehungsziel) und bei der Sozialisation in Form der *vermuteten,* angenommenen oder *für denkbar gehaltenen* Wirkung, dem vermuteten Sozialisationseffekt. Natürlich besteht in bestimmten Sinnzusammenhängen das Bedürfnis, nicht nur über Erziehung und Sozialisation an sich, sondern auch über deren Wirkungen zu sprechen. Die hier vorgeschlagenen Definitionen kommen auch diesem Bedürfnis entgegen. Sie schließen zwar begrifflich die Wirkungen als erwiesenes Faktum selbst nicht ein, aber eben auch nicht aus. D.h.: Sie behindern den Einschluß von Effekten im größeren Sinnzusammenhang von Aussagen auch nicht. Für diesen Einschluß stehen Formulierungen wie z.B. „Einflüsse (Effekte oder Wirkungen) der Erziehung/ Sozialisation" zur Verfügung (vgl. z.B. Brezinka 1989, 193; Gudjons 1993, 157; Horstkemper 1987, 35f).

Zum präziseren Verständnis des situationalen Sozialisationsbegriffs ist es hilfreich, ihn vergleichend in einem Netzwerk von Bezugsbegriffen und ähnlichen Sozialisationsdefinitionen zu verorten. Einzelne Definitionen des Sozialisationsbegriffs, die in der Literatur vorzufinden sind, kommen der hier vorgeschlagenen sehr nahe: Roths Festlegung, Sozialisation als „Regulatoren" des „Erziehungsfelds" zu bezeichnen (1971, 480; 1967, 197) ist mit der situationale Auffassung sehr verwandt. Die Verbindung kommt in der Ausdeutung der Rothschen Definition durch Brezinka zum Ausdruck: Roth nennt solche Phänomene „Sozialisation", die „mögliche äußere sozial-kulturelle Bedingungen für die Entstehung bestimmter psychischer Dispositionen als Resultat von Lernvorgängen sind" (Brezinka 1989, 231). „Regulatoren" sind dabei keine Beeinflussungsvorgänge, sondern „Beeinflussungsquellen" oder „Einflußfaktoren" im Beziehungsfeld zwischen Menschen oder zwischen Menschen und Dingen.

Brezinka unterscheidet Handlungsbegriffe und Geschehensbegriffe. Beispielsweise ist Erziehung als Handlungsbegriff eine pädagogisch zielgerichtete Aktivität eines Erziehers. Dies entspricht der hier vorgeschlagenen Begriffsauffassung. Erziehung im Sinne eines Geschehensbegriffs meint ein äußeres Geschehnis oder ein Ereignis, also einen externen Reiz, der eine Veränderung in der Persönlichkeit des Zu-Erziehenden „bewirkt". Dieser Reiz kann ein ziel-ungerichtetes Verhalten eines Erziehers sein („soziales Geschehen") oder er kann von Kulturobjekten und Gegebenheiten der Natur ausgehen (Brezinka 1990, 64f; 1989, 14). Brezinka assoziiert Handlungsbegriffe mit intentionalen Definitionen und Geschehensbegriffe mit funktionalen. Die in der vorliegenden Arbeit vertretene Auffassung von Intentionalität und Funktionalität deckt sich hingegen eher mit Brezinkas Klassifikation von „Absichts-" und „Wirkungs-Begriffen" (1990, 60f), nicht mit seiner Vorstellung von Handlungs- und Geschehensbegriffen. Nach Brezinka können Handlungsbegriffe „in der Absichts- wie in der Wirkungs-Bedeutung (...) gebraucht werden" (1990, 65). Zur Vermeidung von Mißverständnissen ist jedoch zu ergänzen, daß Handlungsbegriffe auf jeden Fall intentional festgelegt sind, da Handlungen - auch nach Brezinkas Definition (1990, 70ff) - immer mit einer Absicht verbunden sind. Deshalb ist ein Handlungsbegriff nur dann in der Wirkungsbedeutung denkbar, wenn er gleichzeitig auch in der Absichtsbedeutung verwendet wird, also eine kombinierte Absichts- und Wirkungsbedeutung vorliegt (vgl. Abschnitt 1.4.2). Nach dem erweiterten Definitionsmodell besteht zudem keine semantische Notwendigkeit, „Geschehen" zwangsläufig als funktional auszulegen, wie Brezinka es tut (1990, 68). Von einem Geschehen muß nicht notwendigerweise auch eine Wirkung ausgehen. So wie die Kategorien „Handlungs-" bzw. „Geschehensbegriffe" verstanden werden können, ist es möglich, die Termini „Handlungsbegriff" und „intentionaler Begriff" gleichzusetzen sowie den Terminus „Geschehensbegriff" mit „situationaler Begriff" (nicht „funktionaler"!). „Geschehen" ist damit der Oberbegriff von „Handlung". Auch eine Handlung ist ein Geschehen. Damit ist der hier vorgeschlagene situationale Sozialisationsbegriff ein Geschehensbegriff.

Wie schon angedeutet würde Brezinka auf den Ausdruck „Sozialisation" eigentlich gern völlig verzichten (vgl. Abschnitt 1.4.1.3). Als „Notlösung" plädiert er, ihn im Sinne eines innerpersonalen Lernprozesses zu verwenden und unter „Sozialisationsbedingungen" die sozial-kulturellen Umweltfaktoren und Beeinflussungsvorgänge zu verstehen, die als Determinanten von Lernprozessen „angenommen werden" (Brezinka 1989, 269f). Seiner Auffassung nach wird „Sozialisation" zu einer inhaltlich spezifischen Form von Lernprozessen, und zwar zu solchen, die das *soziale* Verhalten und Erleben fördern. Damit wäre „Sozialisation" ein innerer Prozeß im Sozialisanden, nicht einer des Sozialisators, und unterscheidet sich damit schon im Begriffskern vom situationalen Sozialisationsbegriff. Brezinkas „Notlösung" entspringt dem Bemühen, denjenigen Begriffskern, auf den die meisten Definitionen von „Sozialisation" zurückgreifen, präzise zu fassen. Allerdings ist ein solcher Sozialisationsbegriff im Grunde entbehrlich, da sein Bedeutungsgehalt im Prinzip durch den gängigen Lernbegriff abgedeckt ist. Denn nach diesem Verständnis besteht der Begriffskern aus einem Lernvorgang. „Sozialisieren" heißt dann „lernen". Brezinkas Terminus „Sozialisationsbedingungen" rückt aber in die Nähe des situationalen Sozialisationsbegriffs.

1.4.3 Erziehungsmittel und Sozialisationsfaktoren im erweiterten Definitionsmodell

Erziehung und Sozialisation sind abstrakte Sammelkategorien. In der Kommunikationspraxis müssen solche Sammelbegriffe oftmals in differenzierende Einzelform-Begriffe, wie z.b. „erzieherische Handlungen", „Erziehungsmaßnahme" oder „-mittel", aufgelöst werden. Das Definitionsmodell der Intentionalität vs. Funktionalität wurde in der Pädagogik hauptsächlich im Zusammenhang mit dem allgemeinen Erziehungsbegriff diskutiert. Weit weniger explizite Festlegungen lassen sich dagegen in Bezug auf konkrete Erziehungsmittel finden. Der Grund dafür ist wohl darin zu sehen, daß es gewissermaßen plausibel erscheint, alle erzieherischen Einzelhandlungen analog zum allgemeinen Erziehungsbegriff festzulegen. Dabei können sich allerdings Folgefragen ergeben, welche einen differenzierteren Blick auf die Erziehungsmittel-Definition lohnenswert erscheinen lassen.

1.4.3.1 Definitionen im Lichte des einfachen Kausalverhältnisses

Tatsächlich wurde vorgeschlagen - und auch diese Arbeit folgt diesem Vorschlag - Erziehungsmittel intentional zu definieren. Demnach werden bestimmte Verhaltensweisen dann zu Erziehungsmitteln, wenn sie in erzieherischer Absicht ausgeführt werden, nicht erst dann, wenn sie tatsächlich Lernprozesse bedingen. Dies gilt analog auch für konkrete Einzelbezeichnungen verschiedener Erziehungsmittel: Z.B. wird verbales Verhalten dadurch zum „Lehren", daß damit Lernen ausgelöst werden soll, nicht unbedingt erst dadurch, daß jemand auch dabei tatsächlich etwas lernt (Brezinka 1995, 239, 241; Geißler 1973; Hobmair/Treffer 1979, 74; Langeveld 1969, 113f; Netzer 1972, 89; Oswald 1973, 17ff; Weber 1969, 11ff).

Daneben wird aber auch dafür plädiert, Erziehungsmittel funktional zu definieren (z.B. Trost 1966, 32; vgl. Brezinka 1995, 239). John Deweys Argument für eine funktionale Festlegung des Erziehungsmittels „Lehren", nämlich das Lehren und Lernen mit dem Verkaufen und Kaufen zu vergleichen (1951, 31 zit. nach Klauer 1973, 16), kann insofern nicht überzeugen, als bei den Vorgängen des Verkaufens und Kaufens eine semantisch zwingende Koppelung vorliegt: eine Ware, die verkauft wird, wird immer im Gegenzug von jemandem gekauft. Eine derartige Koppelung ist bei Lehrvorgängen und Lernprozessen nicht gegeben (zum Leidwesen aller Lehrenden). Im allgemeinen Sprachgebrauch wird das Erziehungsmittel „Lehren" intentional oder 'funktional' (eigentlich: situational) verstanden. Beides ist möglich. Gegen eine funktionale Bestimmung von „Lehren" spricht die allgemeine Erfahrung, daß in einer Unterrichtsstunde einige Schüler etwas gelernt haben, andere jedoch nicht. Würde der Lehr-Begriff im funktionalen Sinn ernstgenommen werden, so hätte eine Lehrkraft in solchen Fällen paradoxerweise gelehrt und gleichzeitig nicht gelehrt (Klauer 1973, 17).

Ferner spricht gegen eine funktionale Auffassung von „Erziehungsmittel", daß dieser Begriff dadurch auf die ausschließliche Brauchbarkeit im Rahmen von Aussagen zur ideellen Welt eingeengt wäre (vgl. Abschnitt 1.4.1.2). Die funktionale Festlegung der Erziehungsmittel wäre noch unpraktischer als diejenige des Erziehungsbegriffs, da der Kontext, in dem von konkreten Erziehungsmitteln die Rede ist, der realen Welt meist näher steht als der Kontext, in dem allgemein von Erziehung an sich gesprochen wird.

Der abstrakte Begriff „Erziehung" kann in die konkreten Einzelbezeichnungen wie „Erziehungsmittel" oder „Erziehungspraktiken" aufgelöst werden. Ein einheitlich verwendeter Begriff als Gegenstück zu „Erziehungsmittel" hat sich im Sozialisationsbereich zur Bezeichnung einzelner sozialisierender Situationen oder Verhaltensweisen noch nicht durchgesetzt. Langeveld gebraucht dafür den Ausdruck „Erziehungsfaktoren". Dasselbe Verhalten, sogar mit derselben Wirkung, könne einmal ein „Erziehungsmittel" sein - wenn es intentional eingesetzt wird - und einmal ein „Erziehungsfaktor" - wenn es „funktional" erfolgt (Langeveld 1969, 113f). Netzer (1972, 18) spricht im „funktionalen" Fall von „Prägefaktoren". Um durch die Wortwahl deutlicher von „Erziehung" zu trennen und gegen die funktionale Festlegung abzuheben, soll hier der Begriff „Sozialisationsfaktor" für die Konkretisierung von lernanregenden Einzelsituationen verwendet werden. Die zunächst naheliegende terminologische Parallele „Sozialisations*mittel*" für „Sozialisationsfaktor" würde sich nicht mit der situationalen Festlegung vertragen, da der Terminus „Mittel" einen Zweck, also eine Absichtlichkeit impliziert. Ein Sozialisationsfaktor verhält sich logisch zum Abstraktum „Sozialisation" wie ein Erziehungsmittel zum Abstraktum „Erziehung". Aus den oben erwähnten Gründen wird vorgeschlagen, den Begriff „Sozialisationsfaktor" analog zum Sozialisationsbegriff situational festzulegen.

Beim Sozialisationsfaktor „operante Konditionierung" ist die Berücksichtigung des Definitionsmodells bereitsüblich. Wenn „Verstärker" eingesetzt werden, so kann man nicht sicher sein, ob sie auch tatsächlich eine verstärkende Wirkung ausüben. Genau genommen müßte vorsichtigerweise von „mutmaßlichen Verstärkern" gesprochen werden: nur im „lockeren" Sprachgebrauch werden beide gleichgesetzt. Es wurde auch vorgeschlagen, mutmaßliche Verstärker mit „reinforcer" (Verstärker) und den erwarteten Effekt mit „reinforcement" (Verstärkung) zu bezeichnen. Diese Unterscheidung konnte sich jedoch nicht durchsetzen (Klauer 1973, 20f). Im Deutschen scheinen, soweit überhaupt begrifflich getrennt wird, „Verstärkung" bzw. „verstärken" intentional benutzt zu werden und „Verstärker" funktional. Nach Zimbardo (1992, 244) werden „Verstärker" und „Verstärkung" „empirisch definiert", also funktional.

1.4.3.2 Definitionen im Lichte des zweifachen Kausalverhältnisses

Die vorangegangenen Ausführungen ließen die Frage außer acht, was genau unter „Absicht" bzw. „Wirkung" bei Erziehungs*mitteln* zu verstehen ist. Um diese Frage zu klären, muß der Erziehungsmittel-Begriff differenzierter betrachtet werden.

Erziehung ist ohne Erziehungsziele nicht denkbar (z.B. Breinbauer 1980, 304; Weber 1977, 79). Die Intention des Erziehers beim Einsatz eines bestimmten Erziehungsmittels bezieht sich auf die Erreichung und Verwirklichung eines Erziehungsziels. Etliche Begriffe des Handelns bezeichnen eine Tätigkeit und gleichzeitig ihren *Effekt* (vgl. Abschnitt 1.4.1). Einige dieser Handlungen wie „loben", „strafen", „steuern" und „überzeugen" können auch als Erziehungsmittel dienen, sofern sie gezielt als Lernhilfe eingesetzt werden. Allerdings sind die kurzfristigen *Effekte*, auf die diese Tätigkeiten abzielen, nicht mit den als Erziehungszielen erhofften langfristigen Erziehungswirkungen im Sinne der Lernwirkungen identisch. Die Tätigkeit des Strafens führt beispielsweise zunächst zum Effekt, daß sich der Bestrafte tatsächlich gestraft fühlt, er also die Strafe als aversiven Reiz wahrnimmt. Wenn aber Strafe erzieherisch eingesetzt wird, dann besteht das *Erziehungs*ziel nicht darin, daß sich jemand gestraft fühlt. Dies ist lediglich ein Zwischenziel. Das eigentliche Erziehungsziel beim Vorgang des Strafens ist ein bestimmtes Verhalten, das der Zu-Erziehende auf Dauer aufrechterhalten oder unterlassen soll (vgl. Brezinka 1995, 166). Mit dem Einsatz von Erziehungsmitteln verfolgt man also nicht nur eine einzige Intention, sondern mindestens zwei hintereinander gereihte Intentionen bzw. Ziele, die entsprechend auf zwei Wirkungen abzielen, wobei die zweite Wirkung von dem Eintritt der ersten abhängt:

- Das eigentliche *Erziehungsziel* bezieht sich auf einen Lernprozeß, der zu einer dauerhaften Dispositions- und Verhaltensänderung führt.
- Das *Rezeptionsziel* ist als aktuelles Zwischenziel dem langfristigen Erziehungsziel vorgeschaltet. Das Rezeptionsziel bezieht sich auf eine mehr oder weniger unmittelbare aktuelle Verhaltensänderung des Adressaten, kognitiver, emotionaler oder motorischer Art. Diese kurzfristige Verhaltensänderung ist nicht mit dem beabsichtigten Lerneffekt zu verwechseln.

Bsp.: Eine Mathematik-Lehrerin lobt einen Schüler (Ermutigungsmittel), um ihn für ihr Fach zu interessieren (Erziehungsziel). Sie baut darauf, daß ihr positiver schriftlicher Kommentar zu seinen Hausaufgaben (Erziehungshandeln) den Schüler erfreut und ihn mit Stolz auf seine Leistungen erfüllt (Rezeptionsziel). Wird jemand gelobt oder belohnt, bleibt zunächst abzuwarten, ob er sich tatsächlich gelobt fühlt. Möglicherweise legt der Schüler den Kommentar als ironisches Lob aus und fühlt sich deshalb eher beschämt. Im Sinn dieser Differenzierung ist Geißlers Aussage zu verstehen, daß Lob nicht direkt ermutigt. Erst die Wirkung des Lobs auf die „psychische Verfassung" des Gelobten führe zur Ermutigung (1973, 114-116).

Das Erreichen des Rezeptionsziels, also der Rezeptionserfolg, ist als intervenierende Variable eine notwendige Bedingung, um das Erziehungsziel erreichen zu können. Die unmittelbare Wirkung der Erziehungshandlungen, der Rezeptionserfolg, wird zu einer Ursache für den späteren „Zustand" des Zu-Erziehenden, welcher dem Erziehungsziel entspricht (Oelkers/Lehmann 1983, 74). Der Rezeptionserfolg, nämlich die tatsächliche Akzeptanz des Erziehungsmittels durch den Zu-Erziehenden, kann aus der Wahrnehmung des Erziehungsmittels, aus der richtigen Interpretation des Mittels oder aus seiner kognitiven Verarbeitung bestehen. In der Sprache der Kommunikationstheorie ausgedrückt kann ein Rezeptionsziel die richtige Dekodierung der gesendeten Botschaft des Erziehungsmittels sein, also sein kognitiver oder auch emotionaler Empfang. Ein Lob als Erziehungsmittel ist dann beim Adressaten „angekommen", wenn sich der Angesprochene tatsächlich gelobt fühlt, nicht bereits dann, wenn er versteht, daß der Sender zwar ein Gefühl des „Gelobtwerdens" in ihm wecken wollte, er also die Kommunikationsabsicht richtig dekodiert, diese Absicht aber emotional ablehnt, da er den Lobenden bzgl. der Beurteilung der gelobten Leistung für inkompetent hält.

Diagramm 12: Zweck-Mittel-Schemata

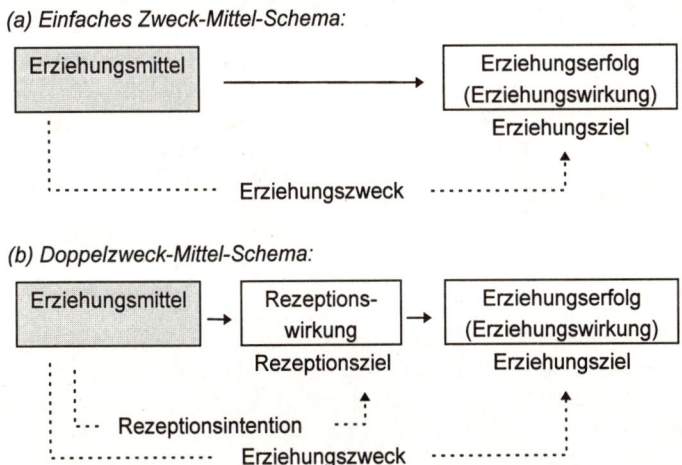

(a) Einfaches Zweck-Mittel-Schema:

(b) Doppelzweck-Mittel-Schema:

Die durchgezogenen Pfeile symbolisieren tatsächliche funktionale Verbindung unter Erfolgsbedingungen. Die unterbrochenen Pfeile symbolisieren beabsichtigte Wirkungen.

Die Unterscheidung zwischen dem Rezeptionsziel und dem Erziehungsziel führt zu einer Ausdifferenzierung des Zweck-Mittel-Schemas. Das (einfache) Zweck-Mittel-Schema sensu Brezinka (1995, 218ff) wird damit zu einem

Doppelzweck-Mittel-Schema erweitert (Diagramm 12). Statt von „Ziel" spricht Brezinka von „Zweck". Zwecke sind Ziele, die mit einem Mittel verbunden sind, während Ziele auch ohne Angabe eines Mittels vertreten werden können. Zwecke bilden also einen Teilbereich von Zielen.

Erziehungsmittel haben bezüglich des Rezeptionsziels (-zweckes) eine kurzfristige „Rezeptionsintention" und bezüglich des Erziehungsziels eine langfristige Erziehungsintention. Die „Rezeptionswirkung" ist die Rezeption des Mittels durch den Zu-Erziehenden. Durch die Erreichung der Rezeptionswirkung selbst wird noch nicht gelernt. Die Rezeptionswirkung ist lediglich eine Voraussetzung für den beabsichtigten Lernprozeß.

Die Anwendung von Erziehungsmitteln kann in Bezug auf das Rezeptionsziel als „aktualeffektive" Intervention der Akquisitionsphase (Erwerb einer Disposition durch Lernen) betrachtet werden, hinsichtlich des Erziehungsziels als „posteffektive" Intervention für eine spätere Applikationssituation. Aktualeffektive Interventionen bauen auf sofortige Auswirkungen, posteffektive auf langfristige Veränderungen (vgl. Ludwig im Druck). Aktualeffektive Interventionen werden genau dann im Alltag angewendet, wenn deren Effekt aktuell benötigt wird. Der Zeitpunkt der Durchführung deckt sich mit dem Zeitpunkt der Nutznießung (z.B. Akuthilfe, Krisenintervention). Posteffektive Interventionen werden vorgreifend in einer Akquisitionsphase durchgeführt (z.B. Erlernen einer Fremdsprache), um später in einer Applikationssituation „automatisch" Nutzen zu bringen (z.B. Auslandsaufenthalt).

Für alle in der Literatur oft genannten Erziehungsmittel lassen sich neben den Erziehungszielen auch Rezeptionsziele ausmachen (z.B. Ballauff 1962; Birnbaum 1950; Domke 1991; Geißler 1973; Giesecke 1987; Langeveld 1969; Netzer 1972, 92ff; Oswald 1973; Spieler 1944a; Trost 1966; Wexberg 1931). Bestimmte Rezeptionsziele sind je nach Erziehungsmittel mehr oder weniger deutlich bereits begrifflich impliziert.

Beispiele:
- „Unterrichten" und „Lehren" als Erziehungsmittel bauen auf den Rezeptionszielen „zuhören", „mitdenken", „verstehen" auf.
- Das Erziehungsmittel „positive Verstärkung" baut darauf, daß der Verstärker als angenehmer Reiz als Rezeptionsziel empfunden wird.
- Die Erziehungsmittel „Strafe" und „Tadel" bauen darauf, daß die Reaktion des Erziehers als aversiver Reiz empfunden wird (Rezeptionsziel). Bisweilen können Strafmittel bei Menschen, die in einer zuwendungsarmen Atmosphäre leben, als angenehm empfunden werden. Bei ihnen wird dieses Rezeptionsziel nicht erreicht.
- Erziehungsmittel, die eine Aufforderung, einen Imperativ darstellen, wie z.B. „verbieten", „anleiten", „anweisen", „bitten", „Aufgaben stellen", „Aufträge erteilen", verfolgen das Rezeptionsziel, daß ihnen Folge geleistet wird. Das Folgeleisten ist aber nicht das Erziehungsziel. Das

Erledigen der Hausaufgaben ist z.B. ein Rezeptionsziel. Es ist die Voraussetzung für die Festigung des Unterrichtsstoffs als Erziehungsziel.

- Indirekte Erziehungsmittel bauen darauf, daß sie zur Beschäftigung anregen (z.B. Spielsachen) oder überhaupt vom Zu-Erziehenden wahrgenommen werden.

Beide Ziel-Aspekte der Erziehungsmittel, sowohl das Rezeptions- als auch das Erziehungsziel, werfen die Frage nach dem Erfolg auf. Bei der Verwendung bestimmter Erziehungsmittel ist also nicht nur die Erziehungswirkung, sondern auch die Rezeptionswirkung prinzipiell als ungesichert zu betrachten. Dies hat Konsequenzen für die Begriffsfestlegung. Denn die Frage der Intentionalität versus Funktionalität (bzw. Situationalität) muß bei Erziehungsmitteln zweifach gestellt werden.

In Bezug auf das einfache Zweck-Mittel-Schema wurde die Definitionsfrage schon geklärt. Der Begriff „Erziehungsmittel" wird folglich intentional definiert (Abschnitt 1.4.1.1). Eine Handlung wird also dann zum Erziehungsmittel, wenn sie mit der Absicht der Erreichung eines Erziehungsziels verbunden ist. Lob und Tadel werden also z.B. zu Erziehungsmitteln, wenn sie mit erzieherischer Absicht erfolgen. Mit der intentionalen Definition der Erziehungsmittel ist die basale Voraussetzung zu dieser Festlegung jedoch noch ungeklärt: Welche definitorischen Bedingungen müssen erfüllt sein, damit überhaupt von Lob und Tadel gesprochen werden kann? Will man eine Tätigkeit auch dann „loben" oder „tadeln" nennen, wenn sich der Adressat nicht gelobt oder getadelt fühlt? Diese Fragen können prinzipiell mit allen vier Kombinationsmöglichkeiten von Absicht und Wirkung des erweiterten Definitionsmodells beantwortet werden (siehe oben Abschnitt 1.4.2).

In Erziehungssituationen verfolgt der Erzieher mit seinem Handeln die Absicht, ein bestimmtes Erziehungsziel zu erreichen. Damit ist aber auch verbunden, daß er auf eine Rezeptionswirkung seines Verhaltens abzielt. Hier wird vorgeschlagen, diese Rezeptionsabsicht in die jeweiligen Begriffe für konkrete Erziehungsmittel auf definitorischem Weg mit aufzunehmen und Erziehungsmittel intentional zu definieren. Demzufolge kann ein erzieherisch eingesetztes Verhalten dann Lob oder Tadel genannt werden, wenn damit die Intention verfolgt wird, daß sich der Zu-Erziehende gelobt oder getadelt fühlt, unabhängig davon, ob dies tatsächlich zutrifft (vgl. Weber 1969, 13). Diese Festlegung analog zur Festlegung des Erziehungsbegriffs scheint die praktikabelste zu sein. Hier gilt die gleiche Begründung wie beim Erziehungsbegriff selbst. (Um nicht noch eine weitere Komplexitätsebene einziehen zu müssen, sei der Einfachheit halber unterstellt, es bestehe Konsens darüber, was die jeweilige Rezeptionswirkung der einzelnen Mittel ist, also z.B. was „Sich-gelobt-fühlen" bedeutet. Detaillierteren Aufschluß darüber erhält man ohnehin nicht in generalisierenden Ausführungen, sondern nur über die separate Auseinandersetzung mit jedem nur denkbaren Erziehungsmittel, ein Bemühen, welches den Rahmen der vorliegenden Arbeit bei weitem sprengen würde.)

Jegliches Verhalten, das durch eine entsprechende Intention zum Erziehungsmittel wird, kann auch außerhalb erzieherischer Zusammenhänge gezeigt werden, also ohne erzieherische Absicht. Für nicht-pädagogische Zusammenhänge wird vorgeschlagen, die Begriffe für entsprechende Verhaltensformen situational zu definieren. D.h.: Ein Verhalten kann demzufolge bereits dann als „loben" oder „tadeln" beschrieben werden, wenn es dahingehend interpretiert wird, daß sich der Adressat als Rezeptionswirkung gelobt oder getadelt fühlen *könnte*. Diese Festlegung hat den Vorteil, daß in der realen Welt nicht permanent von *potentiellem* Lob oder Tadel gesprochen werden muß. Sie dürfte weitgehend dem Gebrauch solcher Tätigkeitswörter in der Umgangssprache entsprechen. Diese Festlegung gilt für alle nicht-pädagogischen Lebenszusammenhänge: Dazu gehören Sozialisationszusammenhänge (verbunden mit Annahmen von möglichen Lerneinflüssen), aber auch sozialisationsfreie Lebenszusammenhänge (frei von solchen Annahmen). Verhaltensweisen können demnach also z.B. als „loben" oder „tadeln" bezeichnet werden, wenn unterstellt wird, daß sich der Gesprächspartner dadurch gelobt oder getadelt fühlen könnte. Dabei ist es ohne Bedeutung, ob man sich einen daraus erwachsenen Lerneinfluß vorstellen kann (Sozialisationszusammenhänge) oder nicht (sozialisationsfreie Lebenszusammenhänge). Diese Differenzierung weist darauf hin, daß Lob und Tadel natürlich auch in Lebenssituationen erscheinen, die nicht mit (möglichen) Lernprozessen in Verbindung gebracht werden.

Die Unterscheidung zwischen der Rezeptionswirkung und der Sozialisationswirkung hinsichtlich von Sozialisationsprozessen kann nicht in den Rahmen des „Doppelzweck-Mittel-Schemas" eingeordnet werden, da bei Sozialisationsvorgängen definitionsgemäß eben zwangsläufig keine Ziele formuliert werden. Hier müßte ein analoges Modell, etwa ein „Wirkungsannahme-Schema" entworfen werden, das ähnliche Stufen wie das „Kausalschema" (Brezinka 1989, 257, 261) enthält, aber berücksichtigt, daß es sich bei der Sozialisation nur um potentielle Wirkungen handelt.

Diese situationale Festlegung von Verhaltensformen dürfte sogar weitgehend dem natürlichen Sprachempfinden und -gebrauch entsprechen. Weder die Intention der verhaltenden Person (z.B. des „Lobenden") noch die tatsächliche Rezeption beim Empfänger (z.B. des „Gelobten") sind in der Umgangssprache häufig dafür ausschlaggebend, ein Verhalten „loben", „strafen", „ermutigen" oder „erklären" zu nennen, sondern vielmehr die für möglich gehaltene Wirkung.

Zusammenfassung der eigenen Definitionsvorschläge: Sowohl der Begriff „Erziehung" als auch der Begriff „Erziehungsmittel" sind intentional zu verstehen; und zwar der Erziehungsmittel-Begriff in zweifacher Weise; in Bezug auf das Rezeptionsziel und das Erziehungsziel. Sowohl der Begriff „Sozialisation" als auch der Begriff „Sozialisationsfaktor" sind situational zu verstehen; letzterer auf zweifache Weise; in Bezug auf die Rezeptionswirkung und die Sozialisationswirkung. Diese Festlegungen haben den Vorteil, daß sie im gleichen Verhältnis zueinander stehen wie Erziehung und Sozialisation. Sie können also als hierarchisch betrachtet werden. Einzelne Sozialisations-faktoren sind derselben Verhaltensweise als Erziehungsmittel übergeordnet. Jedes Erziehungsmittel ist also gleichzeitig ein Sozialisationsfaktor. Ein erzieherisches Lob kann auch dann noch als ein Lob bezeichnet werden, wenn die Lernförderabsicht wegfällt.

1.4.4 Definitionsanwendung auf das Erziehungsmittel „Ermutigung"

Nun kann die Ernte des vorausgegangenen definitorischen Exkurses einge-fahren werden. Die Differenzierungen und allgemeinen terminologischen Fest-legungen werden im folgenden explizit auf das Erziehungsmittel „Ermu-tigung" übertragen. Damit wird die eingangs gestellte Frage beantwortet, ob „Ermutigung" als Wirkungsbegriff oder als Absichtsbegriff festgelegt werden soll. Ermutigung als Erziehungsmittel verfolgt zwei Ziele:

- Das *Rezeptionsziel* bei allen Ermutigungshandlungen ist die Zunahme an Zuversicht als Rezeptionswirkung.
- Das *Erziehungsziel* bei Ermutigungshandlungen kann je nach Anwen-dungsbereich verschieden ausfallen. Im jedem Fall handelt es sich um ein Lernergebnis, das mit Hilfe des Rezeptionsziels „Zuversichtserhöhung" erreicht werden soll.

Ermutigung ist als Erziehungsmittel in Bezug auf die *Rezeptionswirkung* intentional definiert. Jedes Handeln, das mit erzieherischer Absicht verbunden ist, und das auf die Steigerung der Zuversicht als Rezeptionswirkung abzielt, kann also als Ermutigung bezeichnet werden, unabhängig davon, ob es auch zu einer tatsächlichen Zuversichtssteigerung führt. Aus dieser Perspektive ist Ermutigung eine Handlung, die durch ihr Ziel festgelegt ist (Antoch 1981, 152), nicht durch ihre Zielerreichung. Obwohl es bei der Ermutigung - wie bei allen Erziehungsmitteln - weniger darum geht, „was man beabsichtigt, als darum, wie es aufgefaßt wird" (Schoenaker 1994b, 125), erscheint es aus pragmatischen Gründen sinnvoll, den Begriff als Absichtsbegriff und nicht als Wirkungsbegriff festzulegen.

Andere Autoren verwenden den Ermutigungsbegriff funktional und müssen das Handeln mit „Ermutigungsabsicht" als „Ermutigungs*versuch*" umschreiben (z.B. Dreikurs 1975, 76; Antoch 1981, 145; vgl. Wieland 1944, 297). Es muß dann der zu ermutigenden Person überlassen bleiben, die Frage zu beantworten, ob ein entsprechender Versuch erfolgreich verlaufen ist und damit als Ermutigung beschrieben werden darf (Antoch 1981, 145). Die Schwierigkeit, den funktionalen Ermutigungsbegriff sprachlich durchzu-halten, wird ungewollt in einigen Schriften durch inkonsistente Anwendung bzw. Vermischung von intentionaler und funktionaler Begriffsverwendung selbst demonstriert;

z.B. in der paradoxen Formulierung, daß eine zum Ausdruck gebrachte Ermutigung nicht als Ermutigung empfangen wird (Schoenaker 1994b, 124). Antoch spricht beispielsweise von „Ermutigungsversuch", was eine funktionale Bedeutung unterstellt, und kommt folgerichtig zum Ergebnis, daß dann nur der Zu-Ermutigende, die Frage beantworten kann, ob eine „*Ermutigung* erfolgreich verlaufen ist" (1981, 145). Im wörtlich zitierten Satzteil dürfte aber dann das Wort „Ermutigung" nicht gebraucht werden, da ein nicht erfolgreich verlaufendes Handeln in diesem Fall eben definitionsgemäß keine Ermutigung wäre. An anderer Stelle meint er, Ermutigen könne „immer nur als ein Versuch aufgefaßt werden, das genannte Ziel zu erreichen" (1981, 152), was eine intentionale Bedeutung nahelegt. Entweder ist der Versuchscharakter im Begriff selbst inbegriffen (intentionales Verständnis) oder er wird dem Begriff hinzugefügt, indem man vom „Ermutigungs-versuch" spricht. Im zweiten Fall ist „Ermutigung" selbst ein funktionaler Begriff. Beides zu tun, schließt sich begriffslogisch aus. Mitunter wird auch erklärterweise „Ermutigung" gleichzeitig als Wirkungs- und als Absichtsbegriff verwendet: Nach Henz kann die Ermutigung ein Ziel und ein Mittel sein (1964, 45).

Ermutigung ist als Erziehungsmittel auch in Bezug auf die Erreichung der *Erziehungswirkung* intentional festgelegt. Eine Ermutigung, die mit erzieherischer Absicht eingesetzt wird, gilt damit als Erziehungsmittel, unabhängig davon, ob die erzieherische Wirkung auch erreicht werden kann (Diagramm 13).

Diagramm 13: Doppelzweck-Mittel-Schema bei der Ermutigung

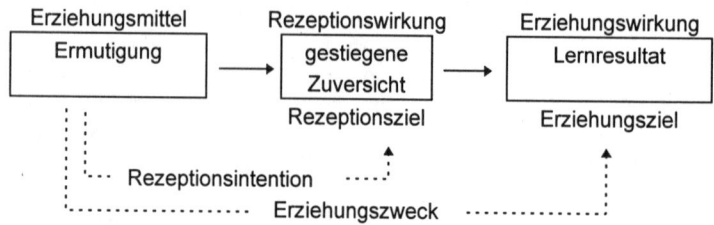

Die durchgezogenen Pfeile symbolisieren tatsächliche funktionale Verbindung unter Erfolgsbedingungen. Die unterbrochenen Pfeile symbolisieren beabsichtigte Wirkungen.

Das Doppelzweck-Mittel-Schema vereinfacht die Kausalschritte im Vergleich zum Prozeßmodell der Ermutigung, das zwischen der Stufe „Zuversicht" und der „Erziehungswirkung" mit der Stufe der Verhaltenskonsequenz noch weiter ausdifferenziert ist (vgl. Abschnitt 1.2). Ermutigungsmittel als Erziehungs-mittel sind auf ein Erziehungsziel (Lernziel) ausgerichtet. Nicht alle Ermutigungen sind Erziehungsmittel, nämlich dann nicht, wenn sie nicht mit der Absicht ausgeführt werden, Lernprozesse anzuregen. Solche erziehungsfreien Ermutigungssituationen oder Ermutigungsverhaltensweisen können trotzdem Zuversicht vermitteln. Sie können zwei Formen annehmen: Eine Ermutigungssituation ohne erzieherische Absicht ist entweder ein Sozialisationsfaktor (wenn sie als Lernanreiz gilt) oder eine sozialisationsfreie Ermutigung in einem sehr allgemeinen Sinn (wenn nicht unterstellt wird, daß von ihr eine Lernwirkung ausgehen kann).

Bsp.: Eine sozialisationsfreie Ermutigungssituation kann die Erfahrung von Erfolg sein. Erfolgserfahrungen machen i.d.R. zuversichtlich, ohne daß dabei zwangsläufig etwas als Folge der Zuversichtsförderung gelernt wird.

In diesen beiden (erziehungsfreien) Fällen sind Ermutigungen *situational* definiert. D.h.: Situationen, Ereignisse oder Verhalten können dann als Ermutigung bezeichnet werden, wenn sie als zuversichtsanregend verstanden werden, wenn sie also eine Voraussetzung darstellen, daß Zuversicht entwickelt wird. Mit anderen Worten: Eine Ermutigung ist eine Situation, welche die Entwicklung von Zuversicht anregt, aber nicht zwangsläufig tatsächlich auslöst. Wird von solchen Ermutigungen zusätzlich angenommen, daß sie Lernprozesse anregen können, so handelt es sich um Sozialisationsfaktoren; bzw. - spezieller bezeichnet - um „Ermutigungsfaktoren".

Bsp.: Sonnenschein versetzt manche Menschen in eine zuversichtliche Stimmung und wirkt sich so sogar förderlich auf Arbeits- und Lernverhalten aus. Er ist absichtslos ermutigend; und zwar in Bezug auf die Rezeptionswirkung „Zuversicht" und eine mögliche Sozialisationswirkung, etwa in Bezug auf ein Lernergebnis (vgl. Henz 1964, 95). Unter diesem Blickwinkel kann Sonnenschein als Ermutigungsfaktor (im Sinne einer sozialisierenden Ermutigung) angesehen werden.

Aufgrund der angestellten Überlegungen kann die Arbeitsdefinition von Ermutigung (vgl. Abschnitt 1.1.2) nun zusammenfassend präzisiert werden: *Mit „Ermutigung" i.w.S. wird die Eigenschaft situativer Gegebenheiten bezeichnet, als Stimuli den Aufbau von Zuversicht anzuregen. Kurz: „Ermutigung" ist Zuversichtsanregung. Ermutigung i.e.S. ist eine Handlung, mit der versucht wird, die Zuversicht einer Person zu stärken. Kurz: „Ermutigung" ist beabsichtigte Zuversichtsanregung.*

Die Definition i.w.S. ist situational festgelegt. Sie bezieht sich auf allgemeine Ermutigungen, also auch auf solche, die sich außerhalb eines Erziehungs- und Sozialisationskontexts ereignen. Eine Ermutigung in diesem allgemeinen Sinn ist eine zuversichtsanregende Situation. Eine ermutigende Situation besitzt also eine zuversichtsanregende Qualität. Ermutigung im allgemeinen Sinn ist der übergeordnete Begriff, der die Ermutigung im engeren, intentionalen Sinn als seine Subform mit einschließt. Beide Begriffe sind subjektiv determiniert: Die Ermutigung i.e.S. ist auf die subjektive Intention des Ermutigers fixiert; die allgemeine Ermutigung auf die subjektive Beurteilung des Begriffsanwenders, der situationsinterpretierend bestimmt, ob er eine Situation für zuversichtsanregend hält. Um dies unmißverständlich zum

Ausdruck zu bringen, könnte man auch formulieren: Eine Ermutigung (im allgemeinen Sinn) ist eine Situation, die als zuversichtsanregend *verstanden* wird. So ungewöhnlich diese Begriffsfestlegung auf den ersten Blick auch erscheinen mag; sie paßt die formellen Definitionen lediglich an das implizite Begriffsverständnis an, welches dem gängigen Gebrauch dieser Termini ohnehin zugrundeliegt: „Ermutigen" bedeutet (absichtlich) „Zuversicht anregen".

In pädagogischen Zusammenhängen kann die Festlegung im engen, intentionalen Sinn spezifischer gefaßt werden: Eine *pädagogische* Ermutigung ist eine Handlung, die im Zu-Erziehenden eine Erhöhung der Zuversicht anstrebt. Diese Spezifikation bezieht sich auf Ermutigungen als Erziehungsmittel.

1.5 Verstärkung und Ermutigung

Verstärkung im Sinne des operanten Konditionierens nach Burrhus F. Skinner ist ein der Ermutigung verwandtes Konzept. Konditionierende Erziehungsmaßnahmen werden oft in Verbindung mit Ermutigung gebracht (z.B. Domke 1991, 94; Dreikurs/Grunwald/Pepper 1976, 70; Heckhausen 1980a, 692; Ringel/Brandl 1980, 269; Hobmair/Treffer 1979, 79). Bei „Ermutigung" und „Verstärkung" handelt es sich allerdings um zwei unabhängige Konzepte mit einem gemeinsamen Überschneidungsbereich (Antoch 1981, 154). Das Ermutigungskonzept ist also weder durch die operante Konditionierung ersetzbar noch ersetzt es selbst die operante Konditionierung. Gleichwohl gibt es Berührungspunkte.

Verstärker können dann als Ermutigungsmittel interpretiert werden, wenn sie die Auftretenswahrscheinlichkeit eines Verhaltens durch Steigerung der Zuversicht erhöhen. Der Verstärker „ermutigt" dann die Ziel-Person, das verstärkte Verhalten zu wiederholen. Eine derartige Verbindung von Verstärkung und Ermutigung ist zwar durchaus denkbar; sie dürfte jedoch eher den Ausnahmefall bei Verstärkerprozessen darstellen.

Bsp.: Zu Beginn der Unterrichtseinheit „Einführung in Algebra" werden die vereinzelten guten Leistungen einer Schülerin, z.B. ihre richtigen Antworten, von ihrem Lehrer durch lobende Äußerungen systematisch verstärkt. Das führt in 'der Folgezeit zu anhaltend guten Leistungen in Algebra, da sie Zuversicht gewinnt und sich dadurch den Stoff leichter aneignen kann.

Das ursprünglich formulierte Konzept der operanten Konditionierung postuliert allerdings selbst weder die Steigerung positiver Erwartungen noch sonst einen anderen psychischen Mediator. Erklärtermaßen blendet dieses behavioristische Konzept jegliches interne Verhalten aus. Verstärkung bzw. 'Lernen am Erfolg' meint im Kern einen intern nicht näher definierten Vorgang, der bewirkt, daß die Frequenz des Auftretens eines offenen Verhaltens erhöht wird, wenn dieses Verhalten mit einem angenehmen Stimulus („Verstärker") gekoppelt wird. Die operante Konditionierung basiert auf einem 'input-output'-Modell: Sie ist unspezifisch gegenüber Mediator-Variablen formuliert, die potentiell zwischen 'input' und 'output' vermitteln. Solche Variablen bleiben in der 'black box' konzeptionell verborgen. Aus diesem Grund wird der Verstärkerbegriff als „zirkelschlüssig" betrachtet (Antoch 1981, 154; Westmeyer 1973).

Beim Ermutigungskonzept ist das anders: Wird jemand ermutigt, ein bestimmtes Verhalten beizubehalten, so wird auch etwas über seine Psyche ausgesagt, also darüber, wie das geschieht, nämlich durch Zuversichtssteigerung sowie über Motivation oder unwillkürliches Verhalten (vgl. Antoch 1981, 154). Die ablaufenden psychischen Prozesse werden also bei der Ermutigung nicht nur als Epi-Phänomene betrachtet. Ermutigung zielt damit „nicht darauf ab, das Verhalten unmittelbar zu beeinflussen" (Antoch 1981, 154); als Mediator wird mindestens die Änderung der Zuversicht angenommen. Das Ermutigungskonzept besitzt damit einen höheren Erklärungswert als das Verstärkerkonzept.

Es gibt Versuche, Reformulierungen des Verstärkerkonzepts vorzunehmen. Es ist jedoch fraglich, ob diese Reformulierungen tatsächlich - wie Antoch meint - „fast zwangsläufig in die Richtung des Ermutigungskonzepts" (1981, 154) gehen müssen. Es erscheint zudem durchaus sinnvoll, ein offenes Konzept der Verstärkung zu verwenden. Bei einem Teil der Anwendungsbereiche von Verstärkungsprozessen kann jedoch „Zuversicht" als zusätzliches Erklärungsmoment integriert werden. Um im Bild zu bleiben, könnte man sagen: Das Ermutigungskonzept bringt dann Licht in die 'black box' des operanten Konditionierens. Dieses Erklärungsmoment macht allerdings nicht bei allen Verstärkungsprozessen Sinn. Grundsätzlich kann jedes offene Verhalten verstärkt werden, z.B. auch das Verhalten „mit dem Kopf zu nicken". Man würde aber kaum davon sprechen, jemanden dazu „ermutigt" zu haben, mit dem Kopf zu nicken, da ein solches Verhalten kein besonderes Ausmaß an Zuversicht voraussetzt. Es gibt also *Verstärkungsprozesse ohne Ermutigung*, die mit Zuversichtssteigerung nicht näher erklärbar sind. „Ermutigung" als zusätzliches Erklärungsmoment für Verstärkungsprozesse ist nur dann sinnvoll, wenn das entsprechende Verhalten eine Leistung, also eine gewisse Hürde für den Verhaltenden darstellt, z.B. eine Lernleistung. Ist dies nicht der Fall (wie z.B. beim Kopfnicken), kommt als alternatives zusätzliches Erklärungsmoment unter anderem die Motivierung in Frage (im Sinne des Abschnitts 1.3.1.1).

Bsp.: In einem authentischen Fall haben pfiffige Psychologie-Studenten ihren Dozenten in einem Seminar (ironischerweise zum Thema „Operantes Konditionieren") konditioniert, sich vorwiegend an einer bestimmten Seite des Rednerpults aufzuhalten, indem sie ihn durch gezielt differentielle

Beteiligung an den Diskussionen dafür „belohnten". Diese Verhaltenssteuerung hat mit Ermutigung nichts zu tun, weil der Aufenthaltsort keine Leistungshürde darstellt, die zu nehmen, Selbstvertrauen abverlangt.

Andererseits kann auch *Ermutigung ohne Verstärkung* auftreten. „Ermutigung" ist also keine Teilklasse von „Verstärkung". Ermutigung kann immer dann nicht mit Verstärkung als Mittel erklärt werden, wenn sich die Ermutigung auf ein Verhalten bezieht, das noch nicht gezeigt worden ist. Denn die operante Konditionierung setzt voraus, das ein entsprechendes Verhalten zumindest einmal gezeigt wird, um es anschließend verstärken zu können. Ermutigung hingegen kann auch dann erfolgen, wenn das erwünschte Verhalten noch nicht aufgetreten ist.

Bsp.: Mit der ermutigenden Äußerung „Ich glaube, daß Du das schaffst" kann jemand zum Fahrradfahren-Lernen ermutigt werden, der noch nie auf einem Fahrrad gesessen ist.

Ermutigung erfolgt *vor* dem Ziel-Verhalten. Eine Verstärkung erfolgt, *nachdem* das Ziel-Verhalten einmal aufgetreten ist. Nach Antoch gilt: „Bevor man eine Verhaltensweise verstärken oder ermutigen kann, muß diese (wenigstens im Kern) schon vorhanden sein" (1981, 154). Dies trifft auf „Ermutigung" nur zu, wenn mit „Vorhandensein" die nötige Anlage oder Disposition zu einem bestimmten Verhalten gemeint ist. Das Verhalten selbst muß im Augenblick der Ermutigung nicht „vorhanden sein", soweit darunter die aktuelle Präsentation des Verhaltens verstanden wird.

Als weiteres Unterscheidungsmerkmal von Verstärkung und Ermutigung führt Antoch (1981, 154) die einseitige Kontrolle der Situation durch die konditionierende Person unter Ausschluß der Ziel-Person dar. Dies muß allerdings beim *pädagogischen* Einsatz von Konditionierungstechniken, z.B. wie sie im Rahmen der „Verhaltensmodifikation" formuliert wurden, nicht zutreffen (z.B. Adameit u.a. 1983).

2. Teil: Pädagogischer Stellenwert der Ermutigung

Die vorausgegangenen Überlegungen stellten eine Explikation des Ermutigungsbegriffs, das Ermutigungskonzept sowie sein nomologisches Netzwerk vor. Dabei konnten die Motivierung, verschiedene Formen der allgemeinen Effekte und der Bestätigungseffekte von Erwartungen und das lerntheoretische Konstrukt der Verstärkung als verwandte Konzepte ausgemacht werden, die jedoch mit dem Begriff „Ermutigung" nicht identisch sind und ihn somit nicht ersetzen können. Ermutigung kann folglich als ein eigenständiges pädagogisches Handlungskonzept bezeichnet werden. Im folgenden geht es um die Bedeutung von Ermutigung im *pädagogischen* Kontext.

2.1 Ermutigung als pädagogische Kategorie

Ermutigung kann, aber muß nicht zwangsläufig absichtsvoll geschehen. Sie geht auch völlig ungeplant von Verhalten von Menschen, von Situationen oder Dingen aus. Ermutigung, die mit der Absicht verbunden ist, Lernprozesse zu unterstützen, wird als Erziehungsmittel eingesetzt. Nicht jede Ermutigung, die möglicherweise Lernprozesse anregt, ist beabsichtigt, wie Beobachtungsstudien zeigen (Cruts 1991, 19). In solchen Fällen stellt die Ermutigung einen Sozialisationsfaktor dar.

Bsp.: Interpersonale Erwartungen der Eltern bezüglich der Schulleistung ihrer Kinder können als SFP die tatsächliche Schulleistung beeinflussen. Seginer vermutet, daß die unbeabsichtigte Ermutigung der Kinder durch ihre Eltern den Wirkmechanismus einer solchen SFP darstellt (1983, 7). Bei einer SFP ist der Wirkmechanismus immer unabsichtlich. Deshalb handelt es sich hierbei um ein Sozialisationsbeispiel, nicht um eines der Erziehung (vgl. Abschnitt 1.4.4).

Auch zielt nicht jede beabsichtigte Ermutigung auf Lernprozesse ab. Wenn z.B. jemand ermutigt wird, aus dem dritten Stock eines brennenden Hauses in ein Sprungtuch zu springen, geht es dabei nicht um Lernen im Sinne einer dauerhaften Verhaltensänderung, sondern um eine aktuell zu motivierende Entscheidung für eine Selbstrettungsaktion. Da es absurd wäre, in solchen Gefahrensituationen Lernhilfen geben zu wollen, handelt es sich dabei nicht um Erziehungsakte, obwohl hier absichtlich ermutigt wird.

Nicht einmal jede beabsichtigte Ermutigung, die in einem *pädagogischen* Umfeld erscheint, zielt auf Lernprozesse ab. Solche erziehungsfreien Ermutigungen sind damit auch keine Erziehungsmittel. Dies ist der Fall, wenn kommunikative „Türöffner", also Gesprächsangebote der Eltern, Kinder zum Weiterreden oder Sich-Aussprechen „ermutigen" sollen. Dabei geht es nicht primär um eine bestimmte dauerhafte Verhaltensänderung im Sinne eines Erziehungsziels, sondern um einen kurzzeitigen, unmittelbaren Effekt. Wenn im folgenden der Blickwinkel vor allem auf die pädagogische Ermutigung im Sinne eines Erziehungsmittels gerichtet wird, geschieht dies im Bewußtsein, daß nicht jede Ermutigung ein Akt von Erziehung sein muß.

2.1.1 Zielsetzung und Funktionen von Ermutigung

Ermutigung als Erziehungsmittel verfolgt immer ein bestimmtes Erziehungsziel. Es lassen sich dabei zwei pädagogische Funktionen oder Absichten unterscheiden: Entweder ist die erhöhte Zuversicht selbst das Erziehungsziel oder sie ist ein Rezeptionsziel, mit dessen Hilfe das Erziehungsziel erreicht werden soll, indem z.B. eine bestimmte Handlung des Zu-Erziehenden motiviert wird (vgl. Abschnitt 1.2). Diese beiden Funktionen der pädagogischen Ermutigung werden bisweilen nicht explizit voneinander getrennt. Eine deutliche Trennung läßt sich zumindest nach der primären Intention des Erziehers vornehmen. In ihrer tatsächlichen Auswirkung können allerdings beide Funktionen ineinander übergehen. Eine Ermutigung in Bezug auf ein bestimmtes Verhalten kann langfristig zu einer generalisierten Zuversicht führen. Das „Erlebnis des Könnens" strahlt dann auf andere Gebiete, auf denen nicht ermutigt wurde, ab und äußert sich so als „Gesamtermutigung" (Birnbaum 1950, 268; Birnbaum verwendet hier Ermutigung als einen Produktbegriff!). Solche Transferprozesse sind in der SFP-Forschung empirisch bestätigt worden (Übersicht bei Ludwig 1991, 202f). Zwei Ermutigungsformen, die Henz unterscheidet, umreißen diese beiden Funktionen (1964, 60-63): Die „virtuale Ermutigung" zielt auf den Aufbau einer generellen situationsübergreifenden „Muthaltung" als einer „elementaren Grundhaltung" ab, die sich in allen Leistungen einer Person niederschlägt. Virtual ermutigt wird ohne konkreten aktuellen Anlaß, gewissermaßen präventiv für künftige Lebenssituationen. Eine „situative Ermutigung" setzt in einer konkreten Situation einen „Mutimpuls" mit kurzdauernder Wirkung, um eine kurze „Mutflaute", einen „aktuellen Mutnotstand" überwinden zu helfen.

Henz weist darauf hin, daß die Unterscheidung zwischen situativer und virtualer Ermutigung eine „akzentuierende" ist, nicht eine absolut „determinierende". Eine situativ beabsichtigte Ermutigung kann also durchaus auch virtuale Bedeutung erlangen. Henz fügt den beiden Formen noch eine dritte hinzu, die „therapeutische Ermutigung", die hier unberücksichtigt bleiben kann, da sie auf einer anderen Dimension liegt und sich mit den beiden genannten inhaltlich überschneidet (1964, 62, 64f). Virtuale Ermutigung bzw. Zuversicht als Erziehungsziel wird angepeilt, wenn es um „Erziehung zu gesteigertem Selbstvertrauen", zu Vertrauen und Optimismus geht (z.B. Birnbaum 1950, 85ff; vgl. Brezinka 1993, 84; Hierdeis 1974, 42; Schoenaker 1994b) oder um die „mutige Persönlichkeit" (Henz 1964, 3, 57ff, 87, 114; Bopp 1932, 438f). Die virtuale Ermutigung erfolgt nach Henz in erster Linie durch die Familie, indem diese Rückhalt, Sicherheit und Zufluchtsmöglichkeiten gewährt (1964, 114). Friedrich Fröbel hat als Erziehungsziel „Selbstvertrauen" formuliert. Ein Beispiel für eine virtuale Ermutigung sind Kursangebote zur Selbstbehauptung und Selbstverteidigung für Frauen, die unter anderem auf die Stärkung des Selbstvertrauens abzielen (z.B. Ullrich u.a. 1980). Im vorliegenden Kontext soll es allerdings primär um die situative Ermutigung im konkreten Einzelfall zu einem konkreten Zweck gehen, wie sie im kausalen Prozeßmodell der Ermutigung und dem dualen Modell der Ermutigungskonsequenzen zum Ausdruck kommt.

2.1.2 Ermutigung als Erziehungsmittel

Ermutigung wird bei vielen Autoren explizit als ein „Erziehungsmittel" bzw. als „Erziehungsmaßnahme" bezeichnet (z.B. Oswald 1973, 39ff; Spieler 1944a; Ballauff 1962, 83). Die Theoriebildung zu den Erziehungsmitteln wirft einige Probleme auf: Es herrscht wenig Einigkeit hinsichtlich der Klassifikation der Erziehungsmittel. Jeder Autor bezieht andere Formen von Mitteln mit ein. Ihr Katalog läßt sich nicht quantitativ abschließen. Denn jede menschliche Umgangsform kann zum Erziehungsmittel werden (Brezinka 1995, 241; Geißler 1973, 31; Langeveld 1969, 119; Oswald 1973, 25; Uhl 1996, 19). Domke hält den Terminus „Erziehungsmittel" für gleichermaßen „treffend wie belastet" (1991, 133). Spieler weist auf die Schwierigkeiten hin, ihn begrifflich zu fassen (1944b, 13). Die meisten abstrakten Definitionsvorschläge harmonieren allerdings zumindest im Kern miteinander: „Erziehungsmittel" gelten als Maßnahmen und Situationen, mit denen erzogen wird (Geißler 1973, 22), als Handlungen und Situationen, die ausdrücklich zur Erreichung eines Erziehungsziels gesetzt werden (Langeveld 1969, 113), als konkrete Ausdruckformen, Handlungen und Maßnahmen des Erziehungswillens (Oswald 1973, 22). Als Synonyme für „Erziehungsmittel" werden die Begriffe „Methode", „Verfahren", „Erziehungsform" (Brezinka 1995, 236), „Methodenelement",

„Praktiken" (Domke 1991, 124), „Grundformen" bzw. „Ausdrucksformen pädagogischen Handelns" (Giesecke 1987; Hamann 1994, 26) oder „Erziehungsmaßnahmen" (Hobmair/Treffer 1979, 74) verwendet.

Grundsätzlich davon abweichende Festlegungen sind eher die Ausnahme: Spieler rechnet auch Voraussetzungen und allgemeine Prinzipien der Erziehung zu den „Erziehungsmitteln", wie z.B. „Autorität", „Liebe", „Vertrauen" oder „Geduld" (1944b, 12). Birnbaum subsumiert in seinem „Versuch der Systematisierung der Erziehungsmittel" (1950), ähnlich wie Ballauff (1962), auch Grundsätze, Voraussetzungen und Zielsetzungen der Erziehung unter „Erziehungsmittel" (siehe Kritik von Oswald 1973, 28; Langeveld 1969, 132).

Zu welchen Kategorien von Erziehungsmitteln gehört die Ermutigung und für welche Erziehungskonzepte ist sie in besonderem Maße geeignet? Ermutigung als Erziehungsmittel wird der „substantiellen Erziehung" zugeordnet, die nicht auf Nachfrage des Zu-Erziehenden erfolgt, sondern auf die Eigeninitiative des Erziehers hin (Domke 1991, 52, 130). Ermutigung gehört neben der Ermahnung zu den „präskriptiv anspornenden Redeformen" (Loch 1968, 74). In der Interaktionsanalyse zur Unterrichtsbeobachtung nach Flanders ist „Ermutigung" als „indirekte" Beeinflussung kategorisiert, die sich von direkten Beeinflussungen abhebt, wie z.B. der Anweisung, der Kritik-Äußerung und der Rechtfertigung (z.B. Krapp/Prell 1975, 83). Ermutigung ist nach der Schleiermacherschen Grundeinteilung keine „gegenwirkende" Erziehungsmaßnahme, wie Tadel und Bestrafung, sondern eine „unterstützende" (1902). Damit gehört Ermutigung zu den „positiven" Erziehungsmitteln, mit denen angestrebt wird, den eingeschlagenen Weg des Zu-Erziehenden weiterzuführen, nicht etwa ihn zu unterbrechen oder zu verhindern (Henz 1979, 203).

Ermutigung kann zu den Handlungsformen mit „vorwiegend anregendem Charakter" gezählt werden, die auf den Adressaten von Erziehung nur behutsam, zurückhaltend und indirekt Einfluß nehmen. Da solche Handlungsformen frei von absoluter Lenkung sind, schränken sie seinen Freiheits- und Entscheidungsspielraum nicht doktrinär ein (Domke 1991, 124ff). Denn Ermutigung zum Handeln grenzt sich gegen Anweisung für und Verpflichtung auf bestimmtes Handeln ab. Sie ist lösungs- und handlungsoffen (Dreikurs/Cassel 1991, 59). Erziehungsmittel mit vorwiegend anregendem Charakter stützen die Eigeninitiative und die Entscheidungsfreudigkeit. Wer hingegen stets gedrängt wird, verliert die Lust auf Initiative, drückt sich vor Entscheidungen, wird gleichgültig und reagiert schließlich nur noch unter Druck (Stroebe/Stroebe 1994, 19). Ermutigung dient zur „Schaffung eines produktiven Erziehungsklimas" (Loch 1965b, 404). Damit ist die Ermutigung als Erziehungsmittel in besonderem Maß für die „partnerschaftliche Erziehung" (Weber 1977, 50f), für eine „demokratische Erziehung" (Dinkmeyer/Dreikurs 1970, 11f, 37, 49, 82, 123) bzw. eine „liberale Erziehung" (Ludwig 1997a; 1997b) geeignet. Die Bedeutung der Ermutigung wird deshalb besonders in jenen Erziehungskonzepten - wie z.B. der individualpsychologischen Pädagogik - betont, die autokratische, autoritär-repressive Erziehungsformen ablehnen und auf Selbst-bestimmung, Mündigkeit und selbständiges Denken setzen (Söntgerath 1970, 381; vgl. Loch 1965a, 12; März 1994, 252; Weber 1994, 391).

In einer Untersuchung zur vorschulischen Sozialisation in Kindergärten und Eltern-Initiativ-Gruppen identifizierten Nickel, Schmidt-Denter & Ungelenk (1993) mit Hilfe einer Clusteranalyse drei Typen von Kindergarten-Erzieherinnen: (1) die ermutigende, anregende, sozial-emotional zugewandte Erzieherin, (2) die engagiert-strukturierende, emotional neutrale Erzieherin und (3) die gewährend-inaktive, neutrale Erzieherin. Die Autoren weisen darauf hin, daß das ermutigende Verhalten des erstgenannten Typs wesentliche Merkmale enthält, „die auch innerhalb der bisherigen erziehungspsychologischen Forschung als erstrebenswert für das Erzieherverhalten allgemein herausgestellt wurden, etwa im Sinne einer nichtautoritären, sozialintegrativen bzw. emanzipatorischen Erziehung" (Nickel u.a. 1993, 112) sensu Tausch & Tausch (1979) und Weber (1978). In dieser Studie ergab sich ein hochsignifikanter Zusammenhang zwischen dem ermutigenden Erzieherverhalten des ersten Typs und dem aktiv-kooperativen Sozialverhalten der Kinder (1993, 114).

2.1.3 Ermutigungsmittel

Es gibt jedoch auch Auffassungen, die davon abweichen, die Ermutigung als Erziehungsmittel einzuordnen: Henz bezeichnet die Ermutigung als ein „Prinzip" der Erziehung im Unterschied zu einem Erziehungsmittel (1964, 6). Er verwendet den Begriff „pädagogisches Prinzip" im Sinne Eggersdorfers (1954, 954) als „Zwischenkategorie" zwischen „Erziehungsmittel" und „Erziehungsziel". Pädagogische Prinzipien in diesem Sinn beziehen sich weniger auf einzelne Verhaltensweisen; sie bestimmen vielmehr „weithin und wesentlich" das erzieherische Verhalten (Henz 1964, 6). Im Unterschied zur Auffassung Henz' gehören Handlungsformen des Erziehers wie die Ermutigung - nach der hier verwendeten Definition - eindeutig zu den Erziehungsmitteln, nicht zu den Erziehungszielen, wenngleich Erziehungsmittel natürlich an Zielsetzungen ausgerichtet sind. Im übrigen dürfte Henz von der hier vertretenen Auffassung nicht weit entfernt sein. Denn seine näheren Ausführungen beschreiben „Ermutigung" als eine den Erziehungs*mitteln* (nicht den -*zielen*) übergeordnete Kategorie. Ein oder mehrere Mittel lassen sich demnach einem „Prinzip" zuordnen, worunter Leitlinien, Unterrichtsprinzipien oder ähnliches zu verstehen sind. Damit rückt der Begriff „Prinzip" in die Nähe dessen, was Domke mit dem Begriff des „Methodischen in der Erziehung" (1991, 13ff) beschrieben hat. Auch Göttler (1957, 49) bezeichnet die Ermutigung als „Grundfunktion", aus der durch Kombination erst die einzelnen Erziehungsmittel entstehen.

Diese Unterschiedlichkeit in den Auffassungen zur kategorialen Zuordnung hat zweifellos etwas mit dem Bedeutungsspielraum zu tun, den Kategorien wie „Erziehungsmittel" bieten. Im Zusammenhang mit Erziehungsmitteln kann nämlich die Anzahl unterschiedlich feiner und grober hierarchischer Ebenen nach freiem Ermessen festgelegt werden. Die unterste bzw. konkreteste Ebene ist dort anzusetzen, wo ein Mittel in einem fortschreitenden Konkretisierungsregreß bis zur Ebene der unmittelbaren Beobachtbarkeit im Sinne eines offenen Verhaltens des Erziehers verfolgt wird. Auf dieser Basisebene wird beschrieben, was der Erzieher tatsächlich beobachtbar tut, nicht was er denkt oder intendiert. Auf welcher Ebene man von Erziehungsmitteln i.e.S. sprechen soll und wo die darüberliegende Ebene der „Prinzipien" oder „Grundfunktionen" ansetzt, läßt sich abstrakt schwer für alle Erziehungsmittel einheitlich festlegen, da die Gesamtheit der Erziehungsmittel ein sehr heterogenes Feld darstellt. Es soll hier genügen, dies anhand der Ermutigung anzudeuten. Dabei wird von der (grundsätzlich beliebigen) Festlegung ausgegangen, die Ebene der Ermutigung als die Ebene der Erziehungsmittel zu benennen.

Wie die meisten Handlungen, die als Erziehungsmittel bezeichnet worden sind, ist Ermutigung als Vorgang relativ abstrakt konzeptualisiert. Eine Vielzahl sehr unterschiedlicher Handlungsakte erfüllt die Kriterien, Ermutigung genannt werden zu dürfen. Die Bezeichnung „Ermutigung" ist also nicht an ein bestimmtes „konkretes Handeln" gebunden (Antoch 1981, 152). Listet man solche einzelnen Handlungsakte auf und konkretisiert damit Handlungen der Ermutigung, so befindet man sich auf der Ebene der *Ermutigungs*mittel", „*-strategien*" oder „Ermutigungsmethoden" (vgl. Henz 1964, 77). Man kann sich also die Begriffe „Erziehung" - „Erziehungsmittel" - „Ermutigung" - „Ermutigungsmittel" als Reihe mit steigender Konkretisierung und Spezialisierung vorstellen. Die einzelnen Elemente dieser Reihe sind nur akzentuierend, nicht aber im Sinne einer strengen Operationalisierung voneinander zu trennen. Das Lob ist z.B. eines der Ermutigungsmittel. Mit dem Lob ist aber noch nicht die unterste Ebene der Konkretheit erreicht, da es völlig verschiedene Handlungsformen des Lobes gibt. Der Konkretisierungsregreß ließe sich bis zur beobachtbaren Ebene des *konkreten Erziehungsverhaltens* fortführen; z.B. bis zur Lob-Äußerung „Das hast du prima gemacht!", die zu Ermutigungszwecken ausgesprochen wird.

Zusammenfassend kann festgehalten werden: Ein Ermutigungsmittel ist eine Maßnahme, die mit der Absicht durchgeführt wird, die Zuversicht einer Person in einem bestimmten Lebensbereich zu steigern (Rezeptionsziel). Soweit ein Ermutigungsmittel als Erziehungsmittel eingesetzt wird, ist es darüber hinaus mit einer erzieherischen Absicht verbunden. Wenn die Zuversichtssteigerung einem außer ihr selbst liegenden Zweck dient, so wird ein pädagogisches Ermutigungsmittel eingesetzt, um mit Hilfe der Zuversichtssteigerung ein konkretes Erziehungsziel anzustreben. Ermutigungsmittel zielen zunächst darauf ab, die Zu-Erziehenden zuversichtlicher zu machen. Sie sind dabei prinzipiell neutral gegenüber den Ermutigungskonsequenzen. D.h.: Mit allen Ermutigungsmitteln kann je nach Situation eine motivationsorientierte oder eine verhaltensorientierte Ermutigung beabsichtigt sein. Welche Ermutigungskonsequenzen erreichbar sind, hängt also weniger vom gewählten Ermutigungsmittel ab, als vielmehr vom Kontext ihres Einsatzes.

2.2 Bedeutung von Ermutigung und Zuversicht für Lernprozesse

Soweit wurden hauptsächlich terminologisch-konzeptuelle und kategoriale Überlegungen zur Ermutigung angestellt. Nun soll die Rolle der Ermutigung als reales Phänomen in der Lebenswirklichkeit, insbesondere in der Erziehungs- und Bildungspraxis beleuchtet werden. Dafür werden theoretische Aussagen von Gewährsleuten, plausible Einzelfalldokumentationen und empirische Belege herangezogen.

Ermutigung gilt als eine der Maßnahmen zur „Steigerung der Leistungsfähigkeit" (Wieland 1944, 291; Birnbaum 1950, 275; Oswald 1973, 41). Es wird angenommen, daß Zuversicht einen bedeutsamen Faktor für das Lern- und Leistungsverhalten darstellt. Damit wird unterstellt, daß Ermutigung Lernleistungen erleichtert (Betz u.a. 1993, 165; Schwarzer 1979). Für jedes „Training" benötigt ein Kind Zuversicht in die eigene Leistungsfähigkeit. „Geht es mit Pessimismus an die Arbeit, so kann auch der Fleiß nichts nützen, und er hat dann nur den Sinn, ein Alibi des guten Willens zu erbringen" (Wexberg 1931, 116f). Die Bedeutung der Zuversicht für Lernvorgänge in Form von „Fähigkeitserwartungen" wird in kognitiven Lernmodellen der Informationsverarbeitung betont (Gagné 1980, 60, 69). Die SFP-Forschung legt den generalisierenden Schluß nahe, daß Zuversicht, das Leistungsselbstbild und der Erfolgsoptimismus möglicherweise jede Art von Leistung, auch von Lernhandlungsleistungen in einem mehr oder weniger großen Ausmaß beeinflußt. Nach Tyler ist beispielsweise für die Bewältigung einer Problemlöse-Aufgabe, neben der Aufgabenschwierigkeit und der Erfahrung, die spezifische Erfolgserwartung ausschlaggebend (1958, 166). Bei Kindern mit Schulleistungsproblemen wird aufgrund von Einzelfall-Analysen mangelndes Selbstvertrauen als Ursache angenommen (z.B. Kloppert 1982, 52). Selbstvertrauen unterstützt also den schulischen Lernerfolg (Wiater 1993, 174).

Dreikurs weist darauf hin, daß Lern- und Leistungsprozesse erschwert werden, wenn der Lernende an sich selbst überzogene Anforderungen stellt (1981, 95). Perfektionismus und das Streben nach absoluter Fehlerlosigkeit fördere nicht, sondern bremse das Lernen (vgl. Wexberg 1931, 257). Lernen und persönliches „Wachstum" setze den „Mut zur Unvollkommenheit" und zur „Ungeborgenheit" voraus, da man sich beim Lernen zwangsläufig dem Wagnis, Fehler zu machen, aussetzen muß (Birnbaum 1950, 92; Bopp 1930; Dinkmeyer/Dreikurs 1970, 129f; Sieland 1991, 60). Es erfordert ein gewisses Maß an Zuversicht und Selbstvertrauen, Unvollkommenheit zu riskieren. Kinder müssen deshalb ermutigt werden, Fehler zu riskieren (Dreikurs 1981, 95). Birnbaum hält sogar ein „Training zur Blamage" bisweilen für erforderlich (1950, 92).

Die Bedeutung der Zuversicht läßt sich am Beispiel eines Menschen ohne Zuversicht veranschaulichen: Entmutigung beeinträchtigt das Selbstwertgefühl. Ein entmutigter Mensch neigt dazu, beim kleinsten Hindernis aufzugeben (Dreikurs/Cassel 1991, 59), weil er sich nicht zutraut, es zu bewältigen. Damit kann er nicht die nötige Motivation entwickeln, das Hindernis auch bewältigen zu wollen. Entmutigte Menschen scheuen davor zurück, sich auf unbekanntes Terrain einzulassen, vermeiden Veränderungen und Verantwortung und entscheiden sich lieber für Sicherheit. Einem extremen Sicherheitsbedürfnis Rechnung zu tragen, bedeutet aber, Entscheidungen „auf Kosten des Lebens" zu treffen (Losoncy 1983, 184). Entmutigte Menschen richten ihr Leben nach dem Motto aus: „Nimm' dir nichts vor, dann schlägt dir nichts fehl" (Sieland 1991, 60); das Gegenstück zur Persiflage eines geläufigen Slogans: „Wer sich *nicht* in Gefahr begibt, kommt darin um!" (vgl. Lazarus 1980, 138). Es liegt auf der Hand, daß sich ein an diesem Motto orientiertes Verhalten behindernd auf Lernprozesse auswirkt.

Loch (1965a, 11-14) nennt vier erziehungsproduktive Leistungen des (Bewältigungs-) „Mutes" (der Zuversicht): (1) Mut macht den Menschen zur Übernahme von Aufgaben bereit. Er macht aus einer bedrohlichen Aufgabe eine herausfordernde. (2) Mut hilft, die eigenen Begabungen zu entdecken und auszubauen. (3) Mut ermöglicht, Entdeckungsdrang und Forschergeist zu entwickeln und Neugierde auszuleben. (4) Mut gibt Kraft und Schwung, Aufgaben, die sich stellen, tatsächlich in Angriff zu nehmen und ihre Widerstände zu überwinden. Damit wird Mut zum Motor für Selbsttätigkeit. Er ist nach Loch eine entscheidende Bedingung des Lernens.

Lernhandeln bedarf um so mehr der Zuversicht, je höher das Anforderungsniveau ist, je mehr es sich also um eine Leistungssituation handelt. In diesem Zusammenhang gilt Leistung als ein Prozeßbegriff im Sinne von 'performance', nicht als ein Produktbegriff im Sinne von 'achievement' (Eden 1990a, 69f). Damit ist Leistung ein Verhalten, genauer ein Handeln. Zur deutlicheren Abhebung vom Produktbegriff kann auch vom Leistungsverhalten gesprochen werden. Mit „Leistung" ist also derjenige Teilbereich des Handelns gemeint, der eine gewisse Hürde überwinden muß und der mit mehr oder weniger großen Anstrengungen verbunden ist (z.B. Rieder 1990b, 56f). Eine Leistung ist ein Handeln, das nach einem Qualitätsmaßstab beurteilbar ist bzw. eine gewisse Anforderung stellt. Leistungssituationen haben Aufgaben- und Bewährungscharakter (Ulich 1993, 137). Das Händeschütteln zur Begrüßung oder die Nahrungsaufnahme stellen für die meisten Menschen keine Leistung dar. Diese Handlungsweisen können zwar auf verschiedene Weisen ausgeführt werden; sie werden aber nicht als Anforderung erlebt, die qualitativ bewertet werden. Jede Form von Aufgabenbewältigung ist eine Leistung. Dabei ist nicht nur an die Haus*aufgaben* von Schülern zu denken (Schulpädagogik), sondern auch an die Bewältigung von kleinen oder großen Entwicklungs- oder Lebens*aufgaben* (Erwachsenenbildung), an berufliche Führungsaufgaben (Weiterbildung) oder die Aufgabe, mit einer Krise fertig zu werden (pädagogische Beratung) (Bollnow 1959). Auch Lernhandeln kann „Lernleistung" sein, wenn es mit Hürden verbunden ist (vgl. Heckhausen 1980a, 692). Leistungsverhalten wird aber auch in Situationen gezeigt, in denen keine neuen Kompetenzen erworben werden, also nicht gelernt wird. Auch solche Leistungssituationen können pädagogisch relevant sein. Man denke an Prüfungen und Testsituationen.

(1.) Denkhemmungen
Mangel an Zuversicht und Selbstvertrauen kann sich beim Lernen in Form von „Denk"- oder „Lernblockaden" äußern (Döring 1990, 113; Nezel 1992, 149-160; Castner/Koch 1995, 4). Denn Denken und Begreifen beim Lernen sind nicht nur eine Frage der Intelligenz, sondern auch eine des psycho-emotionalen Zustands. Die Überzeugung, auf einem Gebiet unfähig zu sein, die als Kind erlernt worden ist, kann den Erwachsenen immer noch in Form einer „Denksperre" auf dem entsprechenden Gebiet behindern (Ritter u.a. 1983, 290; Wexberg 1931, 245).

Künkel berichtet von einem Fall, bei dem eine „Denkhemmung" durch Ermutigung beseitigt werden konnte. Er interpretiert den Fall individualpsychologisch (1981, 125ff). Ein 12jähriger Junge litt an einer Denkhemmung durch übergroße Ängstlichkeit vor seinem Vater, bedingt durch dessen Kritik und Spott. Der Sohn hatte die Überzeugung gewonnen, ein „lebensunfähiger und minderwertiger Junge" zu sein. Der Vergleich mit dem Vater machte ihn zu einem „erbärmlichen" Menschen. Die Überzeugung des Jungen, nichts leisten zu können, drückte sich in einem entsprechenden Verhalten aus. Denkhemmung und Leistungsschwächen bestanden genau auf denjenigen Gebieten, in denen der Vater erfolgreich war: Mathematik und motorische Geschicklichkeit. Jede Strafe und jeder Mißerfolg in der Schule verstärkten die Symptome, da sie ihm sein Selbstbild bestätigten.

Das Ziel der Therapie des Erziehungsberaters bestand darin, die negative Überzeugung des Jungen als Irrtum darzustellen und ihn dadurch zu ermutigen. In einem geschickt angelegten Gespräch vermittelte der Erziehungsberater dem Jungen glaubhaft, er habe unbewußt seine Denkhemmung als Abwehrstrategie und Verteidigung gegen seinen Vater aufgebaut. Er wurde ermutigt, indem ihm gesagt wurde, daß er sehr wohl denken bzw. rechnen könne und klug sei. Zudem gelang es dem Erziehungsberater, das Elternhaus und die Schule zu einer „ermutigenden Einheitsfront" zu verschwören. Binnen eines halben Jahres war die Denkhemmung vollständig verschwunden.

(2.) Umgang mit Grenzen der Begabung

Denk- und Leistungsblockaden können auch durch naive Begabungstheorien entstehen. Dort, wo sich vermeintliche Begabungsgrenzen zeigen, liegt oft lediglich ein Mangel an Selbstvertrauen vor (Henz 1964, 120). Solche Fälle von Fehldiagnosen werden in der pädagogischen Praxis nicht selten durch puren Zufall aufgedeckt. Wexberg berichtet von einem Schüler, der durch die Verkettung glücklicher Umstände ein zunächst einmaliges Erfolgserlebnis in einem Schulfach hatte, für das er bislang als völlig „unbegabt" galt. Dieses ermutigende Erfolgserlebnis verwandelte seine Leistungen in der Folgezeit schlagartig und dauerhaft. Der Bann der vermeintlichen Begabungsschwäche war gebrochen (Wexberg 1931, 120). Jeder Mensch kann „dumm" oder chronisch „nervös" gemacht werden. Die Diagnose „Dummheit" oder „Nervosität" vermag „das wahrzumachen, was sie irrtümlich vorausgesetzt hat" (1931, 244). Wexberg beschreibt hier also eine SFP, die in der Kindheit erzeugt wird und bis ins Erwachsenenalter als Neurose ausstrahlen kann. Deshalb sollten solche Etikettierungen, die eine organische Attribuierung enthalten, vor „Kindern sorgfältig geheimgehalten werden" (a.a.O.). Sind solche „Teufelskreise" jedoch schon etabliert, empfiehlt er, sie durch Ermutigungen zu durchbrechen (1931, 245).

Häufig wird eine vermeintliche Begabungsgrenze aufgrund einer solchen Etikettierung zu tief angesetzt. Jegge (1985, 30-33) beschreibt einen Sonderschüler, dem durch die Kinderpsychiatrie ein „leichter Hirnschaden" attestiert wurde. Die durch diese Diagnose erzeugte Stigmatisierung führte zu einer zusätzlichen Lern-Einschränkung. Jegge fragt, ob die Beschränkung im Lernvermögen (ein langsameres Begreifen und Arbeiten), die schwachen Schulleistungen und die aufgetretenen Verhaltensstörungen (Aggressivität) tatsächlich bereits eine Begabungsgrenze darstellten, oder ob diese Auffälligkeiten durch die Entmutigung des Schülers zumindest verstärkt wurden. Der Junge glaubte selbst, „lernunfähig" zu sein. Durch einen glücklichen Zufall gelang es seinem Lehrer aufzuzeigen, daß die Störungen auch zu einem beträchtlichen Teil durch die Selbsterfüllung dieser Überzeugungen verursacht wurden und damit keine unüberschreitbare organische Begabungsgrenze darstellten. Der Lehrer nutzte eine sich bietende Gelegenheit, um das negative Fähigkeitsselbstkonzept des Schülers in Frage zu stellen und somit dessen Überzeugung der Beschränkungen zu erschüttern. In einem zufälligen Gespräch zeigte sich der Junge sehr musikbegeistert. Der Lehrer fragte ihn, ob er auch ein Musikinstrument erlernen möchte. Der Junge verwarf dies zunächst mit dem Hinweis, nicht genug begabt und lernfähig dafür zu sein. Im weiteren Verlauf der Unterredung gelang es dem Erzieher, den Glauben des Jungen zu verunsichern, zu dumm zum Musikmachen zu sein, indem er den Grund der verordneten Medikation („weil ich krank bin im Kopf") umdeutet („damit Du nicht krank wirst"). Dies schien bei dem Jungen ausgelöst zu haben, daß er bis zum nächsten Tag die nötige Zuversicht zur Entscheidung aufbrachte, ein Instrument erlernen zu wollen. Hier wurde also motivationsorientiert ermutigt (vgl. Abschnitt 1.3.4). In der Folgezeit erzielte er tatsächlich auch einige schulische Lernfortschritte und auch sein aggressives Verhalten besserte sich. Seine „'Begabungsschranke' entpuppte sich somit als eine Grenze ganz anderer - seelischer - Art. Wenn das schon für diesen Extremfall einer eindeutigen, medizinisch festgestellten Beschränkung im Hintergrund gilt, wie sehr mag es erst für die Fälle normaler, gewöhnlicher 'Dummheit' zutreffen" (Jegge 1985, 33).

Seelmann (1956, 43ff) schildert einen weiteren Fall eines Schülers der ersten Grundschulklasse, der diese Klassenstufe schon zweimal wiederholt hatte, sich nicht am Unterrichtsgeschehen beteiligte und vom Schularzt als „schwachsinnig" etikettiert worden war. Ungeachtet dieser Diagnose führte der Lehrer unter anderem folgende Ermutigungsstrategien durch: Der Schüler wurde mit der öffentlichen Begründung in die vordere Bankreihe umgesetzt, „weil ihn der Lehrer gern mag und bei sich haben möchte". Damit wurde in der Klasse die übliche Routine durchbrochen und eine innovationsoffene „unfreezing"-Atmosphäre geschaffen: Das Interesse und die Aufmerksamkeit der Klasse war geweckt: „Es tut sich was". Ebenfalls an die Klasse gewandt, verkündete der Lehrer die Voraussage: „Ihr werdet euch noch wundern, was beim Max noch zum Vorschein kommt!" Der Schüler wurde mit kleinen von der Klasse besonders geschätzten und herausragenden Sonderaufgaben betraut. Nach dem Schuljahr konnte der Schüler in die nächste Klassenstufe aufsteigen. Der Schularzt revidierte daraufhin seine Diagnose. Er etikettierte Max etwas abgemildert als „pseudoschwachsinnig". Ähnliche Leistungsgrenzen können durch die Überzeugung erzeugt werden, Legastheniker zu sein, jemand zu sein, der nicht vorlesen oder keine Gedichte vortragen kann, Linkshänder, Stotterer, ein hyperaktiver oder ein unmusikalischer Mensch zu sein (Neffe 1981a, 102, 110-112).

Wexbergs praktische Schlußfolgerungen aus der Begabungsgrenzen-Problematik sind zwar schon einige Jahrzehnte alt; trotzdem könnte ein überzeugendes pädagogisches Fazit aus der neueren Forschung zur Anlage-Umwelt-Debatte heute ähnlich ausfallen. Er ist der Meinung, daß „man aus der Qualität der Leistung nicht in erster Linie auf die angeborene Begabung, sondern vor allem auf Mut und Training des Schülers schließen kann. Was dahinter noch an Begabung steckt, ist nicht ohne weiteres zu erkennen und ist praktisch gewiß oft nicht entscheidend" (1931, 117). Das Begabungsproblem wird in der individualpsychologischen Pädagogik nach dem Grundsatz behandelt, prinzipiell keinen Fall als verloren zu betrachten, wobei realistischerweise eingeräumt wird, daß die Beherzigung dieses Grundsatzes an pragmatische Machbarkeitsgrenzen stößt. Wexberg leugnet dabei die Macht der Anlagen nicht. Allerdings würden diese erst als diskriminierende Faktoren wirksam werden, wenn der Zu-Erziehende optimal gefördert, ermutigt und trainiert worden sei. Dazu sei zunächst die Arbeitshypothese „jeder kann alles" zu unterstellen, wohl wissend, daß sie wahrscheinlich „nicht wahr ist". Trotzdem müsse man so tun, als ob sie wahr wäre. Denn die alternative Annahme habe keine praktischen Konsequenzen, da die Trennlinie zwischen den Einflüssen der Anlage und der Umwelt ohnehin nicht präzise festgestellt werden könne und somit Begabungsgrenzen - von den Grenzen des Schwachsinns abgesehen - ebenfalls nicht beweisbar seien (Wexberg 1931, 118-120). Wexberg ist somit nicht zu den träumerischen Erziehungsoptimisten, sondern eher zu den optimistischen Realisten zu zählen (vgl. März 1993). In der pädagogischen Praxis läßt sich die Einschätzung der *aktuellen* Leistungsfähigkeit nicht vermeiden, z.B. um weder zu unterfordern noch zu überfordern. Dabei sollte sich der Pädagoge aber zumindest eine gewisse Skepsis gegenüber der eigenen Einschätzung und ihrer Basis als *Begabung*seinschätzung bewahren (vgl. Weber 1996, 253).

(3.) Empirische Belege für die Bedeutung der Ermutigung
Die Bedeutung der Erfolgszuversicht für Lernen und Leistung kommt nicht nur in theoretischen Annahmen und Interpretationen von Einzelfallanalysen zum Ausdruck; sie wurde auch empirisch untersucht. Allerdings wurden nur vereinzelt Experimente durchgeführt, die explizit auf die Termini „Ermutigung" oder „Zuversicht" rekurrieren; weitere Studien sind jedoch im Rahmen des Ermutigungsansatzes interpretierbar, auch wenn diese darauf nicht explizit Bezug nehmen. Zur empirischen Absicherung des kompletten dualen Modells der Ermutigungskonsequenzen kann mit einer komplementär zusammengesetzten Belegkette argumentiert werden. Dabei werden die einzelnen Kausalverbindungen der angenommenen Kausalkette separat voneinander mit unterschiedlichen empirischen Studien belegt (Ludwig 1998b). So sind etwa entsprechende Kausalsequenzen des dualen Modells (vgl. Abschnitt 1.3.4) durch Untersuchungen zu Erwartungseffekten, insbes. zur intrapersonalen Selbsterfüllung und Motivationserfüllung belegbar (z.B. Brickman/Linsenmeier/McCareins 1976; Correll 1961, 56ff; Dweck/Gilliard 1975; Eden/Aviram 1993; Feather 1968; Oettingen 1997, 33ff; Ludwig 1991, 141-143, 202ff). Es wurde immer wieder bestätigt, daß Leistungserwartungen und Leistungen miteinander korrelieren. Beispielsweise ergab eine Meta-Analyse von Multon, Brown & Lent (1991) zu experimentellen und korrelationalen Studien eine gewichtete Schätzung des Gesamt-Korrelationskoeffizienten von $r = 0.38$ zwischen Selbstwirksamkeitsüberzeugungen und Leistungsergebnissen von Schülern und Studenten ($p < 0.001$). Die Selbstwirksamkeitsüberzeugung erklärt ca. 14% der Varianz der Leistung.

Experimentell wurde gezeigt, daß Entmutigung durch Bestrafung und Ermahnung zur Produktion schlechter Ergebnisse bei Problemlösungsaufgaben führt (Zand 1977, 62). Lehrer, die mit Ermutigung und Einfühlung arbeiten und insgesamt eher zu sozial-integrativen Maßnahmen greifen, sind nach Selbsteinschätzung, Expertenurteil und objektiver Unterrichtsbeobachtung erfolgreicher als Lehrer, die eher punitiv arbeiten (Dann 1989, 87). In etlichen Studien haben sich die intrapersonalen Erwartungen und das Fähigkeitsselbstkonzept für die Prognose des Leistungsverhaltens von Schülern bewährt

(Übersicht bei Krampen 1985a, 101). Studien zu Ermutigungseffekten auf das Verhalten der Zielpersonen in Kindergärten, Schulen und Universitäten belegen, daß Ermutigung die Schulangst und den Neurotizismus vermindert, das Kommunikations-, Sozialverhalten und die Schulleistungen verbessert, die Selbständigkeit erhöht und die seelische Reifung fördert (Übersicht: Tausch/ Tausch 1979, 174f).

Tyler (1958) zeigte in einem Experiment, daß ermutigende bzw. entmutigende Bemerkungen und Kommentare während der Übungsphase einer Problemlösungsaufgabe den Leistungserfolg bei der anschließenden Testphase lenken. Die Versuchspersonen (Vpn) wurden gebeten, eine kognitive Denkaufgabe zu lösen. Sie sollten die mathematische Beziehung herausfinden, welche die Reihenfolge von verschiedenen Leuchtzeichen auf einem Board festlegt. In der Übungsphase wurden die Vpn jeweils nach ihren Versuchen informiert, ob sie die Aufgabe richtig oder falsch gelöst hatten. Drei der vier Vpn-Gruppen erhielten zusätzliche Kommentare. In der ersten Gruppe wurde ermutigend kommentiert: bei richtigen Antworten „Gut!"; bei falschen Antworten z.B. „Sie machen das ganz gut. Es ist am Anfang etwas verwirrend!" Die zweite Gruppe erhielt entmutigende Kommentare: bei richtigen Antworten z.B. „Es wird auch Zeit, daß Sie einmal etwas richtig haben!", „Das war Glück!"; bei falschen Antworten z.B. „Wieder falsch! Sie machen das nicht besonders gut!" Die dritte Gruppe hörte eine Kombination aus entmutigenden und ermutigenden Kommentaren. Die Leistungen der Kontrollgruppe blieben unkommentiert. In der Testphase wurden nach jedem Versuch wieder richtige Antworten bestätigt bzw. falsche korrigiert, aber bei keiner Gruppe zusätzliche Kommentare abgegeben. Die Vpn der ermutigten Gruppe lösten die gestellte Aufgabe am häufigsten und signifikant häufiger ($p = 0.038$) als die entmutigte Gruppe. Die Leistungsdifferenz zwischen der ermutigten Gruppe und der Kontrollgruppe war allerdings sehr gering. Nickel (1993b, 251) interpretiert die Befunde der Studie von Tyler als Beleg dafür, daß Entmutigungen durch Lehrer die Leistung von Schülern stärker senken können, als Ermutigungen deren Leistungen zu steigern vermögen. Aus den Bemerkungen der Vpn der entmutigten Gruppe während der Testphase und beim Abschlußinterview ist zu erkennen, daß sie - kein Wunder - Feindseligkeit gegen den „rüpelhaften" Versuchsleiter und die Aufgabe entwickelten, was auch eine Alternativerklärung (z.B. Ärger) zuläßt.

Die elterliche Zuversicht in die Leistungs- und Entwicklungsfähigkeit des Kindes kann empirisch begründet als besonders schulleistungsförderlich gelten (Hany u.a. 1992, 599). Möglicherweise handelt es sich bei dieser Auswirkung um einen Effekt sozialisierenden Ermutigungsverhaltens. Die Zuversicht der Eltern würde sich dann auf die Zuversicht der Kinder abfärben.

Es gibt auch Untersuchungen, deren Ergebnisse zunächst dem Ermutigungsansatz im Sinne des Bestätigungseffekts zu widersprechen scheinen, wie z.B. die Studie über den Einfluß von Erwartungen auf das Leistungsverhalten von Lachnit & Kuhmann (1986).

Die Vpn bearbeiteten alle objektiv gleich schwierige Aufgaben. Ihnen wurde aber suggeriert, unterschiedlich schwierige Aufgaben lösen zu müssen. Die Autoren zeigten, daß die
Erwartung der Vpn, es mit schwierigen Aufgaben zu tun zu haben, zu einer Leistungsverbesserung führt und die Erwartung, leichte Aufgaben zu erhalten, zu einer Leistungs-
verminderung. D.h.: Unter der Erwartungsbedingung „leichte Aufgaben" wurden die
gestellten Aufgaben deutlich langsamer und häufiger falsch gelöst sowie mehr Auslas-
sungsfehler begangen. Die experimentelle Intervention bei dieser Studie kann jedoch
nicht als Ermutigung bzw. Entmutigung aufgefaßt werden, da es hier um induzierte
apersonale Erwartungen der Aufgabenschwierigkeit ging und nicht um intrapersonale
Erfolgserwartungen im Sinne des Ermutigungskonzepts. Die Erfolgserwartungen der Vpn
wurden weder direkt manipuliert noch erhoben. Die Autoren nehmen an, daß aufgrund
der gewählten Aufgabenschwierigkeit und der Aufgabendarbietung keine „Effekte der
Hilflosigkeit" entstanden sind (1986, 448). Diese Annahme läßt sich als Absenz von
Entmutigung und Mißerfolgserwartungen interpretieren. Möglicherweise haben sogar
diejenigen Vpn, die schwere Aufgaben erwartet hatten und in der Testphase erkennen
konnten, daß sie diese bewältigen können, höhere Erfolgserwartungen ausgebildet als
Vpn mit der gegenteiligen Vorinformation. Unter diesem Blickwinkel läßt sich das
Ergebnis mit dem Ermutigungsansatz im Sinne des Bestätigungseffekts in Überein-
stimmung bringen.

2.3 Selbstvertrauen als Determinante der Leistung

Ein Zweck der pädagogischen Ermutigung besteht aus der Förderung von
(Lern-)Leistung. Ermutigung als pädagogische Intervention zur Leistungssteigerung ist nur sinnvoll, wenn davon ausgegangen werden kann, daß Zuversicht die Leistung bedingt, wenn sich also eine Steigerung der Zuversicht
positiv auf die Leistung auswirkt. Das Fähigkeitsselbstkonzept bzw. das
Selbstvertrauen, insbesondere das leistungsbezogene Selbstvertrauen von
Schülern, ist der am genauesten untersuchte Bereich der Zuversicht. Die
einschlägigen Befunde dieses Bereichs werden deshalb hier gesondert behandelt. Die einschlägigen Studien belegen den Kausal-Link zwischen Selbstvertrauen (Zuversicht) und ihren Auswirkungen auf Leistungen; also den
Bestätigungseffekt des dualen Modells der Ermutigungskonsequenzen.

Selbstvertrauen gilt als ein äußerst bedeutsames Persönlichkeitsmerkmal
(Keller 1954, 289f). Es ist möglicherweise für Leistungen entscheidender als
der investierte Fleiß (vgl. Fend 1984, 135f). Entwisle & Webster (1978, 257)
verweisen auf etliche empirische Anzeichen dafür, daß das Fähigkeitsselbstkonzept von Schülern eine größere Varianz der Schulleistung erklärt als die
tatsächlichen Fähigkeiten.

Helmke (1992, 65-67) stellt ein „integratives Sequenzmodell des Lern-
und Leistungshandelns" auf, welches die aktualgenetischen Schritte einer

Lernaktivität von motivationalen, dem Lernen vorauslaufenden Prozessen über das Lernverhalten bis hin zur Leistungserbringung abbildet. Dieses Sequenzmodell veranschaulicht, „wo überhaupt mögliche Angriffspunkte und Einflußschneisen der Wirkung des leistungsbezogenen Selbstvertrauens auf die Schulleistung lokalisiert werden können" (Helmke 1992, 65). Das Modell ist insofern nicht auf alle Lernsituationen übertragbar als es davon ausgeht, daß alle Stufen „bewußt" durchlaufen werden. Nach diesem - hier verkürzt dargestellten - Sequenzmodell spielt das leistungsbezogene Selbstvertrauen eine Rolle in:

- der präaktionalen Motivationsphase, in der darüber entschieden wird, ob gelernt wird (unter Berücksichtigung des Anreizwertes, der Situations-Ergebnis-Erwartung und der Handlungs-Ergebnis-Erwartung),
- der Handlungsphase, in der die Lernaufgabe bearbeitet wird (metakognitive Steuerungsprozesse),
- der Konsolidierungsphase (in der geübt, wiederholt und vertieft wird),
- der Prüfungsphase, in der die Leistung durch Abrufen des Gelernten realisiert wird (z.B. schulischer Test), und
- der Evaluationsphase, in welcher der Lernende sich selbst bewertet.

(1.) Forschungsstand zum Zusammenhang von Selbstvertrauen und Schulleistung

Kausalhypothesen sind eigentlich nur mit kontrollierten Experimenten zu überprüfen. In diesem Forschungsfeld sind jedoch Korrelationsstudien der Regelfall, da das Selbstkonzept, als *trait* gedacht, in Feld-Studien experimentell nicht so ohne weiteres veränderbar ist. Die Befunde solcher Studien sind hier insofern allerdings trotzdem interessant als die Korrelation als eine notwendige, wenn auch nicht hinreichende Voraussetzung für Kausalität gesehen werden kann (vgl. Renkl 1993).

In einer Vielzahl von international durchgeführten Korrelationsstudien hat sich immer wieder gezeigt, daß das Fähigkeitsselbstkonzept einer der wichtigsten Prädiktoren der Schulleistung ist. Eine relationale Studie von Lehmann, Peek & Gänsfuß (1997) strebte eine Totalerhebung der Fünftklässler aller Schularten in Hamburg an. Über 13.000 Schüler wurden nach dem Übergang von der Grundschule in weiterführende Schulen standardisierten (notenunabhängigen) Schulleistungstests unterzogen. Auch ihre schulbezogenen Einstellungen und ihr allgemeines schulleistungsbezogenes Selbstkonzept wurde erhoben. Die Datenanalyse zeigte, daß das Selbstkonzept deutlich positiv, wenn auch nur moderat mit den Testleistungen ($r = 0.19$) und mit den Zensuren (zwischen $r = 0.16$ und $r = 0.30$) zusammenhängt. Das Selbstkonzept sagt auch dann die Note voraus, wenn andere bedeutsame Einflüsse statistisch kontrolliert werden. In einer naturalistischen, nicht-experimentellen Feldstudie von Helmke (1992, 128, 172) korreliert das leistungsbezogene Selbstvertrauen in Mathematik moderat und zufallskritisch abgesichert mit der Mathematik-note (r = 0.61; p < 0.01).

Zu den Studien, die sich mit dem Zusammenhang zwischen dem Selbst-vertrauen (bzw. Fähigkeitsselbstkonzept) und der Schulleistung befassen, existieren bereits etliche Sammelreferate und Metaanalysen (Helmke 1992, 48-58). Bloom (1976, 95) schätzt auf der Basis einer Literaturübersicht, daß das Fähigkeitsselbstkonzept ca. 25% der Varianz der Schulleistung erklärt. Die aufschlußreichste Metaanalyse stammt von Hansford & Hattie (1982), die auf 128 Studien basiert: Der Mittelwert der Korrelationskoeffizienten zwischen verschiedenen Selbstkonzept-Maßen und der Schulleistung liegt bei r = 0.21. Die gemeinsame Varianz von Selbstkonzept und Schulleistung beträgt also etwas mehr als 4%. Der Koeffizient steigt jedoch auf r = 0.42, wenn der Zusammenhang zwischen *Fähigkeits*selbstkonzept und der Schulleistung betrachtet wird. Ähnlich hohe Korrelationen zwischen Selbstvertrauen und Leistung wurden auch in anderen Leistungsbereichen, z.B. bei motorischen Aufgaben, gefunden (Neiss 1989, 275).

(2.) Kausale Prädominanz
Der Ansatz des dualen Modells der Ermutigungskonsequenzen geht von einer kausalen Beziehung aus, die im Selbstvertrauen die Ursache und in der Schul-leistung die Wirkung sieht. Diese Kausalrichtung wird in der Selbstvertrauens-forschung im „self-enhancement"-Modell beschrieben. Die Kausalbeziehung zwischen diesen beiden Variablen läßt sich aber mit mindestens gleicher Plau-sibilität auch umgekehrt denken. Nach der Gegenposition, die vom „skill-development"-Modell vertreten wird, wirkt sich die Leistung auf das Selbst-konzept aus (Helmke 1992, 52, 156-158; Marsh 1990b, 646f). Beide Grund-Kausalrichtungen schließen sich gegenseitig nur als theoretische idealtypische Positionen, nicht aber in der Realität aus, wo auch eine Wechselwirkung zwischen beiden angenommen werden kann (Marsh 1990b, 654). Mit der Plausibilität beider Modelle stellt sich bei den einschlägigen relationalen Studien die klassische Frage nach der Priorität von „Henne oder Ei", oder vermittelnd beschrieben, das Problem der „kausalen Prädominanz", also die Frage, welche Kausalrichtung sich prägender auswirkt. Die experimentelle Forschung umgeht diese Problematik, weil sie nur eine kausale Richtung überprüft, wobei die andere, falls realiter vorhanden, durch die Datenanalyse nicht transparent werden kann. Bei Korrelationsstudien gehen beide kausale Richtungen, allerdings konfundiert, in die Parameter mit ein.

Die Klärung der Prädominanz-Frage ist von hoher praktischer Relevanz, da die existierenden Programme zur Selbstkonzept-Erhöhung auf der Annah-me beruhen, das self-enhancement-Modell sei das zutreffende (Marsh 1990b, 646). Die Vertreter dieses Modells argumentieren, daß die Erhöhung des Fähigkeitsselbstkonzepts zur Leistungssteigerung führt, indem selbstkonzept-bedingte funktionale Grenzen („functional limits") verschoben werden (Helm-ke 1992, 157). Auf einer ähnlichen Annahme beruhen die „Denkblockaden" beim Ermutigungsansatz (vgl. Abschnitt 2.2 & 1.3.1.2) und die „mentalen Barrieren" bei der Theorie des Mental-Trainings (Ludwig im Druck). Feld-Experimente zur Klärung der Prädominanz sind schwer durchzuführen, da beide Merkmale als unabhängige Variablen nicht so ohne weiteres manipulierbar sind.

Jerusalem (1983, zit. nach Helmke 1992, 55f) widmete eine Längsschnittstudie mit 510 Schülern über zwei vollständige Schuljahre hinweg sehr eingehend der Frage der kausalen Prädominanz. Die Analysen mittels zeitverschobener Kreuzkorrelationen ergaben, daß der Einfluß des allgemeinen und fachspezifischen Selbstkonzepts auf die Noten in Mathematik etwas stärker ausfällt als die Wirkung der Note auf das Selbstkonzept. Für das Fach Deutsch ergaben sich keinerlei Unterschiede in den konkurrierenden Kausalpfaden. Wegen potentieller Artefakt-Gefahr - die Noten wurden retrospektiv erhoben, indem die Schüler schriftlich um entsprechende Angaben gebeten wurden - und der nur inkonsistenten, geringen Unterschiede läßt sich die Frage der Prädominanz mit Hilfe dieser Studie nicht klar entscheiden.

Die Befunde einer australischen Studie mit über 1400 Schülern deuten eher auf die Prädominanz des self-enhancement-Modells hin (Marsh 1990b). Allerdings ist auch diese Studie nicht frei von methodischen Unzulänglichkeiten. Helmkes eigene Längsschnittstudie liefert ebenfalls keinen eindeutigen Beleg für die Prädominanz eines der beiden konkurrierenden Modelle (1992, 160-171). Aufgrund der Befundlage der vorhandenen einschlägigen Studien muß wohl von einem Reziprozitätscharakter der Beziehung beider Variablen ausgegangen werden, also von einer wechselseitigen Beeinflussung (a.a.O. 169). Helmke bemerkt dazu, daß das „Mißverhältnis zwischen kausalanalytischer Elaboration und Raffinesse auf der einen Seite und spärlichem psychologischen Ertrag auf der anderen" für diesen Forschungsbereich typisch sei (1992, 58). Die Annahme der Wirkung des Selbstvertrauens auf die Leistung „setzt zumindest den Nachweis voraus, daß das prädiktive Zusammenhangsmuster im zeitlichen Verlauf nicht ausschließlich durch die inverse Wirkung der Schulleistungen auf das Selbstvertrauen charakterisiert ist" (1992, 63). Man kann aus den Untersuchungen daher eine gewisse Berechtigung ableiten, auch weiterhin vom self-enhancement-Modell auszugehen, da sich bislang keine starke Prädominanz im Sinne des skill-development-Modells ergeben hat. D.h.: Insgesamt sprechen die empirischen Daten nicht dagegen, die Kausalrichtung des dualen Modells der Ermutigungskonsequenzen als realistisch zu betrachten. In anderen Leistungsbereichen wurde auch experimentell bestätigt, daß intrapersonale Erwartungen ursächlich Leistung beeinflussen, z.B. sportliche Leistungen (Neiss 1989).

(3.) Quantifizierte Bedeutsamkeit des Selbstvertrauens
Mit der Akzeptanz der qualitativen Bedeutung des Selbstvertrauens als Determinante von Leistung bleibt noch die Frage offen, ob diese Bedeutung eine

praktisch relevante Quantität erreicht oder ob sie eine untergeordnete, im Grunde zu vernachlässigende Rolle spielt (Helmke 1992, 133).

Mit seiner Methode, die Bedeutung des Selbstvertrauens für die Schulleistung einzuschätzen, möchte Helmke einen Kontrapunkt gegen das weit verbreitete Vorgehen setzen, die Bedeutung einer Variable an einfachen punktuellen Effektmaßen festzumachen, z.B. an Determinationskoeffizienten, und damit die Konfundierung von Prädiktoren zu ignorieren. Denn Determinationskoeffizienten *über*schätzen den prädiktiven Wert einer Variable um so mehr, je mehr in diese Prädiktorvariable andere Variablen mit einfließen. Andererseits besteht auch die Gefahr einer gegenteiligen Verzerrung, wenn die Bedeutsamkeit einer Variable an ihrem zusätzlichen Erklärungsgewicht zu anderen Variablen gemessen werden soll. Dies kann zu einer *Unter*schätzung des Gewichts einer Variable führen (Helmke 1992, 133). Alternativ schlägt Helmke deshalb vor, den Einfluß des Selbstvertrauens „adäquat zu quantifizieren", indem seine „*relative* Bedeutung" mit *anderen* potentiellen Determinanten der Schulleistung verglichen wird (1992, 133f). Zu diesem Zweck führte er Kommunalitätenanalysen durch, die allerdings nur dann zu zutreffenden Einschätzungen der relativen Bedeutsamkeit einer Variable führen, wenn *alle* maßgeblichen unabhängigen Variablen bei nicht-experimentellen Designs erhoben wurden. Aus diesen Analysen schließt Helmke, daß das leistungsbezogene Selbstvertrauen sowohl im Vergleich zu anderen schulleistungsrelevanten motivationalen Variablen als auch zur Intelligenz und zum Vorkenntnisniveau ein „erklärungsmächtiges Konstrukt" ist (1992, 154).

(4.) Mediationsprozesse zwischen Selbstvertrauen und Schulleistung
Das Selbstvertrauen wirkt natürlich nicht direkt auf die Schulleistung, sondern über das Lern-Verhalten. Wer Selbstvertrauen hat, ist anstrengungsbereiter, zielgerichteter, energiegeladener und „läßt sich durch sorgenvolle Gedanken weniger stören" (Weinert 1992). Dies wird ähnlich im Prozeßmodell der Ermutigung angedeutet (vgl. Abschnitt 1.2). Die durchgeführten Studien zu den Mediationsprozessen zwischen Selbstvertrauen und Schulleistung betrachtet Helmke als schwer interpretierbar, da es sich vorwiegend um methodisch schwache Studien handelt (1992, 178). Folgende Mediationsprozesse bzw. Wirkmechanismen sind denkbar: Anstrengung (als qualitativer Aspekt im Sinne der subjektiven Anstrengungsintensität und als quantitativer Aspekt im Sinne der Hausaufgaben- und Studienzeit), kognitives Engagement sowie Schutz und Abschirmung gegen aufgabenirrelevante Selbstzweifel.

Schüler mit geringem Selbstvertrauen neigen möglicherweise auch aufgrund ihrer leistungsbezogenen Selbstzweifel zu zeitbelastenden Vorsichtsmaßnahmen und unnötigen Überprüfungen ihrer Angaben und Lösungen in Tests (Helmke 1992, 173). Wiater geht davon aus, daß durch ein ausgeprägtes Vertrauen in die eigene Kompetenz die Informationssammlung und -prüfung aktiver und differenzierter erfolgt (1993, 152).

2.4 Zur Höhe des Effekts von Ermutigungsstrategien

Ein Ermutigungsmittel kann maximal nur so weit auf das Leistungsverhalten und -ergebnis Einfluß nehmen, als auch Erwartungen auf die Leistungshöhe einwirken. Das Ausmaß des Erwartungseinflusses auf das Verhalten kann nur schwer eingeschätzt werden. Aller Wahrscheinlichkeit nach ist dieser Einfluß je nach Lebens- und Verhaltensbereich unterschiedlich groß. Der Einfluß der intrapersonalen Leistungserwartung auf eine Leistung ist um so kleiner, je mehr und je stärker andere Einflüsse zu dieser Leistung beitragen. Eine positive Erwartung allein hilft noch nicht weiter, wenn ein Mindestmaß an objektiven Fähigkeiten fehlt, um eine Aufgabe zu erfüllen (Bandura 1977, 194). Beim Leistungsverhalten in Prüfungen ist neben der Erwartung die objektive Fähigkeit auf dem zu prüfenden Gebiet entscheidend. D.h.: Ermutigungen werden sich kaum in der Prüfungsleistung niederschlagen, wenn die objektiven Kompetenzen auf dem Prüfungsgebiet nahe bei Null liegen. Bei übertriebenen Ängsten (z.B. die Dunkelangst bei Kindern oder neurotische Ängste bei Erwachsenen) gibt es kaum Einflüsse durch mangelnde Kompetenzen. Deshalb ist anzunehmen, daß Prüfungsverhalten weniger stark durch Ermutigungsmittel beeinflußbar ist als neurotische Ängste.

Die empirische intrapersonale SFP-Forschung zeigt, daß im allgemeinen zumindest mit einer moderaten Wirkung auf das Verhalten gerechnet werden kann, wenn es mit Hilfe von Ermutigungsstrategien gelingt, die Zuversicht zu steigern. Praktische pädagogische Erfahrungen deuten an, daß es in Einzelfällen allerdings auch zu überraschend starken Wirkungen durch Ermutigung mit schnellen Verbesserungen kommen kann. In solchen Fällen kommt es vermutlich zur optimalen Passung mehrerer förderlicher Bedingungen; z.B. eine extreme Ermutigungsbedürftigkeit des Zu-Erziehenden, ein geeigneter Zeitpunkt der Intervention und eine ideale Rezeption des Ermutigungsmittels. Auch gelingt es Psychotherapeuten bisweilen mit einfachen Ermutigungsmitteln Neurosen quasi „im Vorbeigehen" zu beseitigen (z.B. Peter 1986, 42). Allerdings können auch umgekehrt - vermutlich vor allem bei Kindern - mangelndes Selbstvertrauen und langanhaltende Ängste quasi durch eine einzige unbedacht geäußerte Bemerkung erzeugt werden. Kossak (1989, 597) berichtet von einer Frau mit extremer Sozialangst. Der Ursprung dieser Angst liegt wahrscheinlich in einem Erlebnis, in dem eine signifikante Person in einem sensitiven Augenblick ihr gegenüber fluchartig ausstieß: „Du bist so schlimm; dich werden alle meiden. Egal, wo du hingehst, dich wird man immer meiden und ablehnen." Es scheint sich daraus zumindest eine subjektive SFP entwickelt zu haben.

Solche dauerhaften positiven wie negativen Veränderungen durch einmalige kurze Interventionen können durch zirkuläre Prozesse aufrechterhalten werden. Eine Ermutigung kann nicht nur eine einmal ablaufende SFP zur Folge haben, sondern einen zirkulären SFP-Prozeß auslösen. Der durch die

Zuversicht bzw. das Selbstvertrauen ausgelöste Erfolg stärkt oder festigt wiederum die Zuversicht und löst damit erneut Erfolg aus (Einsiedler 1989, 106; Dreikurs 1987, 48). Dadurch wird die Ermutigung in der Praxis zu einem besonders hilfreichen Instrument, da sie in einen sich selbst erhaltenden Kreis-Prozeß einschwenkt, der keiner ständig wiederholten Ermutigungsintervention von außen mehr bedarf (Oswald 1973, 41f). Das Aufwand-Gewinn-Verhältnis fällt bei Ermutigungen mit solchen Konsequenzen besonders günstig aus: „high gain, low cost" (vgl. Eden/Kinnar 1991, 778).

Wexberg (1931, 281) und Künkel (1976) haben die wechselseitige Steigerung von Leistung und Zuversicht als 'circulus faustus' bzw. 'circulus virtuosus' bezeichnet. Sein Analogon im negativen Fall des Leistungsabbaus durch Minderung der Zuversicht nennen sie 'circulus vitiosus' (Birnbaum 1950, 155, 275; Henz 1964, 56, 119ff). Wexberg (1931, 281) nimmt sogar statt einem Kreis- einen Spiralenprozeß an, bei dem bei jedem neuen Durchlauf Zuversicht und Leistungsergebnis entsprechend gesteigert oder gemindert werden (1931, 281). Nezel beschreibt einen solchen Teufelskreis bei Arbeits- und Fortbildungsproblemen in der Erwachsenenbildung (1992, 169): Ein einmaliger Mißerfolg führt zur Generalisierung des Mißerfolgs. Dies fördert „Negatives Denken", Resignation, Angst und Unsicherheit, die Denkblockaden, Gedächtnishemmung und schließlich wiederum Mißerfolg erzeugen.

2.5 Indikation der Ermutigung

Ermutigung ist dort angezeigt, wo sich jemand die Bewältigung einer Aufgabe noch nicht ganz „zutraut" (Netzer 1963, 495) und die eigenen Fähigkeiten unterschätzt werden. Ermutigung ist vor allem bei ängstlichen Schülern vor einer Aufgabe oder nach Mißerfolgserlebnissen notwendig (Geißler 1981, 112). Ermutigung wird benötigt, wenn in Leistungssituationen besondere Widerstände oder Barrieren überwunden werden müssen. Aus der Überwindung resultieren Erfolgserlebnisse und neue Zuversicht, die dazu beitragen, daß ähnliche herausfordernde Situationen später als Anreiz empfunden werden können. Mißlingt die Überwindung der Widerstände, stellen sich Resignation, Aggression oder Fluchtverhalten ein (Henz 1964, 73-75; Wieland 1944, 291). Bemerkt der Erzieher eine solche Barriere, sollte er durch Ermutigung der Frustration vorbeugen.

Um die Notwendigkeit von Ermutigung einschätzen zu können, müssen Erzieher das Selbstvertrauen der Zu-Erziehenden richtig einschätzen können. In einer vergleichenden Untersuchung von Helmke & Fend (1981) zeigt sich allerdings, daß es zwischen Eltern und ihren Kindern, aber auch zwischen Lehrern und Schülern bezüglich der Einschätzung des Selbstvertrauens der

Kinder nur zu sehr geringen Übereinstimmungen kommt (beide r = 0.17).
Menschen ohne Selbstvertrauen sind z.B. an oft wiederholten negativen
Selbstäußerungen zu erkennen; z.B. „Ich glaube nicht, daß ich das kann"; „Ich
bin zu dumm/nicht geeignet dafür" (Dinkmeyer/Dreikurs 1970, 102; Sieland
1991, 69).

3. Teil: Anwendung von Ermutigungsmitteln in der pädagogischen Praxis

Welche Handlungen können als Ermutigung ausgeführt werden? Prinzipiell sind fast alle Kommunikationsmittel in der Lage, als Ermutigungsmittel zu dienen: das gesprochene „Wort" (Göttler 1957), der Tonfall, bewußtes Schweigen, Gestik, Mimik (Wieland 1944, 290, 297), etwa ein zustimmendes Kopfnicken, die Art des Blickkontakts (Eden 1990a, xx; Oswald 1973, 41; Dreikurs /Grunwald/Pepper 1976, 82ff), ein einfaches Augenzwinkern, ein hochgehaltener Daumen, ein „V(ictory)"-Zeichen mit gespreiztem Zeige- und Mittelfinger oder eine zustimmende Berührung, z.B. die Hand auf die Schulter legen (Schoenaker 1994b, 126).

Die wichtigsten Quellen für Zuversicht sind die objektiven Kompetenzen, die individuellen Fähigkeiten und das tatsächliche Fachwissen einer Person. Jede Maßnahme, welche diese Fähigkeiten zu entwickeln hilft, schafft indirekt auch Selbstvertrauen und kann damit als Ermutigungsmittel gelten. So gesehen können auch klassische Unterrichtsmittel wie Übung, Belehrung oder Training ermutigend wirken (Henz 1964, 15, 56). Aber mit der Forderung, Ermutigung stärker in den Mittelpunkt erzieherischen Handelns zu rücken, sind nicht in erster Linie solche Mittel gemeint. Vielmehr stehen darüber hinausgehende, zusätzliche Möglichkeiten der Zuversichtssteigerung im Brennpunkt der Betrachtung. Trotzdem gilt als anzustrebendes Ziel die Verknüpfung dieser beiden Lernhilfe-Zweige: sowohl didaktisch-inhaltliche Hilfen zur unmittelbaren Lernermöglichung als auch „psychische" Ermutigungsmittel zur Lernförderung (vgl. Birnbaum 1950, 276-284; Christmann 1994, 47). Ein bloßes „psychisches Aufrüsten" („psyching up") ohne wenigstens minimale Deckung durch Kompetenz ist substanzlos und kann langfristig Zuversicht nicht aufrechterhalten. Beispielsweise läßt selbst die beste psychische Prüfungsvorbereitung niemanden ein Examen bestehen, wenn es weitgehend am entsprechenden Fachwissen mangelt. Diese relativierende Überlegung ist stillschweigend zu Grunde gelegt, wenn es im folgenden thematisch bedingt um pädagogische Ermutigungsmittel i.e.S. geht, also um solche zusätzlichen psychischen Möglichkeiten.

Der Einsatz eines Ermutigungsmittels ist im konkreten Fall stark vom jeweiligen Ziel der Ermutigung und vom situativen Umfeld abhängig. Es kann hier kein umfassender Überblick über alle Ermutigungsmittel gegeben werden; eine exemplarische Zusammenstellung einiger bedeutsamer Ermutigungsstrategien, mit deren Hilfe ein Erreichen von Erziehungszielen unterstützt und vorangetrieben werden kann, soll genügen.

Das einfachste Ermutigungsprinzip ist die Vermeidung von entmutigenden Situationen. Jede Vermeidung von Entmutigung entspricht einem relativen Zuversichtsgewinn (Dreikurs/Cassel 1991, 60f; Henz 1964, 103). Dreikurs' & Cassels (1991, 60) Empfehlung an den Erzieher, Situationen der „Entmutigung zu vermeiden", ist als grundsätzliche Maxime für das Handeln nicht unvernünftig. Es wäre allerdings völlig lebensfern und würde einer maßlosen Überschätzung des möglichen Einflusses von Erziehung gleichkommen, sich vorzunehmen, jeden Entmutigungsfaktor für den Zu-Erziehenden zu vermeiden. Mit der Anwendung einiger Erziehungsmittel, wie z.B. der Konfrontation, wird das Risiko einer Entmutigung sogar bewußt und pädagogisch intendiert eingegangen. Allerdings muß auch nicht jeder Entmutigungsfaktor den Betroffenen gleich völlig aus der Bahn werfen. Negative Erfahrungen wirken sich nicht zwangsweise zuversichtsschädigend aus, wenn sie durch positive Erfahrungen kompensiert werden können (Dreikurs/Cassel 1991). Sie können dann sogar anspornend wirken. Es kommt also auf die Gesamtbilanz von potentiell er- und entmutigenden Erfahrungen an.

Allerdings wären bestimmte Verhaltensweisen, die sehr entmutigend wirken können, leicht zu vermeiden und erbringen nur in den seltensten Fällen einen pädagogischen Vorteil; z.B. die Nichtbeachtung, Zurücksetzung, Herabsetzung durch den Erzieher, sowie Sarkasmus, Zynismus, Moralismus und der Aufbau von Schulderlebnissen (Henz 1964, 2, 16, 103-107), der mangelnde Respekt vor Mutäußerungen des Kindes (Loch 1965a, 12) oder auch das Lächerlichmachen vor anderen (Ritter/Ritter 1983, 290). Solche Entmutigungen sollten völlig unterbleiben.

3.1 Ermutigung vor der Leistungserbringung

Ermutigt werden kann, bevor eine Leistung erbracht wird und nachdem eine Leistung erbracht wurde. Ermutigungen vor einer Aufgabendurchführung sollen die aktuelle Leistung während der Aufgabenerledigung steigern.

3.1.1 Ermöglichung von Erfolgserfahrungen

Eine der natürlichsten und verläßlichsten Ermutigungssituationen ist die Erfahrung von Erfolg. Macht ein Kind die unmittelbar positive Erfahrung seines Könnens auf einem bestimmten Gebiet, so wächst i.d.R. die Zuversicht und das Vertrauen in die eigenen Fähigkeiten in diesem Bereich. So ermutigt z.B. die erfolgreiche Bewältigung einer Lernaufgabe dazu, die nachfolgenden Lernschritte zuversichtlich anzugehen (Gagné 1980, 270; Wagner/Jirasko 1994, 352; vgl. Bandura 1977, 194ff; Eden 1990a, 131-134; Eden/Kinnar 1991, 772; Wilson 1980, 296). Mißerfolgserfahrungen dagegen entmutigen, „lähmen" und fördern eher die Unlust und den Widerwillen am Lernen (Aebli 1987b, 336f, 346; Ullrich/Ullrich 1980, 253).

Die positive Wirkung von Erfolgserfahrungen kann, zumindest innerhalb gewisser Grenzen, auch absichtlich genutzt werden. Ein bedeutsames Ermutigungsmittel besteht also aus dem Ermöglichen von Erfolg (Oswald 1973, 41; Wieland 1944, 289). Allerdings tendiert die Ermutigungsquelle „Erfahrung" dazu, einen geschlossenen Zirkel mit den Erwartungen aufzubauen, in den das bewußte Eingreifen nicht so ohne weiteres gelingt (vgl. Abschnitt 2.4). Bei Erfolgserfahrungen ist dies auch nicht notwendig, da es sich hier ohnehin um einen „Engelskreis" handelt, in dem sich positive Erlebnisse und gesteigerte Zuversicht gegenseitig bedingen. Im Fall von Mißerfolgserfahrungen ist dies jedoch bedauerlich, da z.B. gerade schwache Schüler, die Ermutigung am nötigsten hätten, am seltensten diese 'natürliche' Ermutigung durch Erfolgserfahrungen erfahren (Aebli 1987a, 166). Aber nicht in jeder Erziehungssituation können Erfolgserfahrungen eigens zum Zweck der Ermutigung arrangiert werden. Das Anforderungsniveau kann nicht grundsätzlich und überall beliebig gesenkt werden, nur um den Zu-Erziehenden, Schülern oder Studenten Mißerfolgserfahrungen zu ersparen. Das Bemühen um Ermutigung kann damit in einen Widerstreit mit der Erfüllung des Anforderungsniveaus geraten. Dennoch können etliche Erziehungssituationen dazu genutzt werden, erhöhte Erfolgschancen zu eröffnen (Dinkmeyer/Dreikurs 1970, 74). Bisweilen kann auch im Unterricht der Ermutigung der Schüler Vorrang vor dem Curriculum eingeräumt werden. Folgende didaktische Möglichkeiten stehen grundsätzlich zur Verfügung, um Erfolgserfahrungen wahrscheinlich zu machen:

(a) Die Chance auf Erfolg wächst, wenn *Anforderungen dosiert* werden. Eine jeweils individuell angemessene Forderung von Leistungen macht die Erfahrung von subjektiven positiven Erlebnissen wahrscheinlicher. Anzustreben ist eine „dosierte Diskrepanz" zwischen Ausgangslage und Lernziel (Weber 1996, 191). Es ist unmittelbar einleuchtend, daß eine Überforderung entmutigend wirken kann. Aber auch die stete Unterforderung entzieht Menschen die Möglichkeit, Erfolgserfahrungen zu sammeln (Aebli 1987b, 346; Dinkmeyer/ Dreikurs 1970, 58, 60, 76; Heckhausen 1980a, 28; Henz 1964, 103-106; vgl. Kramp 1984).

Bisweilen ist es sinnvoll und notwendig, das Anspruchsniveau äußerst niedrig anzusetzen, z.B. in der sozialpädagogischen Betreuung delinquenter Jugendlicher. Hier kann bereits die Erfahrung ermutigen, eine gestellte Aufgabe bis zum Ende durchzustehen und sich selbst damit Durchhaltevermögen zu beweisen. Das erzielte Resultat gerät hier zur Nebensache. Allein das Durchstehen der Situation schafft also schon einen Zugewinn an

Selbstvertrauen bei einer Klientel, die unter extremem Mangel an Selbstvertrauen leidet (Ludwig/Karmann 1996).

Im Unterricht kann die Aufgabenstellung anhand einer „inneren Differenzierung" dem Niveau des Lernenden zumindest zeitweise angepaßt werden: die gestellten Aufgaben können mit ihren Schwierigkeitsstufen so variieren, daß jeder eine Chance auf Erfolg erhält (Aebli 1987a, 168; Dreikurs/Cassel 1991, 58f).

(b) Eine weitere didaktische Möglichkeit, Erfolgserfahrungen wahrscheinlicher zu machen, ist bereits im Unterrichtskonzept Platons zu finden (März 1980, 190): die *schrittweise Annäherung* an ein Problemfeld und das Prinzip, ansteigende Schwierigkeitsstufen zu arrangieren (Ullrich/Ullrich 1980, 253). Fehlschläge sind vermeidbar, indem Aufgaben in einem chronologisch ansteigenden Schwierigkeitslevel vorgelegt werden (Eden 1990a, 131f). Denn die vorausgegangene Bewährung bei leichten Leistungsanforderungen ermutigt zu weiteren schwierigeren Arbeitsschritten (Geißler 1981, 112).

Ein besonderes Augenmerk ist dabei auf Anfangssituationen zu richten. So sollte z.B. die erste Aufgabe, die einer Person auf einem neuen Sachgebiet gestellt wird, die Möglichkeit eines Mißerfolgs nahezu ausschließen. Dafür muß zunächst das Fähigkeitsniveau der Klientel eruiert werden, um dann in „kleinen Schrittchen" vorwärts gehen zu können (Henz 1964, 105). Hat der Fortgeschrittene schon genügend Erfolg erfahren, so läßt sich ein partieller Mißerfolg leichter ertragen, ohne daß die Erfolgserwartungen deswegen drastisch reduziert werden. Dasselbe Ausmaß an Fehlschlägen ist also später leichter zu verdauen als am Anfang. Vorausgehender Erfolg konstituiert einen „Schutz-Mechanismus" gegen eine sofortige Zuversichtsminderung bei Mißerfolgserfahrungen (Eden 1990a, 131f).

(c) Kleine Erfolgserfahrungen werden ermöglicht, indem eine komplexe, umfangreiche Lernaufgabe *„etappiert"* (Henz 1964, 105) oder „portioniert" (Staudacher 1991, 142) dargeboten wird. Denn eine langfristige, einseitige Konzentration auf ein weit entferntes Ziel und die Wahrnehmung eines „grenzenlosen Horizonts des Wissens", das noch angeeignet werden muß, etwa die Tausende von Vokabeln, aus denen eine Fremdsprache besteht, wirkt entmutigend, vor allen Dingen bei jüngeren Kindern (Brezinka 1993, 60; Kirsch 1990, 120f; Ludwig 1991, 205; Sieland 1991, 66; Zastrow 1979a, 317). Z.B. kann die Angst vor dem Wasser abgebaut werden, indem die Aufgabe, Schwimmen zu lernen, in kleine Portionen unterteilt wird: Als erster Schritt wird ein Finger, dann mehrere Finger ins Wasser gehalten. Daraufhin werden die Zehen ins Wasser getaucht, die Füße, die Beine etc. (Dinkmeyer/Dreikurs 1970, 69; Dreikurs/Cassel 1991, 60f).

(d) Erfolgserlebnisse entstehen dort, wo der Zu-Erziehende ein Problem *selbständig* löst. Pädagogischer 'Übereifer' kann diese ermutigenden Erlebnisse verhindern. Es ist deshalb auf das didaktische „Prinzip der minimalen Hilfe" zu achten: Die Anleitung zum und die Hilfestellung beim Lösen einer Aufgabe oder eines Problems sollten sich auf das nötigste beschränken

(Becker 1984, 167f; Aebli 1987b, 300). Nicht-erbetene Hilfe anzubieten oder aufzudrängen, kann dem vermeintlich „Hilfebedürftigen" vermitteln, daß man ihm eine selbständige Lösung des Problems nicht zutraut (Meyer 1984b, 145f). Dagegen erhöht die Wahrnehmung, selbst der Urheber einer Wirkung zu sein - sei es als Einholer von Hilfestellungen oder als Aufgabenlöser - das subjektive Kontrollerleben. Dieses wiederum ist die Grundlage für Selbstvertrauen in Leistungssituationen (Einsiedler 1989, 104f). Es kann gefördert werden, indem den Zu-Erziehenden ein möglichst großes Maß an Selbstverantwortlichkeit, Eigeninitiative und Selbständigkeit gewährt wird und entsprechende Freiräume eingeräumt werden. Ein solches Vorgehen kann zusammenfassend mit „Autonomieunterstützung" betitelt werden. Verschiedene Experimente belegen, daß autonomiefördernder Unterricht und autonomieunterstützende Maßnahmen bei Schülern zu einer günstigen Selbsteinschätzung, zu einer Steigerung des Selbstvertrauens und zu größerer Selbständigkeit führen, während kontrollierender (wenig autonomiefördernder) Unterricht zur Minderung des Selbstvertrauens führt (Deci/Ryan 1993, 232, 234).

(e) Zeigt es sich als undurchführbar, einen bereits vorhandenen Teufelskreis aus Mißerfolgserfahrungen und mangelnder Zuversicht in einem kritischen Lerngebiet zu durchbrechen, so kann versucht werden, den Effekt der *Erwartungsgeneralisierung* zu nutzen: Die Erfolgserfahrung in einem Gebiet kann sich auf die Zuversicht in einem anderen Gebiet positiv auswirken, selbst wenn die beiden Gebiete nicht in einem engen fachlichen Zusammenhang stehen (Dinkmeyer/Dreikurs 1970, 76; Körndl 1991, 124). Dieser psychische Mechanismus der Erwartungsgeneralisierung wurde in der SFP-Forschung empirisch bestätigt (Ludwig 1991, 202ff). Offensichtlich können unterschiedliche bereichsspezifische Erwartungen aufeinander „abfärben". So kann etwa das Selbstvertrauen einer Schülerin im Fach Deutsch dadurch gefördert werden, daß ihr besondere Erfolgserlebnisse im Sportunterricht ermöglicht werden (Kloppert 1982, 58). Schulleistungen können unterstützt werden, indem schwachen Schülern Erfolgserlebnisse im sozialen Bereich eröffnet werden, etwa durch Übertragen exponierter Funktionen, eines besonderen „Amtes" oder einer Aufgabe, die im Klassenverband als begehrt gilt. Unter diesem Blickwinkel kann es sich als fatal erweisen, Kindern gerade bei einer allgemeinen schulischen „Leistungsflaute" im Zuge einer Bestrafungsaktion den Zugang zu ausgleichenden positiven Erfahrungen in außerschulischen Betätigungsfeldern wie Sport oder speziellen Hobbies zu verwehren.

Die Erwartungsgeneralisierung basiert auf einem besonderen Charakteristikum des Bewußtseins. Der menschliche „Arbeitsspeicher" für aktuelle Befindlichkeiten, Stimmungen und Selbsteinschätzungen scheint nur Raum für ähnliche, miteinander kompatible Elemente zu besitzen. Wir können keine gegensätzlichen Emotionen zur selben Zeit empfinden, selbst wenn wir entsprechend Anlässe dazu haben. Wir können nicht gleichzeitig traurig und glücklich sein. Ähnlich begrenzt scheint die Fähigkeit zu sein, gegensätzliche Selbsteinschätzungen gleichzeitig vorzunehmen, selbst wenn dies objektiv gerechtfertigt ist. Optimismus, Selbstvertrauen, das Fähigkeitsselbstkonzept scheinen psychische Phänomene zu sein, die der diametralen bereichsspezifischen Aufsplitterung einen gewissen Widerstand entgegensetzen. Es ist schwer, sich die Überzeugungen zu vergegenwärtigen, auf einem Gebiet gut und auf einem anderen schlecht zu sein, ohne daß beide Einschätzungen einem gewissen Ausgleich zustreben.

Eine bereichsübergreifende Übertragung von Zuversicht kann auch durch eine Erfolgserfahrung besonderer Art ermöglicht werden, nämlich indem der Lernende selbst in eine *Experten-Position* gebracht wird. Die Lehr- und Lernrollen sind in der Schule und auch weitgehend im Elternhaus mehr oder minder irreversibel starr verteilt. In der ihnen zugewiesenen Rolle erleben sich Kinder meist durchgängig als defizitär. Um dafür zumindest einen gewissen Ausgleich zu schaffen, können von Eltern besondere Kompetenzbereiche des Kindes zeitweilig in den Mittelpunkt gerückt werden, indem sie sich von ihrem Kind etwas erklären, zeigen, beibringen lassen oder das besondere Wissen des Kindes abrufen (rekursives Lernen und Lehren). Dies kann z.B. als „Bezahlung" für das elterliche Hausaufgaben-Abfragen geschehen. (Auf diese Weise hat der Verfasser die elementaren Techniken des Jonglierens erworben.) Das Schlüpfen in eine lehrende Rolle erzeugt automatisch ein intensives Erlebnis des eigenen Könnens und der Überlegenheitsanerkennung durch andere. Es unterstützt das Selbstvertrauen und die eigene Kompetenzüberzeugung (Dinkmeyer/Dreikurs 1970, 105; Locke 1970, 114). Eine ähnliche Idee wird auch in der Altenbildung mit dem Prinzip des „exchange-learning" verwirklicht: Ältere Menschen und Jugendliche werden in Bildungsveranstaltungen zusammengeführt und bringen sich gegenseitig etwas aus ihren jeweiligen Kompetenzbereichen bei (Petzold 1985, 69-92; Bubolz-Lutz 1984, 90f).

3.1.2 Voraussagen und Merkmalszuweisungen

Wahrgenommene Einschätzungen der eigenen Person durch andere können sich massiv auf die Selbsteinschätzung der eigenen Fähigkeiten auswirken (Meyer 1984b, 142ff). Die positiven Äußerungen einer anderen Person bezüglich der eigenen Fähigkeiten und auch deren Erfolgsvoraussagen zu den zukünftigen eigenen Leistungen können damit ermutigen; entsprechende negative Zuschreibungen können entmutigen (Eden 1990a, xx; Henz 1964, 103, 106f; Tausch/Tausch 1979, 173).

Ein Ermutigungsmittel besteht daher darin, dem Zu-Erziehenden zu vermitteln, daß man ihm die Bewältigung einer Aufgabe durchaus zutraut (Einsiedler 1989, 105), z.B. durch die Versicherung, man sei davon überzeugt, daß der Lernende die Aufgabe lösen könne (Dinkmeyer/Dreikurs 1970, 102f; Vukovich 1989, 215). Losoncy spricht in diesem Zusammenhang von einem Eröffnen der Perspektiven durch Voraussagen wie z.B. „Du lernst bestimmt schnell!" oder „Es ist klar, daß Du mal studierst" (1983, 191, 193). Bopp empfielt hier auch das „Bagatellisieren": z.B. „Das ist doch eine Kleinigkeit für Dich!" (1943, 26).

Fremdeinschätzungen werden auch über verallgemeinerte Etikettierungen und Merkmalszuweisungen transportiert. *Direkt-verbale* Merkmalszuweisungen sind z.B. Äußerungen des Zuspruchs ausreichender Fähigkeiten wie „Du bist gut im Rechnen!" Die Empfehlung, solche Äußerungen zu benutzen, mag ohne konkreten Fallbezug bisweilen den Anschein erwecken, der populär-pädagogischen 'Trickkiste' der trivialen Tips zu entstammen; nichtsdestoweniger können solche Äußerungen als Ermutigungsmittel eine enorme Wirkung entfalten, wenn ein sensibler Augenblick dafür abgepaßt wird. Die Fähigkeit von Kindern und Jugendlichen, eigene Leistungen selbst zutreffend einzuschätzen, wird häufig überschätzt.

In einem sozialpädagogischen Projekt für straffällige Jugendliche, deren Biographie und Schulkarriere eine stark negativ-lastige Bilanz mit permanenten Negativzuschreibungen aufwiesen, zeigte sich, daß der (durchaus zutreffende) Hinweis, von der Betreuungsperson für intelligent gehalten zu werden, die Jugendlichen sehr überraschte und bei ihnen auf nachhaltige Resonanz stieß (Ludwig/Karmann 1996).

Auf den ersten Blick ähnlich trivial mag die Aufforderung erscheinen, ausgesprochen entmutigende Merkmalszuweisungen zu unterlassen; z.B. „Du bist ziemlich dumm! Du kannst nie was richtig machen" (Schoenaker 1994b, 200). Trotzdem ist sie für die gegenwärtige Erziehungspraxis nicht überflüssig. Denn im Affekt entgleiten Lehrern auch heute noch Äußerungen wie „Aus dir wird nie etwas werden" (Neffe 1981a, 114; 1990b, 63). Eine derartige Aussage einer Autoritätsperson kann langfristig und folgenschwer entmutigend wirken.

Merkmalszuweisungen können auch auf *indirekt-aktionalem* Weg vorgenommen werden: Aus nonverbalem, interpersonalem Verhalten lassen sich Rückschlüsse ziehen, wie die eigene Person vom anderen eingeschätzt wird. Werden z.B. einem Schüler nur leichte Aufgaben zugewiesen, so „signalisiert" ihm das, daß ihm nichts Anspruchsvolleres zugetraut wird (Einsiedler 1989, 105; Meyer 1984b, 147f).

Wie alle direkten Erziehungsmittel unterliegen auch die verbalen Ermutigungsmittel wie Voraussagen und Merkmalszuschreibungen bei häufigem und wahllosem Gebrauch einem Verschleiß. Werden sie überstrapaziert, so büßt der Erzieher damit seine Glaubwürdigkeit ein und solche Mittel werden wirkungslos. „Stereotype Ermutigungsformen" sind daher zu vermeiden (Becker 1984, 121; Oswald 1973, 41f). Bei der Zuversichtssteigerung scheint es ohnehin weniger auf die Quantität ermutigender Aussagen anzukommen, als darauf, den „richtigen Augenblick" dafür abzuwarten.

Das größere Problem in der Praxis scheint allerdings eher das Unter- als das Übertreiben zu sein. Tausch & Tausch belegen durch einzelne empirische Untersuchungen, daß Lehrer, Kindergärtnerinnen und Eltern in der Regel mehr entmutigende als ermutigende Äußerungen an die Kinder weitergeben. Der Vergleich dieser Befunde mit den Kommunikationsformen bei öffentlichen Gerichtsverhandlungen mag zwar eigentlich nicht gerechtfertigt sein; trotzdem bleibt es frappierend, daß das Verhältnis zwischen „ermutigenden" und „entmutigenden" Äußerungen von Richtern gegenüber den Angeklagten günstiger zu sein scheint als von Erziehern gegenüber den Zu-Erziehenden (Tausch/Tausch 1979, 173f). Diesen Ergebnissen liegt zwar ein sehr weiter Ermutigungsbegriff zugrunde (im Sinne von allgemeiner Freundlichkeit, Verständnis, Motivation etc.), der nicht unbedingt mit Ermutigung als Erziehungsmittel oder Sozialisationsfaktor gleichzusetzen ist; trotzdem bleiben sie augenfällig.

3.1.3 Vorbereitung auf Rückschläge

Zeitweiliger Mißerfolg läßt sich für keinen Lernbereich ganz vermeiden. Kaum ein Lern- oder Übungsfortschritt schreitet völlig kontinuierlich voran. Meist treten auch Phasen des Nichtvorankommens ein, nachdem ein gewisses Leistungsplateau erreicht worden ist. Trotz intensiver Bemühungen stellt sich dann zunächst kein sichtbarer Fortschritt über dieses Niveau hinaus ein. Es kann sogar zu kurzzeitigen Phasen von Leistungsrückschlägen kommen. Damit Übungsplateaus oder Rückschläge ohne Zuversichtsminderung überstanden werden, können die Lernenden auf solche Phasen vorbereitet werden. Der antizipierende Hinweis auf solche kritischen Phasen bewirkt, daß sie als „natürliche" Erscheinungen der Kompetenzentwicklung begriffen werden, die überwunden werden können. Dadurch wird vermieden, daß solche Lernerlebnisse eine Entmutigungsspirale in Gang setzen. Entsprechende Informationen sollen prophylaktisch gegen Enttäuschungen „impfen" und damit gegen Entmutigung „immunisieren" (Birnbaum 1950, 279f; Künkel 1981, 125-129; vgl. Nolting 1989, 224). Das bewußte Anregen, mögliche Schwierigkeiten zu antizipieren und sich bereits im Vorfeld angemessene Bewältigungsstrategien zurechtzulegen, ist bereits ein Ermutigungsmittel. Denn das Vertrautsein mit potentiellen Hürden läßt diese einfacher erscheinen und sie unproblematischer meistern. Das gilt nach Henz für die Ermutigung bei Lernhandlungen, aber auch für die Ermutigung in einer Lebenskrise (1964, 112f).

Das Ermutigungsmittel „Immunisierung gegen potentielle Enttäuschungen" ist dem Ermutigungsmittel „Voraussagen" geradezu entgegengesetzt. Eine unrealistisch hohe Voraussage kann das Gegenteil ihrer Intention bewirken, wenn sie nicht in Erfüllung geht, und damit zu einer Minderung der Zuversicht führen. Andererseits kann auch eine zu frühe und zu intensive „Warnung" vor Rückschlägen als negative Voraussage entmutigen. Diese Diskrepanz zwischen beiden Vorgehensweisen kann theoretisch nicht aufgelöst werden. In der Erziehungspraxis ist hier das Fingerspitzengefühl des Erziehers gefordert. Er muß sich für die angemessene Methode bzw. für eine sinnvolle Mischung beider Methoden entscheiden und hierbei die jeweilige Situation und die Persönlichkeit des Zu-Erziehenden genau einschätzen und berücksichtigen. Bei diesem Abwägeprozeß muß die nüchterne Einschätzung der Wahrscheinlichkeit eines Mißerfolgs mitbedacht werden. Überzogene und völlig unrealistische Erwartungen zu wecken, ist sicherlich kontraproduktiv. Die Immunisierungsstrategie zu verfolgen, ohne dadurch bereits zu entmutigen, ist auch eine Angelegenheit der geeigneten Formulierung des Hinweises auf mögliche kritische Phasen.

3.2 Ermutigung nach erbrachter Leistung

Ermutigungsmittel können nicht nur *vor* einer Aufgabendurchführung sinnvoll eingesetzt werden, sondern auch *nach* einer bereits erbrachten Leistung. Im zweiten Fall kann die Ermutigung zwar das Resultat der Leistung nicht mehr verändern; aber durch eine ermutigende Reaktion des Pädagogen kann sich die erbrachte Leistung förderlich auf zukünftiges Leistungsverhalten auswirken.

Mit entscheidend dafür, ob eine erbrachte Leistung den Zu-Erziehenden er- oder entmutigt, sind Äußerungen des Erziehers zu den angenommenen Ursachen des Leistungsergebnisses. Denn die vom Erzieher geäußerte Kausalattribuierung kann die eigene subjektive Kausalattribution des Zu-Erziehenden verändern und dementsprechend zuversichtssteigernd oder -mindernd wirken (Domke 1991, 125). Zuversichtsförderliche Ursachenzuschreibungen erklären Erfolgserfahrungen mit stabilen Ursachen. Mißerfolgserfahrungen dagegen suchen sie in instabilen Ursachen (Vukovich 1989, 224). Instabile Ursachen lassen sich relativ leicht verändern (z.B. persönlicher Leistungseinsatz, Fleiß, Übungsintensität). Stabile Ursachen dagegen lassen sich nur schwer oder gar nicht verändern (z.B. Begabung, Talent oder Anlagen). Stabile Kausalattribuierungen sind auch „naive Begabungstheorien": Eltern, die Leistungsschwächen ihrer Kinder mit „Vererbung" erklären, entmutigen diese durch den impliziten Hinweis auf unveränderbare, ungünstige Anlagen im Kind. Die subjektive Gewißheit, an diesem vermeintlichen Schicksal nichts ändern zu können, führt letztlich zu einer motivationserfüllungsorientierten Entmutigung. Durch den Motivationsverlust lernt das Kind weniger, was wiederum zur „Bestätigung" der Theorie seiner Eltern führt (Henz 1964, 78, 104; vgl. Abschnitt 2.2).

Anlage-Spekulationen werden nicht nur ad-hoc am Einzelfall eines konkreten Menschen gebildet. Sogenannte eigene praktische „Erfahrungen" verdichten sich oft zu generellen naiven „Begabungstheorien" über den Einzelfall hinaus. In einem authentischen Fall vertrat eine Deutsch-Lehrerin auf einem Elternabend die Ansicht, daß die Aufsatzleistung primär von der unveränderbaren Begabung der Schüler bestimmt sei und deshalb nur zu einem geringen Teil durch Übung verbesserbar wäre. Solche öffentlichen Äußerungen von einer Fachperson werden als unhinterfragbare „Wahrheit" aufgenommen und können entsprechend demotivierende Wirkungen entfalten.

3.2.1 Nachbereitung von Erfolg

Häufig wird die Fähigkeit der Zu-Erziehenden überschätzt, ihre eigenen Leistungen adäquat zu beurteilen. Deshalb gewinnt die Beurteilung der eigenen Leistung durch andere vor allem dann an Bedeutung und Gewicht, wenn sie durch den Zu-Erziehenden selbst nur schwer eingeschätzt oder eingeordnet werden kann (Birnbaum 1950, 268; Henz 1964, 106). Nicht einmal jeder objektive Erfolg wird vom Zu-Erziehenden als Erfolg*serlebnis* empfunden bzw. als solcher erkannt (Hobmair/Treffer 1979, 76). Das subjektive „Erlebnis des Könnens" stellt sich also nicht zwangsläufig dadurch ein, daß eine Aufgabe objektiv erfolgreich bewältigt wird (Birnbaum 1950, 268). Gute Leistungen werden vor allem dadurch zu Erfolgen, daß sie als solche erkannt und bewertet werden, und zwar sowohl von der betroffenen Person selbst als auch von ihrer sozialen Umwelt. Eine ausbleibende positive Rückmeldung ist bei Leistungserfolgen eine Vergeudung potentieller ermutigender Ressourcen.

Erfolg muß als solcher gekennzeichnet werden. Zur Kennzeichnung ist es nützlich, „Lernfortschritte zu verdeutlichen" (Staudacher 1991, 140), die nicht so ohne weiteres erkennbar sind, und damit „Erfolge zu unterstreichen" (Birnbaum 1950, 279), indem die Fortschritte vom Erzieher verbal oder schriftlich hervorgehoben werden. Birnbaum rät dazu, eine „Rückschau über den Erfolgsgang" (1950, 165), also einen Rückblick auf das Geleistete anzuregen (Henz 1964, 107). Dies ist aktuell angebracht, wenn der Zu-Erziehende erneut vor ähnlichen Aufgaben steht. Hier kann auf frühere Leistungen in gleichen oder ähnlichen Fachgebieten oder auf gleiche Leistungen der Peers hingewiesen werden (Henz 1964, 105). Vor allem für Lernende, die selten einen Erfolg verzeichnen können, ist es in besonderem Maße bedeutsam, daß auch deren kleinste Fortschritte durch den Erzieher bemerkt und beachtet werden, damit sie den Erfolg als solchen erkennen können.

Die Kennzeichnung von Erfolgen und Leistungsfortschritten muß nicht deskriptiv erfolgen. Sie kann auch durch eine persönliche Anerkennung und Würdigung der Leistung des Zu-Erziehenden Ausdruck finden (Dinkmeyer/ Dreikurs 1970, 58, 60; Henz 1964, 104; Wieland 1944, 286f). Die Anerkennung durch einen Erzieher ist ein Ermutigungsmittel (Aebli 1987a, 167). Anerkennung kann nicht nur durch ein explizites, bewertendes Feedback (Lob) gezollt werden; sie kann sich auch durch aufmerksames (aktives) Zuhören, durch interessiertes Nachfragen, durch bekundetes Interesse, durch gezeigte Begeisterung, durch einen freundlichen Tonfall oder einen freundlichen Blick manifestieren (Schoenaker 1994b, 177f). Diese anerkennenden Verhaltensweisen sind besonders wichtig, wenn jüngere Kinder ihren Eltern mit Stolz ein

Produkt ihrer Schaffensbemühungen präsentieren wollen. Hier sollte die „Leistung im Kleinen" keinesfalls übersehen, sondern gebührend begutachtet und anerkannt werden (Wieland 1944, 293).

Bei schwachen Schülern sollten auch kleinere, intrapersonale Fortschritte Anerkennung erfahren. Nicht erst das Erreichen des weit entfernten Endziels kann gewürdigt werden; auch bereits ernsthaft unternommene Versuche, ein bestimmtes Ziel zu erreichen, werden durch Anerkennung als erreichte Teilerfolge definiert (Schoenaker 1994b, 189; Dinkmeyer/Dreikurs 1970, 69). Nicht nur der objektiv erreichte Erfolg soll gelobt und anerkannt werden, sondern auch der relative Leistungsfortschritt, ja schon die Anstrengung, die Absicht, das ernsthafte Bemühen und die Tatsache, daß sich der Zu-Erziehende der Aufgabe gestellt hat (Henz 1964, 106; Dreikurs/Cassel 1991, 59-60f; Ullrich/Ullrich 1980, 255). Nach Dinkmeyer & Dreikurs kommt es darauf an, jeden kleinsten Versuch und Schritt in die richtige Richtung zu loben (1970, 103).

Im Sinne der Erwartungsgeneralisierung kann es sinnvoll sein, auch solche Leistungen nicht zu übersehen, die nicht im Vordergrund des derzeitigen Interesses (z.B. eines Schulfachs) liegen, wie z.b. erworbene Kompetenzen bei Hobbies. Denn Erfolgserfahrungen in schulfremden Bereichen können sich positiv auf die Erfolgserwartungen auch im schulischen Bereich und damit auch auf die Schulleistungen selbst auswirken (Dinkmeyer/Dreikurs 1970, 66, 76, 105).

Eine der am häufigsten praktizierten Formen der Anerkennung ist das Lob als eine verbale, wertende Rückmeldung. Die Beziehung zwischen Lob und Ermutigung wird sehr ambivalent gesehen. Bisweilen werden beide Kategorien als identisch betrachtet (z.B. Louis 1976, 14; vgl. Hanke/Mandl/Prell 1974, 25). Andere wiederum behandeln beide als getrennte Phänomene. So fassen Dreikurs, Grunwald & Pepper (1976, 75), Dreikurs & Cassel (1991, 61ff) sowie Schoenaker (1994b, 128ff) Lob und Ermutigung sogar als gegeneinander abgegrenzte soziale Handlungen auf. Diese individualpsychologischen Pädagogen postulieren zwar eine scharfe Abgrenzung, können diese aber nicht überzeugend und nachvollziehbar begründen, da sie darauf verzichten, die beiden Begriffe zu definieren.

Lob kann als ein sozialer Verstärker fungieren. Damit ist die Beziehung zwischen Lob und Ermutigung ähnlich derjenigen zwischen Verstärkung und Ermutigung (vgl. Abschnitt 1.5). Lob kann also durchaus auch ein Ermutigungsmittel sein; jedoch nur dann, wenn der Lobende damit eine Zuversichtssteigerung beabsichtigt (Geißler 1973, 114; Domke 1991, 138; Dinkmeyer/ Dreikurs 1970, 127). Lob muß aber nicht zwangsläufig mit Ermutigung einhergehen. Wenn z.B. eine Person A in Gegenwart von Person B deren Bescheidenheit lobend erwähnt, um dieses Verhalten von B zu verstärken, so wird keine Zuversichtssteigerung angestrebt, da zur Bescheidenheit keine Zuversicht notwendig ist.

In der individualpsychologischen Pädagogik trifft Lob als Erziehungsmittel auf starke Skepsis, da unterstellt wird, es sei in seinen Effekten fragwürdig. Aufgrund möglicher negativer Nebenwirkungen wird eher zur Zurückhaltung geraten (Burger 1992, 102ff; Dreikurs/Cassel 1991, 61ff; Dreikurs/Grunwald/Pepper 1976, 75; Schoenaker 1994b, 128ff; vgl. Flitner 1982, 80). Dinkmeyer & Dreikurs (1970, 127) weisen darauf hin, daß Lob auf dem Weg zur Selbstvertrauensstärkung zum Hindernis werden kann. Der Grund, weshalb diese Autoren zwischen Lob und Ermutigung strikt trennen, resultiert vermutlich aus dieser Skepsis gegenüber dem Lob. Allerdings erübrigt sich diese Trennung: Auch mit der Anerkennung des Lobes als eines der Ermutigungsmittel (im intentionalen Sinn!) kann auf seine möglichen Risiken aufmerksam gemacht werden. Kein Ermutigungsmittel, auch kein Erziehungsmittel, ist frei von potentiellen ungewollten Nebenwirkungen. Es ist nicht einmal sicherzustellen, daß Ermutigungsmittel immer die gewollten Wirkungen hervorrufen. Vermutlich wurde diese verwirrende Trennung zwischen Lob und Ermutigung durch die Vermengung eines intentionalen und eines funktionalen Begriffsverständnisses in Bezug auf „Lob" hervorgerufen (vgl. Abschnitt 1.4.1).

Die angenommenen positiven Wirkungen des Ermutigungsmittels Lob entsprechen der selbsterfüllungsorientierten und der motivationserfüllungsorientierten Ermutigung, was folgende Aussagen belegen: „Anerkennung und Lob als Leistungsbeurteilung" steigere das Selbstwertgefühl („Selbstgefühl") sowie das „Erfolgsgefühl" und dadurch auch die Leistung. Freude werde damit zu einem Leitmotiv für zukünftige Anstrengung (Henz 1964, 106). Somit motiviere und hebe Lob das Selbstvertrauen sowie das individuelle Anspruchsniveau (Domke 1991, 136, 138). Diese Wirkungen konnten durch Experimente bei Schülern bestätigt werden. Lob führt zur Abnahme der Mißerfolgsängstlichkeit bei Schülern (Stamps 1973), steigert wahrgenommene Kompetenz, das Selbstvertrauen und die intrinsische Motivation (Deci/Ryan 1993, 231; Johannesson 1967). „Ermutigende Rückmeldungen" erhöhen die Motivation und die Schulleistung (Engelmayer 1956, 204; Henz 1964, 106; Mehta/Kanade 1969; Mietzel 1973, 323). Lob steigert auch die subjektive Kompetenzerwartung (Entwisle/Webster 1972).

Auf den ersten Blick scheint das Lob ein recht unverfängliches Ermutigungsmittel zu sein. Allerdings gilt beim Lob der Grundsatz, daß zuviel des Guten entweder keine Wirkung oder sogar eine kontraintendierte einbringen kann. So sollte „plumpes Loben" auf alle Fälle unterlassen werden (Döring 1990, 78-83). Birnbaum warnt davor, schüchterne Menschen nach einer letztlich doch noch geglückten Leistung direkt zu loben. Dies könne diese vor dem eigenen Mut „zurückschrecken" lassen (1950, 276). Von Menschen mit pathologisch niedrigem Selbstwertgefühl kann Lob häufig nicht angenommen werden (Schoenaker 1994b, 153). Durch die persönliche Biographie kann Lob sogar eine „aversive Qualität" erhalten haben, wenn es z.B. in der Vergangenheit oft mit Kritik oder mit einer nachfolgenden Forderung verbunden war (Ullrich/Ullrich 1980, 253f). Um solche negativen Effekte zu umgehen, sollten Formen des Lobs eingesetzt werden, die für den Gelobten nicht nach „Zweck-Lob" aussehen, wie z.B.:

155

- anscheinend „beiläufige" indirekte Leistungsmitteilungen: Statt „Du bist intelligent" wird formuliert: „Du solltest endlich Gebrauch von deiner überdurchschnittlichen Intelligenz machen, sonst ist das ja eine Vergeudung deiner Begabung!" Dies entspricht einer Hypnose-Suggestionstechnik: Eine Aussage wird in einen scheinbar nebensächlichen Nebensatz gepackt, um sie kritik-immuner zu machen, da von der eigentlichen Botschaft des Satzes abgelenkt wird (Losoncy 1983, 191; vgl. Peter 1983, 359).

- die Benutzung eines „sozialen Dreiecks": Die positive Würdigung wird gegenüber einer dritten Person erwähnt, und zwar in einer Situation, in der der Gelobte das Gesagte mithören kann (Schoenaker 1994b, 132; Birnbaum 1950, 276).

Lob löst eher Peinlichkeit aus, wenn der Lobende vom Gelobten nicht geschätzt wird oder wenn er in den Augen des Gelobten keine Autorität auf dem gelobten Sachgebiet genießt (Netzer 1972, 90). In solchen Situationen ist Lob nichts wert. Lob ist in hierarchischen sozialen Beziehungen nicht reversibel: es kann also nicht „zurückgegeben" werden (Tausch/Tausch 1979, 176). Daraus ergibt sich in asymmetrischen Beziehungsstrukturen die Gefahr, daß der Lobende „schulmeisterlich-besserwissend" oder „gouvernantenhaft-bevormundend" erscheint. Denn der Lobende beansprucht, ob er will oder nicht, ein gewisses Maß an Überlegenheit und das „Recht auf Führung", das ihm aber nicht so ohne weiteres zugestanden wird (Vukovich 1989, 218). Unter Gleichrangigen in symmetrischen Beziehungen ist daher auch das deskriptive Feedback eher angebracht als das wertende Lob. Denn letzteres kann als anmaßend empfunden werden (Wagner 1982, 174; vgl. Wagner 1977, 53ff).

3.2.2 Nachbereitung von Mißerfolg

Ermutigung wird vor allem nach einem Mißerfolgserlebnis notwendig. Jedoch ist dann das Ermutigungsmittel Lob nicht so ohne weiteres einsetzbar, da Lob ja voraussetzt, daß zuvor eine überdurchschnittliche Leistung vollbracht worden ist. Hier kann auf andere Ermutigungsmittel ausgewichen werden (Dreikurs/Cassel 1991, 62). Ob ein Mißerfolg ohne Zuversichtseinbußen ertragen werden kann, hängt vom Selbstkonzept, Selbstvertrauen und Selbstwertgefühl einer Person ab (Einsiedler 1989, 104). Mit folgenden Möglichkeiten kann einer potentiell entmutigenden Wirkung von Mißerfolg gegengesteuert werden:

- Bei Mißerfolgserlebnissen kann Ermutigung durch die verbale Relativierung des Mißerfolgs erfolgen (Geißler 1981, 112) oder indem die Mißerfolgserfahrung umgedeutet wird (Birnbaum 1950, 279f; Kirsch 1990, 180; Sonntag 1989, 51).

- Mißerfolge können durch den Aufbau alternativer Erfolgsfelder abgemildert werden, indem sie durch Erfolgserfahrungen auf einem anderen Gebiet abgepuffert werden (Helmke 1992, 42; vgl. Fend/Knörzer u.a. 1976; Helmke 1983a).
- Mißerfolge können „produktivisiert" werden, wenn der Zu-Erziehende zu einer „*aktiven* Stellungnahme" gebracht wird (Birnbaum 1950, 166), indem z.B. die Ursachen des Mißerfolgs sachlich erörtert werden. Im Fall von Rückschlägen kann eine Analyse des Rückschlags durch eine „technische" Betrachtungsweise vorgenommen werden. In einem weiteren Schritt werden Hilfen zur Verhinderung künftiger Mißerfolge erarbeitet. Neben dem positiven Effekt, der von einer Planung eines geschickteren Vorgehens für die Zukunft ausgeht, wird dadurch zusätzlich neue Zuversicht initiiert, da implizit vermittelt wird, daß künftige ähnliche Leistungssituationen besser bewältigbar sind (Geißler 1981, 112; Henz 1964, 118).
- Der Mißerfolgsentmutigung kann durch das „Bilanzieren" entgegengewirkt werden. Bei einer Bilanzierung wird der Mißerfolg nicht isoliert betrachtet, sondern in den Gesamtkontext einer Leistungsbilanz eingebunden (vgl. Aebli 1987a, 166). Dabei soll das Positive mehr in den Mittelpunkt der Betrachtung gerückt werden. Unter der „Konzentration auf das Positive" versteht Schoenaker nicht eine Art „Positives Denken", bei dem das Negative „verdrängt" wird, sondern einen „breiten Blick auf das Ganze unter Betonung der Stärken, des Guten" (1994a, 43, 45; Dinkmeyer/Dreikurs 1970, 66, 100, 105f, 126).

Auch wenn das Bemühen um eine Abfederung der entmutigenden Wirkung von Mißerfolgen im Vordergrund steht, ist bei Leistungsschwäche mitunter ein kritisches Feedback unumgänglich. Der Vorsatz des suggestopädischen Unterrichts, auf Lehrerseite jeglichen aversiven Stimulus konsequent zu vermeiden und damit auch auf die „unmittelbare direkte Fehlerkorrektur" zu verzichten (Sensenschmidt 1990, 40), erscheint wenig sinnvoll. Erstens ist die Korrektur tatsächlicher Fehler eine sachliche Notwendigkeit zur künftigen Fehlervermeidung und zweitens führt sie keinesfalls zwangsläufig zu einer Entmutigung. Es kommt sehr darauf an, wie ein Feedback erfolgt. Konstruktive Kritik kann sozial verträglich und ohne vernichtende Wirkung vermittelt werden. Harte Kritik dagegen kann das Selbstvertrauen angreifen (Einsiedler 1989, 105). Bei der Äußerung von Kritik ist auf folgende Punkte zu achten:

- Fortgeschrittene, die schon Lernerfolge verbuchen konnten, vertragen und wünschen oft auch detaillierte Kritik. Gegenüber (noch) unerfahrenen Anfängern ist eher Zurückhaltung geboten (Birnbaum 1950, 156).
- Ein besonderes Augenmerk ist auf die Entkoppelung von schulischem Mißerfolg und persönlicher Wertschätzung zu richten. Denn hier besteht

die Gefahr der Entstehung „konditionaler Zuwendung" (Helmke 1992, 42; vgl. 1983a; Fend/Knörzer u.a. 1976).

- Eine Korrektur läßt sich leichter akzeptieren, nachdem man erfahren hat, was man gut gemacht hat. Deshalb sollte nach Möglichkeit eine positive Rückmeldung dem korrigierenden Feedback vorangehen (Dinkmeyer/ Dreikurs 1970, 100f; Henz 1991, 363).
- Ein Fehlerhinweis kann selbst unmittelbar dazu benutzt werden, gleichzeitig Zuversicht zu vermitteln; z.B. „Das kannst du eigentlich besser machen" (Dreikurs/Cassel 1991, 67).

3.2.3 Paradoxe Wirkung von Lob und Tadel

Lerntheoretische Modelle lassen zunächst einen einfachen kausalen Zusammenhang zwischen der Wirkung verbaler Sanktionen und der Erfolgszuversicht, der Begabungseinschätzung sowie der Motivation vermuten: Lob bewirkt eine Erhöhung der *Erfolgszuversicht*, Tadel dagegen senkt sie. Auf einen analogen Zusammenhang stießen zunächst einige Studien zur Auswirkung elterlicher Erziehungspraktiken, wie Verstärkung und Sanktionen, auf die *Leistungsmotivation* von Kindern: „Ein starkes und erfolgszuversichtliches Leistungsmotiv scheint gefördert zu werden, wenn (1) Erfolg mit Lob und Zuwendung belohnt und (2) auf Mißerfolg eher neutral reagiert wird sowie (3) hohe (*normative*, P.L.) Leistungerwartungen an das Kind herangetragen werden" (Heckhausen 1980a, 689).

Dieses einfache Bild wurde von einigen empirischen Studien erschüttert, die auf „paradoxe Effekte" von Sanktionsverhalten stießen. Denenzufolge kann Sanktionsverhalten, das im allgemeinen als positiv oder sozial günstig eingeschätzt wird (z.B. Lob), die Erfolgszuversicht, die Begabungs- und die Fähigkeitseinschätzung von Schülern senken, und Tadel diese Einschätzungen steigern (Meyer 1983; 1984a, 164ff; Meyer/Plöger 1979; vgl. Wagner/Jirasko 1994, 346-348). Z.B. verbesserten in einem Experiment von Tacke & Linder (1981) Schüler, die für ihre Gedächtnisleistung im Deutschunterricht nicht gelobt wurden, ihre Gedächtnisselbsteinschätzung signifikant, während gelobte Schüler sie nicht veränderten. Auch in Bezug auf die Leistungsmotivation stießen empirische Studien auf Wirkungen, die unter dem üblichen bekräftigungstheoretischen Blickwinkel „paradox" erscheinen, z.B. daß hochmotivierte Kinder von den Eltern mehr getadelt und weniger gelobt werden als niedrigmotivierte Kinder (Heckhausen 1980a, 690ff).

Gegen diese Studien wurden methodische Einwände erhoben: Z.B. verwendeten Tacke & Linder (1981) nur sehr kleine Stichproben. Ihr Bericht legt nicht offen, aus welchen Verhaltensweisen die unabhängige Variable bestand. In den von Heckhausen erwähnten Studien wurde die Jahre zurückliegende elterliche Sozialisation per Fragebogen rekonstruiert. Bei den Studien von Meyer wurde die „Szenariomethode" eingesetzt, bei der die Vpn nicht selbst die Gelobten sind, sondern die Vpn als nicht-teilnehmende „Beobachter" die Selbsteinschätzungen fiktiver Personen in einer Geschichte beurteilen (Wagner/Jirasko 1994, 348).

Wagner & Jirasko (1994) konnten in einem replikativen Experiment, das im Vergleich zur Szenariomethode ein realitätsnäheres Setting benutzte, diese paradoxen Effekte nicht auffinden: Diejenigen Schüler, die bei einer Kopfrechenaufgabe getadelt wurden, schätzten ihre *Fähigkeiten* niedriger ein als die gelobten Vpn. Ferner ergaben die Befunde zur Wirkung von verbalen Sanktionen auf die *Leistungsmotivation* ein differenzierteres Bild: Diese Wirkung ist von der eigenen subjektiven Leistungserfahrung abhängig. Bei denjenigen Vpn, die subjektiv Mißerfolg erlebten, wirkt Lob demotivierend. „Bei subjektivem Erfolg hingegen lösen Lob und eine kommentarlose Rückmeldung eine Motivationssteigerung aus, während Tadel eine massive Beeinträchtigung bewirkt" (Wagner/Jirasko 1994, 351).

Trotz einiger empirischer Gegenbelege und methodischer Einwände gegen diejenigen Studien, die auf paradoxe Effekte stießen, erscheint es nicht unwahrscheinlich, daß auch solche kontraintuitiven Effekte von Lob und Tadel ausgehen können. Mit Hilfe des Ermutigungsansatzes lassen sich die widersprüchlichen Befunde um paradoxe und nicht-paradoxe Wirkungen von Sanktionen theoretisch erklären:

- Das Doppelzweck-Mittel-Schema der Ermutigung (vgl. Abschnitt 1.4.4) weist darauf hin, daß Ermutigungsmittel nicht automatisch ihr Rezeptionsziel erreichen. Lob steigert also nicht in jedem Fall die Erfolgszuversicht, die Begabungs- und Fähigkeitseinschätzung. Lob *kann* die Zuversicht erhöhen. Es kann unter bestimmten Umständen aber sogar zum Abbau von Zuversicht führen, wodurch ein paradoxer Effekt wahrgenommen wird (vgl. Dinkmeyer/Dreikurs 1970, 127).
- Die Annahme der Zuversicht als intervenierende Variable zwischen Lob und seiner Wirkung auf die Motivation nach dem 'dualen Modell der Ermutigungskonsequenzen' (vgl. Abschnitt 1. 3.4) macht deutlich, warum nicht jedes Lob 'automatisch' motiviert. Nur wenn das Rezeptionsziel 'Zuversichtssteigerung' erreicht wird, besteht erst die Möglichkeit, daß in der Folge eine erhöhte Motivation entsteht. Ob ein Lob die Zuversicht steigert, hängt jedoch von etlichen Randbedingungen ab (z.B. von der subjektiven Erfolgserfahrung).

Häufiges oder starkes Lob bei nur geringem Erfolg oder bei sehr leichten Aufgaben signalisiert dem Gelobten, daß der Lobende nicht viel von seinen Fähigkeiten hält. Es kann damit der Grund für den Abbau von Zuversicht sein (Domke 1991, 138; Einsiedler 1989, 106; Heckhausen 1980a, 690; Meyer 1984b, 143ff; Tacke/Linder 1981, 190f). Daraus schließt Heckhausen, daß Bekräftigungen nicht wahllos erfolgen sollten, sondern z.B. vom Schwierigkeitsgrad der Aufgabe für den Lernenden abhängig zu machen sind (1980a, 690).

Heckhausen führt aus, weswegen einem einfachen, kausalen, lerntheoretischen Verstärker-Modell der Wirkung von Sanktionen auf die *Motivation* zu mißtrauen ist (1980a, 689f): In diesem Modell bleibt der situative Kontext des jeweiligen Sozialisationsfaktors ausgeblendet. In der Erziehungsrealität hingegen entfalten die einzelnen Erziehungspraktiken erst im Zusammenhang mit der Einbettung in das übergreifende sozial-affektive Erziehungsklima bzw. in den Erziehungsstil ihre Wirkung. So verlieren z.b. negative Sanktionen ihre ungünstige Wirkung, wenn sie in eine freundliche und das Kind respektierende Gesamtsituation eingebettet sind. Elterliche Reaktionen, die als Bekräftigung ausgelegt werden können, verlaufen in einem Kontext von weiteren impliziten Informationen, deren Bedeutung die reine Verstärkung weit übertreffen können; z.B. Informationen über Fähigkeitseinschätzungen, Leistungserwartungen und den Tüchtigkeitsstandard, den Eltern setzen.

3.2.4 Schulische Leistungsbeurteilung

Schulische Beurteilungen, insbesondere Zensuren, können bekanntermaßen sowohl Ermutigungs- als auch Entmutigungsfaktoren sein (Bambach 1994, 13; Einsiedler/Schöll 1995; Henz 1964, 90). Zwei Hauptfunktionsgruppen schulischer Leistungsbeurteilung lassen sich unterscheiden (Rieder 1990b, 65ff; Sacher 1994, 18): die *pädagogischen* Funktionen (z.B. die Motivations-, Lernsteuerungs- und die Rückmeldefunktion für Schüler und Lehrer) und die *Berechtigungs*funktionen (die Auslese- und Selektionsfunktion).

Noten als Ermutigungsfaktoren betrachtet sind den pädagogischen Funktionen zuzuordnen. Die pädagogischen Funktionen befinden sich häufig mit den Berechtigungsfunktionen in einer widersprüchlichen Beziehung. Denn Zensuren können nicht nach Lernförderkriterien vergeben werden, sondern müssen an objektiver Leistung gemessen werden (vgl. Fittkau/Langer 1974, 16; Ludwig 1995, 117). Grundsätzlich kann sich Leistungsbeurteilung an drei verschiedenen *Bezugsnormen* orientieren: anhand eines *sozialen* Vergleichs (z.B. mit dem Klassendurchschnitt), eines *individuellen* Vergleichs (z.B. mit früheren Leistungen desselben Schülers) oder anhand eines *kriterialen* (sachlichen) Vergleichs (z.B. Lernziele als Maßstab) (Klauer 1987a; Rieder 1990a, 27; Sacher 1994). In Deutschland und Österreich legen bildungspolitische Richtlinien die kriteriale Bezugsnorm nahe. Klauer ist der Meinung, daß in der Praxis aber hauptsächlich auf die soziale Bezugsnorm zurückgegriffen wird (1987b). Die soziale Bezugsnorm eignet sich zu Selektionszwecken. Ihr Nachteil liegt darin, daß gerade die Motivation und das Leistungsselbstvertrauen der leistungsschwachen Schüler leiden, da die geringeren Erfolgsfortschritte mit ihr nicht entsprechend gewürdigt werden können. Die individuelle Bezugsnorm kann dagegen auf intraindividuelle Veränderungen eingehen. Sie ist jedoch durch Noten nicht auszudrücken, da eine Vergleichbarkeit mit anderen Schülern nicht mehr gegeben ist (Rieder 1990a, 28ff; Klauer 1987a; Weiss 1987).

Ullrich & Wöbcke bezeichnen die Beurteilung anhand der individuellen Bezugsnorm als eine ausgesprochen *pädagogische* Beurteilungsmethode „mit starkem Ermutigungseffekt" (1981, 36). Nach Tajalli fördert die individuelle Bezugsnorm die Erfolgszuversicht der Schüler mehr als die anderen Normen. Er behauptet sogar, die soziale Bezugsnorm würde einen „Widerspruch zum pädagogischen Leitkonzept einer ermutigenden Erziehung" (1986, 644) darstellen. Klauer empfiehlt daher, wenigstens bei der Korrektur der Übungsarbeiten einen individuellen Maßstab anzulegen (1987b). Nach Tajalli sollte zumindest in den ersten Grundschuljahren nach dem individuellen Maßstab bewertet werden, damit die Schüler so genügend Erfolgszuversicht aufbauen können (1986). Denn in der Grundschule, vor allem zu Beginn der ersten Jahrgangsstufe, ist das Fähigkeitsselbstbild noch instabil und daher stark beeinflußbar (Einsiedler/Schöll 1995, 120).

Die verbreitete Ansicht, auch schlechte Noten würden motivieren, scheint sich im Schulalltag nur punktuell zu bestätigen. Die zuversichtssenkende und damit auch leistungsmindernde Wirkung von schlechten Zensuren ist meist stärker als ihre motivierende Wirkung im Sinne der „alarmierenden Funktion" (vgl. Einsiedler 1989, 106; Girmes 1997, 63; Oettingen 1997, 237f; Sacher 1994, 18). Etliche empirische Untersuchungen belegen, daß schlechte Noten das Lernverhalten eher demotivieren (Rieder 1990b, 68). Allerdings hat diese Erkenntnis keine unmittelbare Auswirkung auf die Benotungspraxis. Denn Lehrer können ihren schwachen Schülern keine motivationsorientierte Ermutigung dadurch zuteil werden lassen, daß sie ihnen bessere Noten „als verdient schenken". Sehr wohl können aber andere Register der Ermutigung gezogen werden (Birnbaum 1950, 243).

Eine Möglichkeit, das Handikap der objektiven Leistungsbeurteilung unter der Ermutigungsperspektive auszugleichen, besteht in zusätzlichen detaillierten, mündlichen oder schriftlichen Kommentaren zu den Leistungsbeurteilungen durch Noten. Hier dürfen intraindividuelle, subjektive Maßstäbe angelegt werden. In Kommentaren ist eine Leistungsbewertung möglich, welche auf die individuellen Vorleistungen Bezug nimmt und individuelle Lernfortschritte anerkennt (Henz 1991, 365; Wieland 1944, 295; Fittkau/Langer 1974, 16). Der Effekt solcher Kommentare als Ermutigungsmittel darf allerdings auch nicht überschätzt werden. Letztlich vermögen sie nur wenig an der für schwache Schüler entmutigenden Konkurrenzsituation der Regelschule zu ändern (Domke 1994, 100). Anerkennende Lehrer-Äußerungen zu intraindividuellen Fortschritten führen nicht in jedem Fall zu besseren Leistungen. Sie müssen dazu dem Schüler auch glaubwürdig vermittelt werden. Routinemäßige, stereotyp wiederholte Kommentare haben eher keine oder sogar kontraproduktive Wirkungen im Sinne von paradoxen Effekten (Krampen 1985a, 118; Schoenaker 1994b, 122; siehe Abschnitt 3.2.3).

Fittkau & Langer (1974) führten ein Experiment zur Auswirkung schriftlicher Ermutigungen auf die schulische Leistung durch. Hauptschullehrer wurden gebeten, bei 30% ihrer zufällig ausgewählten mittleren und leistungsschwächeren Schüler der 5. und 6. Jahrgangsstufe (N = 85) unter drei Klassenarbeiten in den Fächern Englisch und Mathematik zusätzlich zur Zensur einen „ermutigenden Satz" zu schreiben. Sie entnahmen dafür jeweils unterschiedliche Sätze aus einer vorgegebenen Liste. Eine Kontrollgruppe mit gleicher Leistungsstärke (N = 77) erhielt keinen solchen zusätzlichen Satz. Die Ermutigungsphase dauerte 8 Wochen. Die Ermutigungssätze stammten aus einem Brainstorming-Pool, aus dem diejenigen Sätze ausgewählt wurden, deren Grad an ermutigender Wirkung (Angstreduktion, Erhöhung des Selbstvertrauens und der Motivation etc.) von Psychologiestudenten im Durchschnitt am höchsten eingeschätzt wurde. Je nach Zensuraufstieg oder -abstieg im Vergleich zur vorausgegangenen Klassenarbeit wurden unterschiedliche Sätze benutzt. Die Lehrer schrieben vor dem Experiment für gewöhnlich keine solchen Kommentare unter Klassenarbeiten. Das experimentelle Treatment stellte also ein Novum für die Schüler dar. Je nach Zensuraufstieg oder -abstieg im Vergleich zur vorausgegangenen Klassenarbeit wurden Sätze benutzt wie:

bei Verschlechterung:
- *„Wenn auch die Arbeit daneben gegangen ist, so sind doch gute Ansätze vorhanden",*
- *„Leider konnte ich Dir wegen der Fehlerzahl nur diese Note geben. Ich hoffe aber, daß Du die nächste Arbeit besser schreiben wirst"*

bei gleicher Note wie vorher:
- *„Ich würde Dir gern einmal eine bessere Note geben! Ich weiß, Du könntest es schaffen!"*
- *„Deine Beständigkeit ist sehr erfreulich. Versuche bitte einmal, Deine Noten zu verbessern!"*

bei Verbesserung der Note:
- *„Sieh mal an, welche Fähigkeiten in Dir stecken!"*
- *„Über Deine Arbeit habe ich mich sehr gefreut. Versuche beim nächsten mal, ebenso konzentriert zu arbeiten!"*

Verglichen mit den Schülern der Kontrollgruppe wiesen die (ermutigten) Schüler der Experimentalgruppe nach der Ermutigungsphase eine signifikante Verminderung der Prüfungsangst (p < 0.001) und der Schulunlust (p < 0.001) auf. Die schriftlichen Ermutigungen hatten auf die Schülerleistungen jedoch keinen generellen, aber einen „differentiellen" Effekt: Der Durchschnitt der Leistungen veränderte sich in der Experimentalgruppe nicht. Jedoch traten bei der Subgruppe „mittlere Leistungsstärke" geringe Verbesserungen auf, die allerdings vom untersten Leistungsdrittel durch geringe Verschlechterungen der Leistungen kompensiert wurden.

Angesichts des geringen Aufwands der Intervention und ihres geringfügigen Eingriffs in den Schulalltag sind die gefundenen Effekte jedenfalls erstaunlich. Ob ein solches Experiment den Effekt von Ermutigungen aufzeigen kann, hängt natürlich auch stark davon ab, ob die benutzten ermutigenden Sätze tatsächlich das Potential in sich bergen, die Zuversicht hinsichtlich der Schulnoten zu verbessern. Dies ist möglicherweise nicht bei allen Sätzen der Fall gewesen. Es ist nicht auszuschließen, daß bei diesem Experiment ein „Experimentatoren-Effekt" aufgetreten ist, da die Kommentatoren auch die unterrichtenden Lehrer waren: Die Lehrer wußten also, welche Schüler zusätzliche Kommentare erhielten. Es wäre möglich, daß sie sich diesen Schülern gegenüber auch im Unterricht anders verhielten. Ein Versuchsleiter-Erwartungseffekt („Rosenthal-Effekt") als alternative Erklärung der Befunde scheidet eher aus, da die Lehrer die Wirkung der Kommentare anzweifelten (Fittkau/Langer 1974, 20).

Krampen legte ein Feldexperiment zur Auswirkung von Leistungsrückmeldungen durch Lehrer vor (1985a; 1984; 1987). Diese Studie war differenzierter angelegt als diejenige von Fittkau & Langer (1974) und bezog eine größere Stichprobe mit ein. Krampen konnte mit seiner Studie die verbreitete „Lehrmeinung" widerlegen, „irgendwie geartete Lehrerkommentare" zusätzlich zu den Zensuren hätten auf jeden Fall positive Effekte auf die Schüler (Krampen 1985a, 120). Krampens Hypothese war, daß es auf den Inhalt des Kommentars ankomme. Er führte deshalb drei Kommentartypen als unabhängige Variable ein, die jeweils unterschiedliche Bezugsnorm-Orientierungen aufwiesen: den interindividuellen Kommentar (Bezugsnorm „Klasse"), den intraindividuellen Kommentar (Bezugsnorm „eigene Leistung") und den sachlichen Kommentar (Bezugsnorm „Lehrstoff"). Vor der Untersuchung kommentierte keiner der beteiligten Lehrer die Noten schriftlich. An der Untersuchung nahmen 385 Schüler aus 13 Realschulklassen teil, die nach Zufall einer der drei experimentellen Bedingungen (Kommentartypen) bzw. einer Kontrollgruppe zugeordnet wurden. Der Untersuchungszeitraum erstreckte sich über ein ganzes Schuljahr, wobei alle Mathematikarbeiten der ersten Schuljahreshälfte kommentiert wurden.

Krampens Studie versuchte die Mängel einer Reihe von Vorläuferstudien zu vermeiden: Kurzfristige Einwirkungen der Intervention „Kommentierung" hatten sich als unwirksam erwiesen. Die negativen Befunde der Vorläufer-Untersuchungen im Sinne der Bestätigung der Null-Hypothese könnten auf „Kompensationseffekte" zurückzuführen sein: die differentiellen Effekte bei Schülern mit unterschiedlichem Leistungsstand haben sich dort möglicherweise im Durchschnitt gegenseitig ausgeglichen. Darüber hinaus kritisierte Krampen die mangelhafte Definition und Spezifikation der unabhängigen Variable „Kommentierung" an den Vorläuferstudien (1985a, 100; 103).

Es konnte nachgewiesen werden, daß nicht nur der Inhalt des Kommentars für seine Wirkung ausschlaggebend ist, sondern auch die Wechselwirkung des Kommentartyps mit dem Leistungsniveau der Schüler („aptitude-treatmentinteraction", ATI). Die deutlichsten Effekte der Kommentare zeigten sich bei der *Verbesserungserwartung*. Der sozial orientierte Kommentar erzeugte bei leistungsschwächeren Schülern eine nur geringe Verbesserungserwartung, während sich die Verbesserungserwartung bei leistungsstärkeren erhöhte. Die Schere der motivierenden Erwartung öffnete sich also unter dieser Kommentierungsart weiter (Krampen 1985a, 111). Sowohl die sachliche als auch die intraindividuelle Kommentierung erhöhten die Verbesserungserwartungen in allen Leistungsgruppen. Der individuelle Kommentar wirkte sich vor allem bei den leistungsschwächsten Schülern signifikant stärker auf die Verbesserungserwartungen aus als der sachliche Kommentar (p < 0.05). Das gleiche Unterschiedsmuster wie bei der Verbesserungserwartung wurde in der Auswirkung auf die Halbjahres-*Zeugnisnote* sichtbar. Nach der Schuljahresmitte erfolgten keine Kommentierungen mehr. Bis zum Ende des Schuljahres waren die meisten Effekte wieder verschwunden.

Die Schüler der Krampen-Studie wurden darüber informiert, daß sie an einer Untersuchung teilnehmen. Allerdings wurden sie über Sinn und Zweck sowie über die gezielte Anwendung der Variablenmanipulation im Unklaren gelassen. Die Lehrer hingegen mußten über Inhalt und Hintergrund der Untersuchung informiert werden, da sonst keine individuelle Kommentierung möglich gewesen wäre. Deshalb konnte kein Doppelblindversuch durchgeführt werden. D.h.: Ein gruppenspezifischer Einfluß der Lehrer im Unterrichtsgeschehen ist nicht auzuschließen. Allerdings erfolgte die Datenerhebung nicht durch die Lehrer (Krampen 1985a, 104-106, 119). Krampen sieht es partiell als Weg zur Verhinderung eines möglichen Versuchsleiter-Erwartungseffekts, daß ein Versuchsleiter (Lehrer) jeweils nur unter einer Versuchsbedingung (in einer Gruppe) eingesetzt wurde, da sich seine Erwartungen nicht in mehreren Gruppen „differentiell auswirken können" (1984, 10; 1985a, 104f, 119f; 1987, 138). Dieses Vorgehen ist jedoch nicht geeignet, einen potentiellen Versuchsleiter-Erwartungseffekt zu verhindern. Denn Versuchsleiter-Erwartungen können sich auch in *einer* Gruppe auf die abhängigen Variablen auswirken (vgl. Ludwig 1994, 99f).

Diese Ergebnisse sind allerdings unter dem Ermutigungsgesichtspunkt schwer zu reinterpretieren, da es in dieser Studie nicht ausdrücklich um „ermutigende" Kommentare ging und da aus der Berichtlegung der Studie nicht zu ersehen ist, ob von den verwendeten Kommentaren eine Wirkung auf die Zuversicht in gruppenspezifischer Weise ausgegangen sein könnte oder nicht (vgl. Krampen 1984, 7, 9, 58-60; 1987, 138).

Nachwort

Das Konzept der Ermutigung liefert einen Ansatzpunkt für die Beantwortung der Frage, wie die Erkenntnisse der pädagogisch-psychologischen Grundlagenforschung zu den Erwartungseffekten in der Praxis zur Optimierung von Lernprozessen umgesetzt werden können. Ermutigung ist eine eigenständige Handlungskategorie, die bezüglich verwandter Konstrukte und Theorien anschlußfähig ist, aber nicht inhaltlich durch sie ersetzt werden kann.

Bisweilen wird die Bedeutung der Ermutigung äußerst extrem veranschlagt. Ermutigung sei die „Grundlage für alle Erziehungs-, Wachstums- bzw. Lernprozesse" (Schoenaker 1994a, 41; 1994b, 10). Nach Giesecke bestehe Erziehung „in erster Linie" aus Unterstützung und Ermutigung (1985, 122). Ähnliches wird für die Psychotherapie behauptet (Losoncy 1983, 177). Sogar der Erziehungsbegriff selbst wird in einer präskriptiven Auffassung mit Ermutigung gleichgesetzt: „Erziehen heißt ... nichts anderes als ermutigen" (Wexberg 1928, 274; 1931, 281; vgl. Hobmair u.a. 1979, 63). Solche Einschätzungen gehen entweder implizit von einem äußerst weitgefaßten Ermutigungsbegriff aus oder sie signalisieren eine theoretische Position, die „über das rechte Maß hinausgeschossen" ist (Henz 1964, 6).

Die tatsächliche Anwendung dieses Erziehungsmittels in der pädagogischen Praxis scheint eher in einem Gegensatz zu solchen theoretischen Bedeutungseinschätzungen zu stehen. Ein Blick in Kinder- und Klassenzimmer läßt erahnen, daß Ermutigung immer noch zu wenig beachtet und als „Macht" zu wenig genutzt wird. So stellt Schiefele beispielsweise für die Schule fest: Sie „ist auf Bedingungen eingeregelt, die zwar Lernleistungen fordern, aber den Abbau von Leistungshemmnissen ebenso behindern wie den Aufbau leistungsfördernder Erwartungen. Das gilt zumindest für die große Zahl der weniger oder gar nicht erfolgreichen Schüler" (1993, 181). Es besteht noch Bedarf an Ermutigung. Henz fordert eine regelrechte „Ermutigungspädagogik". Sofern damit ein erziehungswissenschaftliches Forschungsgebiet gemeint sein soll, mag dies angehen. Was allerdings die Erziehungs- und Bildungspraxis betrifft, so werden weniger spezielle „Ermutigungspädagogen" gebraucht als vielmehr Erziehende, die - in welchem Arbeitsfeld sie sich auch immer befinden mögen - auch von Ermutigung etwas verstehen und sie zur Unterstützung des Lernens anzuwenden wissen.

Literatur

Adameit H./Heidrich W./Möller C./Sommer H. (1983): Grundkurs Verhaltensmodifikation. Weinheim

Adler A. (1927): Die Erziehung zum Mut. Internationale Zeitschrift für Individualpsychologie, 5, 324-326

Adler A. (1971): Menschenkenntnis. Frankfurt a.M.

Adorno Th.W. (1969): Protokoll der Diskussion zum Referat von E.K. Scheuch auf dem 16. Deutschen Soziologentag. In: Ders. (Hg): Spätkapitalismus oder Industriegesellschaft? Stuttgart, 183-193

Aebli H. (1987a): Grundlagen des Lehrens. Eine Allgemeine Didaktik auf psychologischer Grundlage. Stuttgart

Aebli H. (1987b): Zwölf Grundformen des Lehrens: eine Allgemeine Didaktik auf psychologischer Grundlage. Stuttgart

Akademie für Lehrerfortbildung Dillingen (Hg)(1991): 25 Jahre Schulberatung. Dokumentation des Symposiums an der Akademie für Lehrerfortbildung in Dillingen am 28./29. September 1990. Akademiebericht Nr. 173

Alisch L.-M. (1994): Methodologische Entwicklungen in der modernen Erziehungswissenschaft: Das Ende des Deduktivismus. In: Pollak/Heid (Hg), 43-76

Alisch L.-M. (1995): Pädagogische Wissenschaftslehre. Münster

Alisch L.-M./Rössner L. (1981): Erziehungswissenschaft und Erziehungspraxis. München

Ames C./Ames R. (eds)(1989): Research on motivation in education. Vol 3: Goals and cognitions. San Diego, CA/New York

Ansfield M.E./Wegner D.M. (1996): The feeling of doing. In: Gollwitzer/Bargh (eds), 482-506

Antoch R.F. (1981): Von der Kommunikation zur Kooperation. Studien zur individualpsychologischen Theorie und Praxis. München

Antoch R.F. (1985): Mut/Ermutigung/Entmutigung. In: Brunner R./Kausen R./Titze M. (Hg): Wörterbuch der Individualpsychologie. München, 298-299

Antoch R.F. (1994): Individualpsychologie. In: Asanger R. (Hg): Handwörterbuch Psychologie. Weinheim, 310-314

Atkinson J.W./Lens W. (1980): Fähigkeit und Motivation als Determinanten momentaner und kumulativer Leistung. In: Heckhausen H. (Hg): Fähigkeit und Motivation in erwartungswidriger Leistung. Göttingen, 129-187

Ballauff Th. (1962): Systematische Pädagogik. Heidelberg

Bambach H. (1994): Ermutigungen - nicht Zensuren. Ein Plädoyer in Beispielen. Lengwil am Bodensee, CH

Bandura A. (1977): Self-efficacy: Toward a unifying theory of behavioral change. Psychological Review, 84, 191-215

Bandura A. (1986): Social foundations of thought and action: A social-cognitive view. Englewood Cliffs, NJ

Bargh J.A./Barndollar K. (1996): Automaticity in action. The unconscious as repository of chronic goals and motives. In: Gollwitzer/Bargh (eds), 457-481

Beck H. (Hg)(1979): Philosophie der Erziehung. Freiburg i.Br.

Becker G. (1984): Durchführung von Unterricht. Reihe: Handlungsorientierte Didaktik. Teil 2. Weinheim

Becker G. (1988): Auswertung und Beurteilung von Unterricht. Reihe: Handlungsorientierte Didaktik. Teil 3. Weinheim

Betz D./Breuninger H. (1993/3): Teufelskreis Lernstörung. Theoretische Grundlegung und Standardprogramm. München

Beutel M. (1990): Was hält gesund? Psychologie Heute, 5, 18

Bierhoff H.W. (1990): Psychologie hilfreichen Verhaltens. Stuttgart

Biller K. (1988): Pädagogische Kasuistik. Eine Einführung. Baltmannsweiler

Birnbaum F. (1927): Über Begabung. Zeitschrift für Individualpsychol., H V/4, 362-378

Birnbaum F. (1948): Was ist Mut? Internationale Zeitschrift für Individualpsychologie, 17 (1), 14-19

Birnbaum F. (1950): Versuch einer Systematisierung der Erziehungsmittel. Wien

Blanck P.D. (ed)(1993): Interpersonal expectations. Theory, research, and applications. Cambridge, UK/New York

Bloom B.S. (1976): Humor characteristics and school learning. New York

Bock H. (1989): Erfüllungswirksame Kennzeichnungen. Eine Problemgeschichte zu selbst-erfüllenden und selbst-widerlegenden Voraussagen. In: Lukesch H./Nöldner H./Peez H. (Hg): Beratungsaufgaben in der Schule. München/Basel, 129-148

Bollnow O.F. (1959): Existenzphilosophie und Pädagogik. Stuttgart

Bollnow O.F. (1983/3): Anthropologische Pädagogik. Bern/Stuttgart

Bopp L. (1930): Allgemeine Heilpädagogik. Freiburg i.Br.

Bopp L. (1932): Mut. In: Lexikon der Pädagogik der Gegenwart. Bd 2. Freiburg i.Br.

Bopp L. (1950): Warum Pechvogel? Stuttgart

Borrelli M. (Hg)(1993): Deutsche Gegenwartspädagogik. Baltmannsweiler

Bortz J. (1984): Lehrbuch der empirischen Forschung. Berlin

Bouffard-Bouchard T. (1990): Influence of self-efficacy on performance in a cognitive task. Journal of Social Psychology, Vol 130 (3), 353-363

Bouffard-Bouchard T./Parent S./Larivée S. (1991): Influence of self-efficacy on self-regulation and performance among junior and senior high-school age students. International Journal of Behavior Development, Vol 14 (2), 153-164

Brandl G. (1975): Ermutigung - wodurch? In: Brandl G. (Hg): Miteinander sprechen lernen. München, 118-145

Brandl G. (1976): Ermutigt werden durch Erziehung. In: Brandl G. (Hg): Im Mittelpunkt stehen wollen. München, 109-122

Brandl G. (1977): Ermutigung - Überwindung der Mutlosigkeit. In: Ringel E./Brandl G. (Hg): Situationsbewältigung durch Fragen. Wien, 283-298

Breinbauer J. (1980): Antiautoritäre Pädagogik. In: Spiel W. (Hg): Die Psychologie des 20. Jahrhunderts. Bd. 11: Konsequenzen für die Pädagogik (1). Zürich, 301-328

Brezinka W. (1964): Die Pädagogik und die erzieherische Wirklichkeit. In: Röhrs H. (Hg): Erziehungswissenschaft und Erziehungswirklichkeit. Frankfurt a.M., 192-220

Brezinka W. (1971): Von der Pädagogik zur Erziehungswissenschaft. Weinheim

Brezinka W. (1988): Über den begrenzten Nutzen wissenschaftstheoretischer Reflexionen für ein System der Erziehungswissenschaft. Eine Antwort an Walter Herzog. Zeitschrift für Pädagogik, 34. Jg (2), 247-269

Brezinka W. (1989): Aufklärung über Erziehungstheorien. München

Brezinka W. (1990/5): Grundbegriffe der Erziehungswissenschaft. München

Brezinka W. (1993/3): Erziehung in einer wertunsicheren Gesellschaft. Beiträge zur praktischen Pädagogik. München

Brezinka W. (1995/3): Erziehungsziele, Erziehungsmittel, Erziehungserfolg. München

Brickman P./Linsenmeier J.A./McCareins A.G. (1976): Performance enhancement by relevant success and irrelevant failure. Journal of Personality and Social Psychology, 33, 149-160

Brophy J.E./Good T.L. (1976): Die Lehrer-Schüler-Interaktion. München/Berlin/Wien

Buddrus V. (Hg)(1995): Humanistische Pädagogik. Bad Heilbrunn

Burger A. (1992): Der Lehrer als Erzieher. Hans Zulliger und Oskar Spiel. Aktualität und Bedeutung ihrer Schulpraxis für die heutige Pädagogik. Zürich

Carver C.S./Scheier M.F. (1989): Expectancies and coping: From test anxiety to pessimism. In: Schwarzer R./Van der Ploeg H./Spielberger C. (eds): Advances in test anxiety research (Vol 6). Amsterdam, 3-12

Castner T./Koch K. (1995): Einsatz der Suggestopädie in Schule und Weiterbildung. Wirtschaftsspiegel, 35. Jg, 1, 4-6

Cautela J.R./McCullough L. (1986): Verdecktes Konditionieren: Eine lerntheoretische Perspektive der Vorstellungskraft. In: Singer/Pope (Hg)(1986a), 291-321

Christmann F. (1994): Mentales Training. Göttingen

Correll W. (1961): Lernpsychologie. Donauwörth

Corsini R.J. (Hg)(1983): Handbuch der Psychotherapie (2 Bände). Weinheim

Cruts A.A. (1991): Folk developmental psychology. An empirical inquiry into social constructionism (unpublished diss.). Rijksuniversiteit Utrecht, Nederlands

Csikszentmihalyi M./Nakamura J. (1989): The dynamics of intrinsic motivation: a study of adolescents. In: Ames/Ames (eds), 45-71

Dann H.-D. (1989): Was geht im Kopf des Lehrers vor? Lehrerkognitionen und erfolgreiches pädagogisches Handeln. Psychol. in Erziehung und Unterricht, 36. Jg, 81-90

Deci E./Ryan R. (1993): Die Selbstbestimmungstheorie der Motivation und ihre Bedeutung für die Pädagogik. Zeitschrift für Pädagogik, 2, 223-238

Derbolav J. (1987/1): Grundriß einer Gesamtpädagogik. Frankfurt a.M.

Deusinger I.M. (1986): Die Frankfurter Selbstkonzeptskalen (FSKN). Handanweisung. Göttingen

Dewdney A.K. (1998): Alles fauler Zauber? Basel

Dewey J. (1951): Wie wir denken. Zürich

Diehl B.J./Miller T. (Hg)(1990): Moderne Suggestionsverfahren. Berlin/Heidelberg

Dilthey W. (1934): Pädagogik. Geschichte und Grundlinien des Systems. Gesammelte Schriften. 9. Bd. Leipzig

Dinkmeyer D./Dreikurs R. (1970): Ermutigung als Lernhilfe. Stuttgart

Domke H. (1991/6): Erziehungsmethoden. Aspekte und Formen des Methodischen in der Erziehung. Pädagogik - eine Einführung. Bd 2. Donauwörth

Domke H. (1994): Gedanken zum Gewaltproblem in der Schule. Pädagogische Welt, H 3, 98-111

Döring K.W. (1990/3): Lehren in der Erwachsenenbildung. Weinheim

Dreher E. (1994): Willenserziehung: Ein Thema für die Pädagogische Psychologie? Psychologie in Erziehung und Unterricht, 41. Jg, 291-302

Dreikurs R. (1975/7): Psychologie im Klassenzimmer. Stuttgart

Dreikurs R. (1981): Thomas. In: Ertle/Möckel (Hg), 88-95

Dreikurs R. (1987): Selbstbewußt. Die Psychologie eines Lebensgefühls. Rosenheim

Dreikurs R. (1989/5): Grundbegriffe der Individualpsychologie. Stuttgart

Dreikurs R./Cassel P. (1991/5): Disziplin ohne Tränen. München

Dreikurs R./Grunwald B.B./Pepper F. (1976): Schülern gerecht werden. Verhaltenshygiene im Schulalltag. München

Dreikurs R./Grunwald B.B./Pepper F. (1994/7): Lehrer und Schüler lösen Disziplinprobleme. Weinheim

Dreikurs R./Soltz V. (1973/9): Kinder fordern uns heraus. Stuttgart

Drerup H. (1997): Die neue Koedukationsdebatte zwischen Wissenschaftsanspruch und politisch-praktischem Orientierungsbedürfnis. Zeitschrift für Pädagogik, 43. Jg, Nr 6, 853-875

Dweck C.S./Gilliard P. (1975): Expectancy statements as determinants of reactions to failure. Sex differences in persistence and expectancy change. Journal of Personality and Social Psychology, 32, 1077-1084

Dworkin N.E. (1974): Changing teachers' negative expectations towards educationally vulnerable children through the use of a brief interactive process (unpublished diss.). Hofstra University. (Diss. Abstracts International, 35, 1975, 5921 A)

Eccles J.S./Jacobs J.E./Harold R. (1990): Gender role stereotypes, expectancy effects, and parents' socialization of gender differences. Journal of Social Issues, Vol 46 (2), 183-201

Edelmann W. (1994/4): Lernpsychologie. München

Eden D. (1990a): Pygmalion in Management. Lexington, MA/Toronto

Eden D. (1990b): Pygmalion without interpersonal contrast effects: whole groups gain from raising manager expectations. Journal of Applied Psychology, 75 (4), 394-398

Eden D./Aviram A. (1993): Self-efficacy training to speed reemployment: Helping people to help themselves. Journal of Applied Psychology, 78 (3), 352-360

Eden D./Kinnar J. (1991): Modeling Galatea: Boosting self-efficacy to increase volunteering. Journal of Applied Psychology, 76 (6), 770-780

Eggersdorfer F.X. (1954): Prinzipienlehre, pädagogische. In: Willmann-Institut, München, Wien (Leitung der Herausgabe: H. Rombach): Lexikon der Pädagogik, Bd 3. Freiburg i.Br., 954

Einsiedler W. (1989): Entwicklung des Selbstvertrauens und der Selbstkonzepte im Grundschulalter. Pädagogische Welt, 43. Jg, H 3, 103-107

Einsiedler W./Schöll G. (1995): Pro und Kontra ziffernfreie Beurteilung in der Grundschule. Pädagogische Welt, 49. Jg (3), 120-124

Elawar M.C./Corno L. (1985): A factorial experiment in teachers' written feedback on student homework. Journal of Educational Psychology, 77, 162-173

Elliger T. (1986): S. Freud und die akademische Psychologie. Ein Beitrag zur Rezeptionsgeschichte der Psychoanalyse in der dt. Psychologie (1895-1945). Weinheim

Ellis A. (1977): Die rational-emotive Therapie. Das innere Selbstgespräch bei seelischen Problemen und seine Veränderung. München

Engelmayer O. (1956): Pädagogische Entwicklungs- und Lebenshilfe. München

Entwisle D.R./Webster M.A. (1970): Raising children's expectations for their own performances. Research Report No 87. The Johns Hopkins University

Entwisle D.R./Webster M.A. (1972): Raising children's performance expectations. Social Science Research, 1, 147-158

Entwisle D.R./Webster M.A. (1973): Research Notes. Status factors in expectation raising. Sociology of Education, 46, 115-126

Entwisle D.R./Webster M.A. (1978): Raising expectations indirectly. Social Forces, Vol 57, Sept, 257-264

Ernst C. (1993): Sind Säuglinge psychisch besonders verletzlich? In: Petzold (Hg), 67-82

Ertle C./Möckel A. (Hg)(1981): Fälle und Unfälle in der Erziehung. Stuttgart

Eschenröder C.T. (1986): Hier irrte Freud: Zur Kritik der psychoanalytischen Theorie und Praxis. München

Eysenck H.J. (1985): Sigmund Freud: Niedergang und Ende der Psychoanalyse. München

Feather N.T. (1968): Change in confidence following success or failure as a predictor of subsequent performance. Journal of Personality and Social Psychology, 9, 38-46

Fend H. (1977): Gesellschaftliche Bedingungen schulischer Sozialisation. Soziologie der Schule I. Weinheim

Fend H./Helmke A. (1983): Selbstkonzept und Selbstvertrauen - 10 Jahre Selbstkonzept-Forschung in den Konstanzer pädagogisch-psychologischen Wirkungsstudien. Zeitschrift für personzentrierter Psychologie und Psychotherapie, 67-78

Fend H./Helmke A. (1985): Inventar zu Selbstkonzepten und Selbstvertrauen. Braunschweig

Fend H./Knörzer W./Nagl W./Specht W./Väth-Szuszdziara R. (1976): Sozialisationseffekte der Schule. Soziologie der Schule II. Weinheim

Fenner H.-J./Nickel H. (1993): Angst, Intelligenz und Schulleistung von Schülern verschiedener Schularten sowie der Zusammenhang mit Dirigismus und Extraversion von Lehrern. In: Nickel (Hg)(1993a), 218-231

Fittkau B. (1977): Kooperationstraining für Lehrer. In: Fittkau B./Müller-Wolf H.-M./ Schulz von Thun F. (Hg): Kommunizieren lernen (und umlernen). Braunschweig, 114-155

Fittkau B./Langer H. (1974): Auswirkungen schriftlicher Ermutigungen unter Klassenarbeiten auf Angst und Leistungen der Schüler. Psychologie in Erziehung und Unterricht, 21. Jg, 15-21

Flammer A. (1990): Erfahrungen der eigenen Wirksamkeit. Bern

Flavell J.H. (1984): Annahmen zum Begriff Metakognition sowie zur Entwicklung von Metakognition. In: Weinert/Kluwe (Hg), 23-31

Flitner A. (1982): Konrad, sprach die Frau Mama. Berlin

Flitner A./Scheuerl H. (Hg)(1984/10): Einführung in pädagogisches Sehen und Denken. München

Flitner W. (1968): Allgemeine Pädagogik. Stuttgart

Forgus R. (1978): Psychotherapie und Ermutigung - eine kognitive Perspektive. In: Kausen R./Mohr F. (Hg): Beiträge zur Individualpsychologie. München, 52-56

Frey H.P. (1983): Stigma und Identität. Weinheim

Frey H.P./Haußer K. (1987): Entwicklungslinien sozialwissenschaftlicher Identitätsforschung. In: Frey H.P./Haußer K. (Hg): Identität. Bd 7. Stuttgart, 3-26

Friedmann A. (1931): Heilpädagogik. Neue Erziehungsmerkblätter. Internationale Zeitschrift für Individualpsychologie, Jg 9, 478-481

Fröbel F. (1968/3): Ausgewählte Schriften (hrsg. von E. Hoffmann). Bd 2: Die Menschenerziehung (erstmals 1826). Düsseldorf

Fuchs B. (1989): Postmoderne - und danach? Vierteljahresschrift für wissenschaftliche Pädagogik, 415-425

Gage N.L./Berliner D.C. (1977): Pädagogische Psychologie. München

Gagné R. (1980/5): Die Bedingungen des menschlichen Lernens. Hannover

Geißler E.E. (1973/4): Erziehungsmittel. Bad Heilbrunn

Geißler E.E. (1981/1): Allgemeine Didaktik. Stuttgart

Gheorghiu V.A. (1989a): The development of research on suggestibility: Critical considerations. In: Gheorghiu/Netter et al. (eds), 3-55

Gheorghiu V.A. (1989b): The difficulty in explaining suggestion: some conceivable solutions. In: Gheorghiu/Netter et al. (eds), 99-112

Gheorghiu V.A./Netter P./Eysenck H.J./Rosenthal R. (eds)(1989): Suggestion and suggestibility. Theory and research. Berlin

Gheorghiu V.A./Sander D. (1973): Untersuchungen zur Änderung der Suggestibilität. In: Reinert G. (Hg): Bericht über den 27. Kongreß der Dt. Gesellschaft für Psychologie in Kiel 1970. Göttingen

Giesecke H. (1985): Das Ende der Erziehung. Stuttgart

Giesecke H. (1987): Pädagogik als Beruf. Weinheim

Giesecke H. (1991/2): Einführung in die Pädagogik. Weinheim/München

Girmes R. (1997): Falsche Alternativen - ein Zwischenruf zur Biologismus-Debatte. Erziehungswissenschaft, 8. Jg, H 15, 62-64

Gollwitzer P. (1991): Abwägen und Planen. Göttingen

Gollwitzer P./Bargh J.A. (eds)(1996): The psychology of action. Linking cognition and motivation to behavior. New York/London

Gollwitzer P./Heckhausen H./Ratajczak H. (1990): From weighing to willing: Approaching a change decision through pre or post decisional mentation. Organizational Behavior and Human Decision Processes, 45, 41-65

Goodhart D.E. (1986): The effects of positive and negative thinking on performance in an achievement situation. Journal of Personality and Social Psychology, 51 (1), 117-124

Göttler J. (1957/10): System der Pädagogik. München

Grawe K./Donati R./Bernauer F. (1994): Psychotherapie im Wandel. Göttingen

Groeben N. (1981): Die Handlungsperspektive als Theorierahmen für Forschung im pädagogischen Feld. In: Hofer (Hg), 17-48

Guardini R. (1929): Die Glaubwürdigkeit des Erziehers. Die Schildgenossen. Zeitschr. aus der katholischen Lebensbewegung, 9. Jg. Augsburg [Neuabdruck in: Klimmer I. (1985): Angefochtene Zuversicht. Mainz, 197-206]

Gudjons H. (1993/1; 1994/2): Pädagogisches Grundwissen. Bad Heilbrunn

Gurney P. (1987): Self-esteem enhancement in children. A review of research findings. Educational Research, Vol 29, No 6, 130-136

Halisch F./Kuhl J. (1997): Vorwort der Herausgeber (der Reihe). In: Oettingen 1997, v-vi

Hamann B. (1994): Theorie pädagogischen Handelns. Strukturen und Formen erzieherischer Einflußnahme. Donauwörth

Hammer B. (1972): Grade expectations, differential teacher comments, and student performance. Journal of Educational Psychology, 63, 454-458

Hanke B./Mandl H./Prell S. (1974/2): Soziale Interaktion im Unterricht. München

Hannen H.W. (1994): Alfred Adler. Im Banne des Unbewußten. Weinheim

Hansford B./Hattie J. (1982): The relationship between self and achievement/performance measures. Review of Educational Research, 52, 123-142

Hany E./Helmke A./Jerusalem M./Krapp A./Pekrun R./Rheinberg F./Wagner J. (1992): Forschungen zum Schüler. In: Ingenkamp/Jäger (Hg), 591-653

Haun-Just M. (1990): Suggestopädie: Desuggestionsarbeit, Abbau negativer Suggestionen und Lernblockladen. In: Diehl/Miller (Hg), 55-61

Häußler P./Hoffmann L. (1995): Physikunterricht - an den Interessen von Mädchen und Jungen orientiert. Unterrichtswissenschaft, 23 Jg, H 1, 107-126

Heckhausen H. (1968): Achievement motive research: Current problems and some contributions toward a general theory of motivation. In: Arnold W.J. (ed): Nebraska Symposium on Motivation. Lincoln: University of Nebraska Press, 103-174

Heckhausen H. (1973): Wie Lehrer und Schüler interagieren. Funkkolleg Pädagogische Psychologie. Studienbegleitheft 7. Weinheim

Heckhausen H. (1976): Lehrer-Schüler-Interaktion. In: Weinert F./Graumann C./Heckhausen H. (Hg): Pädagogische Psychologie. Teil 4. Weinheim, 85-124

Heckhausen H. (1980a): Motivation und Handeln. Lehrbuch der Motivationspsychologie. Berlin

Heckhausen H. (1980b): Task-irrelevant cognitions during an exam: Incidence and effects. In: Krohne H.W./Laux L. (eds): Achievement, stress, and anxiety. Washington, DC, 247-274

Heckhausen H. (1987a): Wünschen-Wählen-Wollen. In: Heckhausen/Gollwitzer/Weinert (Hg)(1987), 3-9

Heckhausen H. (1987b): Perspektiven einer Psychologie des Wollens. In: Heckhausen/ Gollwitzer/Weinert (Hg)(1987), 121-142

Heckhausen H./Gollwitzer P./Weinert F. (Hg)(1987): Jenseits des Rubikon: Der Wille in den Humanwissenschaften. Berlin/Heidelberg

Heckhausen H./Rheinberg F. (1980): Lernmotivation im Unterricht erneut betrachtet. Unterrichtswissenschaft, 8, 7-47

Heid H. (1994): Das Subjekt als Objekt erziehungswissenschaftlicher Forschung? In: Pollak/Heid (Hg), 133-147

Heid H. (1996): Über Zweifel an der Möglichkeit Pädagogik als empirische Wissenschaft zu betreiben. In: Max-Planck-Institut für Bildungsforschung (Hg): Pädagogik als empirische Wissenschaft. Berlin, 17-60

Heider F. (1958): The psychology of interpersonal relations. New York, NY

Heitger M. (Hg)(1969): Erziehung oder Manipulation. München

Heller K./Nickel H. (Hg)(1982): Modelle und Fallstudien zur Erziehungs- und Schulberatung. Bern

Helmke A. (1983a): Schulische Leistungsangst. Frankfurt

Helmke A. (1983b): Prüfungsangst. Ein Überblick über neuere theoretische Entwicklungen und empirische Ergebnisse. Psychologische Rundschau, 4. Jg, 34, 193-211

Helmke A. (1989): Incentive value of success and failure in school. In: Halisch F./van den Bercken J. (eds): International perceptions on achievement and task motivation. Lisse, 225-237

Helmke A. (1992): Selbstvertrauen und schulische Leistungen. Göttingen

Helmke A./Fend H. (1981): Wie gut kennen Eltern ihre Kinder und Lehrer ihre Schüler? Ergebnisse der Konstanzer Untersuchungen zu Bedingungen der Diagnosegenauigkeit bei Eltern und Lehrern. In: Zimmer G. (Hg): Persönlichkeitsentwicklung und Gesundheit im Schulalter. Frankfurt a.M., 341-360

Henz H. (1964): Ermutigung. Freiburg i.Br.

Henz H. (1979): „Positive" Mittel. In: Beck (Hg), 203-208

Henz H. (1991): Bildungstheorie. Frankfurt a.M.

Herbart J.F. (1982/2): Pädagogische Schriften. 3. Bd. Stuttgart

Hermann E. (1952): Ermutigung. In: Weigl F. (Hg): Pädagogisches Fachwörterbuch. Donauwörth, 31

Herzog W. (1988): Pädagogik als Fiktion? Zur Begründung eines Systems der Erziehungswissenschaft bei Wolfgang Brezinka. Zeitschrift für Pädagogik, 1, 87-108

Hesse J./Schrader H. (1989): Einstellungstests: „Wo liegen die Kurilen?". Psychologie Heute, 3, 48-54

Hierdeis H. (1974): Erziehungsinstitutionen. Bd 3 der Reihe: Pädagogik - Eine Einführung. Donauwörth

Hierdeis H./Hug Th. (1992): Pädagogische Alltagstheorien und erziehungswissenschaftliche Theorien. Bad Heilbrunn

Hilger K. (1990): Hypnodrama. In: Diehl/Miller (Hg), 147-157

Hobmair H./Treffer G. (1979): Individualpsychologie, Erziehung und Gesellschaft. München

Hofer M. (Hg)(1981): Informationsverarbeitung und Entscheidungsverhalten von Lehrern. München

Hofer M. (1984): Zu den Wirkungen von Lob und Tadel. Bildung und Erziehung, 38, 415-427

Hofer M. (1992): Pädagogische Psychologie und Pädagogik. In: Möller B. (Hg): Logik der Pädagogik. Bd 1. Universität Oldenburg, 255-269

Höhn E. (1967): Der schlechte Schüler. München

Hopfner J./Leonhard H. (1996): Geschlechterdebatte. Bad Heilbrunn

Horney W. (1970): Mut. In: Horney W./Ruppert J./Schultze W. (Hg): Pädagogisches Lexikon. Gütersloh, 430-431

Horstkemper M. (1987): Schule, Geschlecht und Selbstvertrauen. Weinheim

Hurrelmann K. (1986): Einführung in die Sozialisationstheorie. Weinheim

Ingenkamp K./Jäger R. (Hg)(1992): Empirische Pädagogik 1970-1990. Bd 2. Weinheim

Jacobs J./De Graaf C. (1973): Expectancy and race: their influences upon the scoring individual intelligence tests. Paper presented at the annual meeting of the American Educational Research Association

Jegge J. (1985): Dummheit ist lernbar. Erfahrungen mit „Schulversagern". Reinbek

Jerusalem M. (1983): Selbstbezogene Kognitionen in schulischen Bezugsgruppen. Eine Längsschnittstudie (unveröffentl. Diss.). Freie Universität Berlin

Johannesson J. (1967): Über die Wirkung von Lob und Tadel auf Leistungen und Einstellungen von Schulkindern. In: Weinert F.E. (Hg): Pädagogische Psychologie. Köln, 326-345

Johnson M.K./Sherman S.J. (1990): Constructing and reconstructing the past and the future. In: Higgins E.T./Sorrentino R.M. (eds): Handbook of motivation and cognition: Foundations of social behavior. Vol 2. New York, 482-526

Jussim L. (1989): Teacher expectations. Self-fulfilling prophecies, perceptual biases, and accuracy. Journal of Personality and Social Psychology, Vol 57, No 3, 469-480

Kanfer F.H./Reinecker H./Schmelzer D. (1991): Selbstmanagement-Therapie. Berlin

Keller W. (1954): Psychologie und Philosophie des Wollens. München

Kempe A. (1990): Entmannung der Sprache. Psychologie Heute, März, H 3, 56-59

Kerlinger F.N. (1979): Grundlagen der Sozialwissenschaften. Bd 2. Weinheim

Kirsch I. (1990): Changing expectations. A key to effective psychotherapy. Pacific Grove, CA

Kirsch I./Montgomery G./Sapirstein G. (1995): Hypnosis as an adjunct to cognitive behavioral psychotherapy: a meta-analysis. Journal of Consulting and Clinical Psychology, 63 (2), 214-220

Klafki W. (1971): Erziehungswissenschaft als Kritisch-Konstruktive Theorie: Hermeneutik-Empirie-Ideologiekritik. Zeitschrift für Pädagogik, 17 (3), 351-385

Klauer K.C. (1991): Einstellungen. Der Einfluß der affektiven Komponente auf das kognitive Urteilen. Göttingen

Klauer K.J. (1973): Revision des Erziehungsbegriffs. Grundlagen einer empirisch-rationalen Pädagogik. Düsseldorf

Klauer K.J. (1987a): Fördernde Notengebung durch Benotung unter drei Bezugsnormen. In: Olechowski/Persy (Hg)(1987), 180-206

Klauer K.J. (1987b): Notengebung unter individueller Bezugsnorm. Zeitschrift für Entwicklungspsychologie und Päd. Psychologie, 2, 158-169

Kloppert R. (1982): Exemplarische Analyse von Schulleistungsproblemen in der Hauptschule. In: Heller/Nickel (Hg), 45-59

Koch E. (1992): Illusionäre Korrelation als Modell paranormaler Überzeugungen. Frankfurt a.M.

Komensky J.A. (Comenius)(1970): Böhmische Didaktik. Paderborn

König E. (1982): Aufgaben und Probleme einer handlungsleitenden Erziehungswissenschaft. In: König E./Zedler P. (Hg): Erziehungswissenschaftliche Forschung: Positionen, Perspektiven, Probleme. München, 80-103

Körndl M. (1991): Aufbau von Selbstvertrauen und Selbstsicherheit bei Schülern. In: Akademie für Lehrerfortbildung Dillingen (Hg), 117-132

Kornhuber H.H. (1987): Handlungsentschluß, Aufmerksamkeit und Lernmotivation im Spiegel menschlicher Hirnpotentiale. In: Heckhausen/Gollwitzer/Weinert (Hg), 376-401

Kossak H.-C. (1989; 1993): Hypnose. Ein Lehrbuch. München

Kossak H.-C. (1992): Studium und Prüfungen besser bewältigen. München

Kramp W. (1984): Überforderung als Problem und Prinzip pädagogischen Handelns. In: Flitner/Scheuerl (Hg), 125-141

Krampen G. (1984): Feldexperimentelle Prüfung der Effekte von Lehrerkommentaren zu Zensuren in Prüfungsarbeiten auf Schüler: Untersuchungsansatz, Untersuchungsstand, Ergebnisse der Vorerhebung. Trierer Psychologische Berichte, Bd 11, H 2. Universität Trier: Fachbereich I, Psychologie

Krampen G. (1985a): Differentielle Effekte von Lehrer-Kommentaren zu Noten von Schülern. Zeitschrift für Entwicklungspsychol. & Pädag. Psychologie, Bd 17, H 2, 99-123

Krampen G. (1985b): Zur Bedeutung von Kontrollüberzeugungen in der klinischen Psychologie. Zeitschrift für Klinische Psychologie, 14. Jg, H 2, 101-112

Krampen G. (1987): Differential effects of teacher comments. Journal of Educational Psychology, 79 (2), 137-146

Krapp A. (1993): Interesse und Studium. Forschungsansätze, Befunde und Konsequenzen.Gelbe Reihe: Arbeiten zur empirischen Pädagogik und pädagogischen Psychologie, Nr 32. Universität der Bundeswehr München (Neubiberg)

Krapp A./Prell S. (1975): Empirische Forschungsmethoden. Einführung. München

Krapp A./Prenzel M. (Hg)(1992): Interesse, Lernen, Leistung. Münster

Krawitz R. (1992): Pädagogik statt Therapie. Vom Sinn individualpädagogischen Sehens, Denkens und Handelns. Bad Heilbrunn

Krips H. (1976): Zur individualpsychologischen Theorie von Alfred Adler. Eine methodologische Untersuchung anhand zentraler Begriffe der Individualpsychologie (unveröffentlichte Dissertation). Mathem.-naturwissensch. Fakultät der Universität Köln

Kron F.W. (1996): Grundwissen Pädagogik. München

Künkel F. (1976/2): Charakter, Wachstum und Erziehung. Leipzig

Künkel F. (1981): Wie wird man klug? In: Ertle/Möckel (Hg), 123-129

Lachnit H. (1989): Indirect suggestion as a research tool. In: Gheorghiu/Netter et al. (eds), 347-350

Lachnit H./Kuhmann W. (1986): Über den Einfluß von Erwartungen auf das Verhalten in Leistungssituationen. Zeitschrift für experimentelle und angewandte Psychologie, 33 (3), 447-457

Langeveld M.J. (1969): Einführung in die theoretische Pädagogik. Stuttgart

Lazarus A.A. (1980): Innenbilder: Imagination in der Therapie und als Selbsthilfe. München

Lazarus R./Averill J./Opton E. (1977): Ansatz zu einer kognitiven Gefühlstheorie. In: Birbaumer N. (Hg): Psychophysiologie der Angst. München, 182-207

Lehmann R.H./Peek R./Gänsfuß R. (1997): Aspekte der Ausgangslage von Schülerinnen und Schülern der fünften Klassen an Hamburger Schulen (Hg.: Behörde für Schule, Jugend und Berufsbildung, Hamburg). Eigendruck

Lehner H. (1994): Einführung in die empirisch-analytische Erziehungswissenschaft. Bad Heilbrunn

Lickona T. (1989): Wie man gute Kinder erzieht! Die moralische Entwicklung des Kindes von der Geburt bis zum Jugendalter. München

Litt Th. (o. J.): Die politische Selbsterziehung des deutschen Volkes. Bonn

Loch W. (1965a): Pädagogik des Mutes. Bildung und Erziehung, 18. Jg, 1-15

Loch W. (1965b): Die Ermunterung. Bildung und Erziehung, 18. Jg, 401-408

Loch W. (1968): Die Sprache der Pädagogik und die Pädagogik der Sprache. In: Bollnow O.F. (Hg): Sprache und Erziehung. 7. Beiheft der Zeitschrift für Pädagogik. Weinheim, 73-77

Lochner R. (1927): Deskriptive Pädagogik. Reichenberg

Locke J. (1970): Gedanken über Erziehung (Erstausgabe 1693: Some thoughts concerning education). Stuttgart

Locke S./Colligan D. (1986): The healer within: The new medicine of mind and body. New York

Losoncy L. (1983): Ermutigungstherapie. In: Corsini (Hg), Bd 1, 177-194

Louis B. (1976): Materialien zur Unterrichtsanalyse. München

Ludwig P.H. (1991): Sich selbst erfüllende Prophezeiungen im Alltagsleben. Theorie und empirische Basis von Erwartungseffekten und Konsequenzen für die Pädagogik. Stuttgart

Ludwig P.H. (1993): Veränderung von Leistung und Leistungserwartung durch mentale Vorstellungen. In: Tarnai Ch. (Hg): Beiträge zur empirischen pädagogischen Forschung. Bericht über die 47. Tagung der Arbeitsgruppe für Empirische Pädagogische Forschung der DGfE. Münster/New York, 80-100

Ludwig P.H. (1994): Pygmalion in der Odyssee? Zur Vermengung von Experiment und Alltagsrealität. Ein Kommentar zu den Beiträgen von S.L. Chow. Zeitschrift für Pädagogische Psychologie, 8 (2), 99-102

Ludwig P.H. (1995): Pygmalion im Notenbuch. Die Auswirkung von Erwartungen bei Leistungsbeurteilung und -rückmeldung. Pädagogische Welt, 49. Jg, H 3, 114-119

Ludwig P.H. (1997a): Antiautoritäre Erziehung - ein gescheitertes Konzept? Bemerkungen zur gegenwärtigen Bilanzierung liberaler Pädagogik in Elternhaus und Schule. In: Ludwig P.H. (Hg): Summerhill: Antiautoritäre Pädagogik heute. Weinheim, 102-231

Ludwig P.H. (1997b): Familienpädagogik in einer Zeit des Orientierungsverlusts. In: Macha H./Mauermann L. (Hg): Brennpunkte der Familienerziehung. Weinheim, 52-73

Ludwig P.H. (1998a): Pygmalioneffekt. In: Rost D.H. (Hg): Handwörterbuch Pädagogische Psychologie. Weinheim, 398-402

Ludwig P.H. (1998b): Geschlechterunterschiede durch Unterschiedserwartungen. Feminine und maskuline „sich selbst erfüllende Prophezeiung" in Unterricht und Familie. Vortrag auf dem 16. Kongreß der Deutschen Gesellschaft für Erziehungswissenschaft in Hamburg am 19.3.1998 (Forum: „Unterricht")

Ludwig P.H. (im Druck): Ziel-Imagination. Sich selbst erfüllende Vorstellungen als Lernhilfe. Opladen

Ludwig P.H./Karmann G. (1996): Evaluation des Modellprojektes „Soziale Gruppenarbeit für gefährdete Kinder". Abschlußbericht an den „Sozialdienst katholischer Männer, Memmingen" zur Modellphase August 1993 bis Dezember 1995. Universität Augsburg

Luhmann N. (1982): Die Voraussetzung der Kausalität. In: Luhmann/Schorr (Hg) (1982a), 41-50

Luhmann N./Schorr K.E. (Hg)(1982a): Zwischen Technologie und Selbstreferenz. Fragen an die Pädagogik. Frankfurt a.M.

Luhmann N./Schorr K.E. (1982b): Das Technologiedefizit der Erziehung und die Pädagogik. In: Luhmann/Schorr (Hg)(1982a), 11-40

Mahoney M.J. (ed)(1980): Psychotherapy process. Current issues and future directions. New York/London

Mandl H./Huber G. (Hg)(1983): Emotion und Kognition. München

Mandler G./Sarason S.B. (1952): A study of anxiety and learning. Journal of Abnormal and Social Psychology, 47. Jg, 166-173

Marsh H.W. (1990a): The structure of academic self-concept. Journal of Educational Psychology, 82 (4), 623-636

Marsh H.W. (1990b): Causal ordering of academic self-concept and academic achievement: a multiwave, longitudinal panel analysis. Journal of Educational Psychology, 82 (4), 646-656

März F. (1967): Humor in der Erziehung. München

März F. (1978): Problemgeschichte der Pädagogik. Bd I. Pädagogische Anthropologie. 1. Teil. Bad Heilbrunn

März F. (1980): Problemgeschichte der Pädagogik. Bd II. Pädagogische Anthropologie. 2. Teil. Bad Heilbrunn

März F. (1982): Pädagogenprofile. Miniaturen großer Erzieher und bedeutender pädagogischer Denker. Donauwörth

März F. (1984): Pädagogenprofile. Miniaturen großer Erzieher und bedeutender pädagogischer Denker. Bd 2. Donauwörth

März F. (1988): Klassiker christlicher Erziehung. München

März F. (1993): Macht oder Ohnmacht des Erziehers? Von pädagogischen Optimisten, Pessimisten, Realisten. Bad Heilbrunn

März F. (1994): „Fürchtet Euch nicht!" Ermutigung und Ermunterung als Prinzipien christlicher Erziehung in geschichtlicher Sicht. In: Scharl W./Pöggeler F. (Hg): Gegenwart und Zukunft christlicher Erziehung. Würzburg, 249-277

März F. (im Druck): Personengeschichte der Pädagogik. Ideen - Initiativen - Illusionen. Bad Heilbrunn

McAuliffe K. (1991): Think positive. Self, September, 178-179 (Neuabdruck: Women's Journal, Manila, Jan 18, 1992, Vol 19, No 41, 19). Self, September, 178-179

McGuire W.J. (1985): Attitudes and attitude change. In: Lindzey G./Aronson E. (eds): The handbook of social psychology. Vol 2. New York, 233-346

Meehan A.M. (1986): Gender differences in expectancies for success and performance on Piagetian spatial tasks. Merrill-Palmer Quaterly, Vol 32, No 4, 427-441

Mehta P./Kanade H.M. (1969): Motivation development for educational growth: A follow-up study. Indian Journal of Psychology, 46, 1-20

Meichenbaum D. (1973): Kognitive Faktoren bei der Verhaltensmodifikation: Veränderung der Selbstgespräche von Klienten. In: Hartig M. (Hg): Selbstkontrolle. München, 197-213

Meister O. (1934): Entmutigung und Ermutigung in der Erziehung. Christliche-pädagogische Blätter, 57. Jg, 180-182

Memmert W. (1994): Der schulische Fächerkanon - eine heilige Kuh? In: Seibert/Serve (Hg), 1102-1123

Merton R.K. (1948): The self-fulfilling prophecy. Antioch Review, 8, 193-210

Metzger W. (1972): Einführung. In: Adler A.: Über den nervösen Charakter. Frankfurt a.M., 7-24

Meyer H. (1989/2): Unterrichtsmethoden. Bd 2. Frankfurt a.M.

Meyer W.U. (1983): Prozesse der Selbstbeurteilung: das Konzept von der eigenen Begabung. Zeitschrift für Entwicklungspsychologie und Pädagogische Psychologie, Bd 15, H 1, 1-25

Meyer W.U. (1984a): Das Konzept von der eigenen Begabung. Bern

Meyer W.U. (1984b): Das Konzept von der eigenen Begabung: Auswirkungen, Stabilität und vorauslaufende Bedingungen. Psychologische Rundschau, Bd 35, H 3, 136-150

Meyer W.U./Bedau U./Engler U. (1988): Indirekte Mitteilungen über Fähigkeitseinschätzungen in hypothetischen Lehrer-Schüler-Interaktionen. Zeitschrift für Pädagogische Psychologie, 2, 235-242

Meyer W.U./Plöger F. (1979): Scheinbar paradoxe Wirkungen von Lob und Tadel auf die wahrgenommene eigene Begabung. In: Filipp S.-H. (Hg): Selbstkonzept-Forschung. Stuttgart, 221-235

Michaelis W. (1976): Verhalten ohne Aggression? Köln

Mietzel G. (1973): Pädagogische Psychologie. Göttingen

Milde V.E. (1965): Lehrbuch der allgemeinen Erziehungskunde. Paderborn (Erstausgabe 1811)

Multon K.D./Brown S.D./Lent R.W. (1991): Relation of self-efficacy beliefs to academic outcomes: a meta-analytic investigation. Journal of Counseling Psychology, 38 (1), 30-38

Neffe F.J. (1981a): Die Autosuggestion und ihre Wirkung in der Schule (unveröffentl. Diplomarbeit). Universität Eichstätt

Neffe F.J. (1981b): Noten sind nicht das Problem. Pädagogische Welt, 35, 378-380

Neffe F.J. (1984): Autosuggestion und Ermutigung. Zeitschrift für Individualpsychologie, 9, 266-274

Neffe F.J. (1990a): Suggestion - noch ungewohnte, aber effektive pädagogische Hilfe. Zeitschrift für Heilpädagogik, 40, Beiheft 17,

Neffe F.J. (1990b): Autosuggestion macht aus der „Du-mußt"-Schule die „Ich-kann"-Schule. In: Diehl/Miller (Hg), 62-70

Neiss R. (1989): Expectancy in motor behavior: A crucial element of the psychobiological states that affect performance. Human Performance, 2 (4), 273-300

Netzer H. (1963): Spezifische Maßnahmen der Erziehung. In: Horney W./Schultze W. (Hg): Handbuch für Lehrer. Bd 3: Die Erziehung in der Schule. Gütersloh, 466-503

Netzer H. (1972/10): Erziehungslehre. Bad Heilbrunn

Neuberg S.L. (1996): Expectancy influences in social interaction. In: Gollwitzer/Bargh (eds), 529-552

Nezel I. (1992): Allgemeine Didaktik der Erwachsenenbildung. Bern

Nickel H. (Hg)(1993a): Psychologie der Entwicklung und Erziehung. Pfaffenweiler

Nickel H. (1993b): Die Lehrer-Schüler-Beziehung als transaktionaler Prozeß. In: Nickel (Hg)(1993a), 244-261

Nickel H./Schmidt-Denter U./Ungelenk B. (1993): Erzieher, Eltern und Kinder im Vorschulbereich. Überblick über ein Forschungsprojekt zur vorschulischen Sozialisation in Kindergärten und Eltern-Initiativ-Gruppen (Kinderläden). In: Nickel (Hg)(1993a), 106-120

Nolting H.-P. (1989): Lernfall Aggression. Reinbek

O'Connell W.E. (1980/2): Action therapy and Adlerian theory. Alfred Adler Institute of Chicago

Oelkers J./Lehmann Th. (1983): Antipädagogik. Herausforderung und Kritik. Braunschweig

Oettingen G. (1996): Positive fantasy and motivation. In: Gollwitzer/Bargh (eds), 236-259

Oettingen G. (1997): Psychologie des Zukunftsdenkens: Erwartungen und Phantasien (Reihe Motivationsforschung, Bd 16). Göttingen

Oettingen G./Wadden T.A. (1991): Expectation, fantasy, and weight loss: Is the impact of positive thinking always positive? Cognitive Therapy and Research, 15 (2), 167-175

Olechowski R./Khan-Svik G. (eds)(1995): Experimental Research on Teaching and Learning. Frankfurt a.M.

Olechowski R./Persy E. (Hg)(1987): Fördernde Leistungsbeurteilung. Wien

Olechowski R./Rieder K. (Hg)(1990): Motivieren ohne Noten. Bd 3. Wien

Olechowski R./Rollett B. (Hg)(1994): Theorie und Praxis. Frankfurt a.M.

Oliner S./Oliner P. (1989): Menschen, die nicht wegsahen. Psychologie Heute, 3, 24-26

Oser F. (1994): Zu-Mutung. Eine basale pädagogische Handlungsstruktur. In: Seibert/Serve (Hg), 773-800

Oswald P. (1973): Erziehungsmittel. Werkzeuge der Manipulation oder Hilfen zur Emanzipation? Ratingen

Patterson G./Gullion E. (1974): Mit Kindern leben. Neue Erziehungsmethoden für Eltern und Lehrer. Wien/Köln

Pekrun R. (1987): Die Entwicklung leistungsbezogener Identität bei Schülern. In: Frey H.P./Haußer K. (Hg): Identität. Stuttgart, 43-57

Perkinson H. (1984): Learning from our mistakes. London

Perrez M. (1979): Ist die Psychoanalyse eine Wissenschaft? Bern

Pestalozzi J.H. (1960): Sämtliche Werke. Kritische Ausgabe. 6. Bd (Lienhard und Gertrud: 4. Teil, 3. Aufl.). Zürich

Peter B. (1983): Hypnotherapie. In: Corsini (Hg), Bd 1, 336-367

Peter B. (Hg)(1985): Hypnose und Hypnotherapie nach Milton H. Erickson. Grundlagen und Anwendungsfelder. München

Peter B. (1986): Hypnose. Vom Schaubudenzauber zur seriösen Therapie. Psychologie Heute, 4, 38-45

Peterson C./Bossio L. (1991): Health and Optimism. New York

Peterson C./Seligman M. (1984): Causal explanations as a risk factor for depression: theory and evidence. Psychological Review, Vol 91, No 3, 347-374

Petzold H. (1985): Mit alten Menschen arbeiten. München

Petzold H. (Hg)(1993): Frühe Schädigungen - späte Folgen? Psychotherapie und Babyforschung. Bd 1. Paderborn

Platzköster M. (1990): Vertrauen. Essen

Pohlen M./Bautz-Holzherr M. (1995): Psychoanalyse - das Ende einer Deutungsmacht. Reinbek

Pollak G./Heid H. (Hg)(1994): Von der Erziehungswissenschaft zur Pädagogik? Weinheim

Ponnath R. (1995): Pädagogik als praktische Wissenschaft? Zur Möglichkeit wissenschaftlicher Orientierung pädagogischen Handelns im Anschluß an M.J. Langevelds Theorie der Erziehungssituation. Bad Heilbrunn

Popper K.R. (1944): The poverty of Historizism, I. Economica, Vol 11, No 42, 86-103

Popper K.R. (1950): Indeterminism in Quantum Physics and in Classical Physics (Part 1+2). The British Journal of the Philosophy of Science, Vol 1 (2+3), 117-133, 173-195

Popper K.R. (1979/1): Ausgangspunkte. Hamburg

Popper K.R. (1987): Auf der Suche nach einer besseren Welt. München

Popper K.R. (1994): Alles Leben ist Problemlösen. München

Prenzel M. (1988): Die Wirkungsweise von Interesse. Opladen

Priester H.J. (1964): Intelligenztests für Erwachsene. In: Gottschaldt K. (Hg): Handbuch der Psychologie. Bd 6. Göttingen, 226-259

Prokop E. (1993): Handreichungen zur Weiterbildungsberatung. (Hg: Bayerisches Staatsministerium für Arbeit und Sozialordnung, Familie, Frauen und Gesundheit). München

Reiß G. (1968): Der Einfluß von Erfolgs- und Mißerfolgsmotivierung auf das Behalten eigener Leistungen (unveröffentl. Diss.). Univ. Münster: Philosophische Fakultät

Renkl A. (1993): Korrelation und Kausalität: Ein ausreichend durchdachtes Problem in der pädagogisch-psychologischen Forschung? In: Tarnai Ch. (Hg): Beiträge zur empirischen pädagogischen Forschung. Münster, 115-123

Rheinberg F. (1981): Leistungsmotivation. In: Schiefele H./Krapp A. (Hg): Handlexikon zur Pädagogischen Psychologie. München, 227-230

Richardson A. (1983): Imagery: definition and types. In: Sheikh (ed), 3-42

Riedel U. (1990): Lernstörungen und Lebensstil. Die Bedeutung A. Adlers für das pädagogische Handeln. Zürich

Rieder K. (1990a): Problematik der Notengebung. In: Olechowski/Rieder (Hg)(1990), 16-55

Rieder K. (1990b): Leistung und Funktion der Leistungsbeurteilung. In: Olechowski/ Rieder (Hg)(1990), 56-91

Rihs-Middel M. (1990): Kurzentspannung gegen Streß. In: Diehl/Miller (Hg), 527-537

Ringel E./Brandl G. (1980): Der Beitrag Alfred Adlers zur Praxis und Theorie der Erziehung. In: Spiel W. (Hg): Die Psychologie des 20. Jahrhunderts. Bd 11: Konsequenzen für die Pädagogik (1). Zürich, 246-282

Ritter P./Ritter J. (1983): Freie Kindererziehung in der Familie. Selbstbestimmung als Erziehungsprinzip. Ein ermutigendes Experiment. Reinbek

Rohbeck J. (1993): Technologische Urteilskraft. Frankfurt a.M.

Röhrich R. (1976): Individualpsychologie in Erziehung und Unterricht. München

Rosenstiel L.v. (1980): Motivation im Betrieb. Goch

Rosenthal R. (1976): Experimenter effects in behavioral research. New York

Rosenthal R. (1991): Teacher expectancy effects: A brief update 25 years after the Pygmalion experiment. Journal of Research in Education, 1, 3-12

Rosenthal R./Jacobson L. (1971): Pygmalion im Unterricht. Weinheim

Rosenthal R./Jacobson L. (1973): Lehrererwartungen als Determinanten der IQ-Gewinne ihrer Schüler. In: Steinert H. (Hg): Symbolische Interaktion. Stuttgart, 208-212

Rosenthal R./Jacobson L. (1992): Pygmalion in the classroom (newly expanded edition). New York

Rosenthal R./Rubin D.B. (1978a): Interpersonal expectancy effects: The first 345 studies. The Behavioral and Brain Sciences, 3, 377-386

Rosenthal R./Rubin D.B. (1978b): Issues in summarizing the first 345 studies of interpersonal expectancy effects. The Behavioral and Brain Science, 3, 410-415

Ross L. (1977): The intuitive psychologist and his shortcomings: Distortions in the attribution process. In: Berkowitz L. (ed): Advances in experimental social psychology. Vol 10. New York, 174-221

Rost D.H. (Hg)(1998): Handwörterbuch Pädagogische Psychologie. Weinheim

Roth G. (1988): Erkenntnis und Realität. Das reale Gehirn und seine Wirklichkeit. In: Schmidt S.J. (Hg), 229-255

Roth H. (1967): Erziehungswissenschaft, Erziehungsfeld und Lehrerbildung. Hannover

Roth H. (1971): Pädagogische Anthropologie. Bd 2. Hannover

Roth W. (1987): Verdeckte Konditionierung. Darstellung, Kritik und Prüfung eines kognitiv-verhaltenstheoretischen Ansatzes. Regensburg

Rotter J.B. (1982): Einige Probleme und Mißverständnisse beim Konstrukt der internen vs. externen Kontrolle der Verstärkung. In: Mielke R. (Hg): Interne/externe Kontrollüberzeugung. Stuttgart, 43-62

Rotter J.B. (1990): Foreword. In: Kirsch (1990), v-vii

Rüedi J. (1987): Die Bedeutung Alfred Adlers für die Pädagogik. Bern

Rüedi J. (1995): Einführung in die individualpsychologische Pädagogik. Bern

Rupp H.-G. (1984): Soziale Kompetenz im Alter. Münster

Ruvolo A.P./Markus H.R. (1992): Possible selves and performance: The power of self-relevant imagery. Social Cognition, 10 (1), 95-124

Sacher W. (1994): Prüfen - Beurteilen - Benoten. Bad Heilbrunn

Saldern M.v. (1992): Zur Geschichte der AEPF. In: Ingenkamp/Jäger (Hg), 683-705

Sarges W./Fricke R. (1986): Psychologie für die Erwachsenenbildung/Weiterbildung. Göttingen

Scherer J. (1972): Änderungen von Lehrerattribuierungen und deren Auswirkungen auf Leistungsverhalten und Persönlichkeitsmerkmale von Schülern (unveröffentl. Diplomarbeit). Psychologisches Institut der Ruhr-Universität Bochum

Schiefele H. (1993): Brauchen wir eine Motivationspädagogik? Zeitschrift für Pädagogik, 39. Jg, Nr 2, 177-186

Schiefele U. (1990): Einstellung, Selbstkonsistenz und Verhalten. Göttingen

Schleiermacher F. (1902): Auszüge aus den Vorlesungen im Wintersemester 1820/21. Einleitung. Ausg. Platz

Schmid B. (1980): Geleitete Phantasien und Trance. Unveröffentlichter Beitrag für den Kongreß der Dt. Gesellschaft für Transaktionsanalyse 1980 auf Norderney

Schmidt G.R. (1989): Der Lehrer als Erzieher: Autoritätsprobleme. In: Faulstich W./ Grimm G. (Hg): Sturz der Götter? Vaterbilder im 20. Jahrhundert. Frankfurt a.M., 190-209

Schmidt S.J. (Hg)(1988/2): Der Diskurs des Radikalen Konstruktivismus. Frankfurt a.M.

Schneider K./Eckelt D. (1975): Die Wirkungen von Erfolg und Mißerfolg auf die Leistung bei einer einfachen Vigilanzaufgabe. Zeitschrift für experimentelle und angewandte Psychologie, 22, 263-289

Schoenaker Th. (Hg)(1993/1): Versteh' mich doch! Stuttgart

Schoenaker Th. (1994a): Mut zur Ermutigung. Christ und Bildung, 40. Jg, Nr 2, 41-45

Schoenaker Th. (1994b): Mut tut gut. Das Encouraging-Training. Stuttgart

Schönknecht G. (1994): Koedukation an unseren Schulen. Pädagogische Welt, 48. Jg, H 1, 2-6

Schreiner G. (1984/10): Sinn und Unsinn der schulischen Leistungsbeurteilung. In: Flitner/Scheuerl (Hg), 158-172

Schulz von Thun F. (1989): Miteinander reden. Bd 1: Störungen und Klärungen. Reinbek

Schunk D. (1989): Self-efficacy and cognitive skill learning. In: Ames/Ames (eds), 13-44

Schwarzer R. (1979): Schüler ohne Selbstvertrauen. Zur typologischen Analyse des subjektiven Befindens in der Schule. Zeitschrift für Pädagogik, 25 (2), 181-189

Schwarzer R. (1993): Defensiver und funktionaler Optimismus als Bedingung für Gesundheitsverhalten. Zeitschrift für Gesundheitspsychologie, 1, 7-31

Seelmann K. (1956): So Schulkinder für das Leben erziehen. Stuttgart

Seginer R. (1983): Parents' educational expectations and children's academic achievements: a literature review. Merill-Palmer Quarterly, 29 (1), 1-23

Seibert N. (1994): Erzieher oder Therapeut? Die Rolle des Lehrers in der Konfrontation mit gravierenden Erziehungsschwierigkeiten. In: Seibert/Serve (Hg), 801-828

Seibert N./Serve H. (Hg)(1992): Prinzipien guten Unterrichts. München

Seibert N./Serve H. (Hg)(1994): Bildung und Erziehung an der Schwelle zum dritten Jahrtausend. München

Seidel U. (1983): Individualpsychologie. In: Corsini (Hg), Bd 1, 390-413

Seitz W./Rausche A. (1976): Persönlichkeitsfragebogen für Kinder. Braunschweig

Seligman M.E.P. (1991): Pessimisten küßt man nicht. Optimismus kann man lernen. München

Seligman M.E.P. (1992): Learned Optimism. New York

Seligman M.E.P. (1995): The optimistic child. Boston

Seligman M.E.P./Hager J.L. (eds)(1972): Biological boundaries of learning. New York

Sensenschmidt B. (1990): Suggestive Interaktionen: Chancen und Grenzen der Suggestopädagogik an Regelschulen. In: Diehl/Miller (Hg), 34-43

Sheikh A.A. (ed)(1983): Imagery. Current theory, research, and application. New York

Sheikh A.A./Jordan C. (1983): Clinical uses of mental imagery. In: Sheikh (ed), 391-435

Sherman S.J./Skov R.B./Hervitz E./Stock C. (1981): The effects of explaining hypothetical future events: From possibility to probability to actuality and beyond. Journal of Experimental Social Psychology, 17, 142-158

Showers C. (1992): The motivational and emotional consequences of considering positive or negative possibilities for an upcoming event. Journal of Personality and Social Psychology, 63 (3), 474-484

Siebert H. (1996): Didaktisches Handeln in der Erwachsenenbildung. Neuwied

Sieland B. (1982a): Fixed Role Therapy bei defizitärer Selbststeuerung. In: Heller/Nickel (Hg)(1982), 219-230

Sieland B. (1982b): Therapie einer Mutter-Kind-Beziehung. In: Heller/Nickel (Hg) (1982b), 201-218

Sieland B. (1991): Beratung als Ermutigung zu polarem Denken und Handeln. In: Akademie für Lehrerfortbildung Dillingen (Hg), 57-80

Singer J.L./Pope K.S. (Hg)(1986a): Imaginative Verfahren in der Psychotherapie. Paderborn

Singer J.L./Pope K.S. (1986b): Anwendung der Imaginations- und Phantasietechniken in der Psychotherapie. In: Singer/Pope (Hg)(1986a), 13-48

Sinhart-Pallin D. (1994): Mündigkeit und rechte Jugend. In: Sinhart-Pallin D. (Hg): Aufgabe der Erziehung. Weinheim, 75-99

Six B./Schäfer B. (1985): Einstellungsänderung. Stuttgart

Skinner E.A./Wellborn J.G./Connell J.A. (1990): What it takes to do well in school and whether I've got it: a process model of perceived control and children's engagement and achievement in school. Journal of Educational Psychology, 82 (1), 22-32

Sonntag R. (1989): Das mentale Training. Durch Imagination konkrete Ziele erreichen. Düsseldorf

Söntgerath A. (1970): Ermutigung, Ermunterung. In: Lexikon der Pädagogik. Bd 1. Freiburg i.Br., 381-382

Sorrentino R.M. (1996): The role of conscious thought in a theory of motivation and cognition. In: Gollwitzer/Bargh (eds), 619-644

Spanhel D. (1971): Die Sprache des Lehrers. Düsseldorf

Spiel O./Birnbaum F. (1954): Reise ins Leben. Anleitung zur seelischen Hygiene für junge Menschen. Wien

Spieler J. (Hg)(1944a): Die Erziehungsmittel. Olten, CH

Spieler J. (1944b): Die Erziehungsmittel. In: Spieler J. (Hg)(1944a), 11-64

Spranger E. (1958): Der geborene Erzieher. Heidelberg

Stamps L. (1973): The effects of intervention techniques on children's fear of failure behavior. Journal of Genetic Psychology, 123, 85-97

Staudacher M. (1991): Schulangst - pädagogische Handlungsmöglichkeiten. In: Akademie für Lehrerfortbildung Dillingen (Hg), 133-146

Stroebe R.W./Stroebe G.H. (1994/6): Motivation. Arbeitshefte Führungspsychologie. Bd 4. Heidelberg

Tacke G./Linder F. (1981): Der Einfluß individualisierenden Lehrerverhaltens auf das Selbstkonzept von Schülern. Zeitschrift für Entwicklungspsychologie und Pädagogische Psychologie, 13 (3), 190-193

Tajalli E. (1986): Leistungsbeurteilung in der Grundschule in einigen europäischen Ländern. Erziehung und Unterricht, 10, 638-646

Tausch R./Tausch A. (1974): Interpersonelle Kommunikationsprozesse. Zusammenhang mit Psychoneurotizismus. In: Eckensberger L. & U. (Hg): Bericht über den 28. Kongreß der Deutschen Gesellschaft für Psychologie in Saarbrücken 1972. Bd 4 (Klinische Psychologie). Göttingen, 154-161

Tausch R./Tausch A. (1979/9): Erziehungspsychologie. Göttingen

Taylor S.E./Pham L.B. (1996): Mental simulation, motivation, and action. In: Gollwitzer/Bargh (eds), 219-235

Taylor S.E./Pham L.B./Rivkin I./Armor D.A. (in press): Harnessing the imagination: Mental simulation, self-regulation, and coping. American Psychologist

Thiele H. (1981): Lehren und Lernen im Gespräch. Bad Heilbrunn

Tillmann K. (1989): Sozialisationstheorien. Reinbek

Tönnies S. (o.J.): Inventar zur Selbstkommunikation für Erwachsene (ISE). Göttingen

Treml A.K. (1987): Einführung in die Allgemeine Pädagogik. Stuttgart

Trost F. (1966): Die Erziehungsmittel. Weinheim

Tyler B. (1958): Expectancy for eventual success as a factor in problem solving behavior. Journal of Educational Psychology, Vol 49, No 3, 166-172

Uhl S. (1996): Die Mittel der Moralerziehung und ihre Wirksamkeit. Bad Heilbrunn

Uhle R. (1995): Individualpädagogik oder Sozialerziehung. Bad Heilbrunn

Ulich D. (1993/2): Einführung in die Psychologie. Stuttgart

Ulich D./Mayring P. (1992): Psychologie der Emotionen. Stuttgart

Ullrich H./Wöbcke M. (1981): Notenelend in der Grundschule. München

Ullrich R./Ullrich de Muynck R. (1976): Das Assertiveness-Trainingsprogramm. ATP. Einübung von Selbstvertrauen und sozialer Kompetenz. München

Ullrich R./Ullrich R. (1980): Diagnose und Therapie sozialer Störungen. München

Vukovich A. (1989): Ein- und Auswirkungskomponenten von Anerkennung und Lob. In: Lukesch H./Nölder W./Peez H. (Hg): Beratungsaufgaben in der Schule. München, 210-231

Wagner A.C. (Hg)(1977): Kursprogramm zum schülerzentrierten Unterricht. München

Wagner A.C. (Hg)(1982): Schülerzentrierter Unterricht. München

Wagner P./Jirasko M. (1994): Paradoxe Effekte von Lob und Tadel? In: Olechowski/ Rollett (Hg), 346-454

Watson J.B. (1913): Psychology as the behaviorist views it. Psychological Review, 20, 158-177

Weber E. (1969): Kritische Vorüberlegungen zu einer Lehre von den Erziehungsmitteln. In: Heitger (Hg), 9-22

Weber E. (1977/7): Grundfragen und Grundbegriffe. Bd 1 der Reihe: Pädagogik - Eine Einführung. Donauwörth

Weber E. (1978/7): Erziehungsstile. Donauwörth

Weber E. (1988): Kritische Auseinandersetzung mit der These, daß es für Lehrer unmöglich sei, zu erziehen und konstruktive Überlegungen zur Möglichkeit schulischer Erziehung. In: Röbe E. (Hg): Schule in der Verantwortung der Kinder. Langenau, 15-96

Weber E. (1994): Biographische Orientierung der Pädagogik. Erziehung und Bildung im Lebenslauf. In: Seibert/Serve (Hg), 364-403

Weber E. (1995/8): Pädagogische Anthropologie. Teil 1 des Bandes: Grundfragen und Grundbegriffe. Bd I der Reihe: Pädagogik - eine Einführung. Donauwörth

Weber E. (1996/8): Ontogenetische Voraussetzungen der Erziehung. Teil 2 des Bandes: Grundfragen und Grundbegriffe. Bd I der Reihe: Pädagogik - eine Einführung. Donauwörth

Weber E./Domke H./Gehlert S. (1976/2): Kleines sozialwissenschaftliches Wörterbuch für Pädagogen. Donauwörth

Weber M. (1921): Grundriß der Sozialökonomik. III. Tübingen

Weiner B./Heckhausen H./Meyer W.-U. (1972): Causal ascriptions and achievement behavior: a conceptual analysis of effort and reanalysis of locus of control. Journal of Personality and Social Psychology, Vol 21, No 2, 239-248

Weinert F.E. (1984): Metakognition und Motivation als Determinanten der Lerneffektivität: Einführung und Überblick. In: Weinert/Kluwe (Hg), 9-21

Weinert F.E. (1987): Bildhafte Vorstellungen des Willens. In: Heckhausen/Gollwitzer/ Weinert (Hg), 10-26

Weinert F.E. (1989): Psychologische Orientierungen in der Pädagogik. In: Röhrs H./ Scheuerl H. (Hg): Richtungsstreit in der Erziehungswissenschaft und pädagogische Verständigung. Frankfurt a.M., 203-214

Weinert F.E. (1992): Vorwort. In: Helmke, 9-10

Weinert F.E./Kluwe R.H. (Hg)(1984): Metakognition, Motivation und Lernen. Stuttgart

Weinert S. (1991): Spracherwerb und implizites Lernen. Bern

Weinstein R.S. (1989): Perceptions of classroom process and student motivation: children's views of self-fulfilling prophecies. In: Ames/Ames (eds), 187-221

Weiss R. (1987): Wie lassen sich Lernleistungen beurteilen? Unser Weg, 2-3, 86-90

Welzel H. (1954): Das deutsche Strafrecht. Berlin

Westmeyer H. (1973): Kritik der psychologischen Unvernunft. Stuttgart

Wexberg E. (1928; 1931): Individualpsychologie. Leipzig

Wiater W. (1993): Unterrichten und Lernen in der Schule. Donauwörth

Wieck W. (1992/1): Söhne wollen Väter. Wider die weibliche Umklammerung. Hamburg

Wieland A. (1944): Anerkennung und Ermutigung. In: Spieler (Hg)(1944a), 279-298

Wilhite S.C. (1990): Self-efficacy, locus of control, self-assessment of memory ability and study activities as predictors of college course achievement. Journal of Educational Psychology, Vol 82, No 4, 696-700

Wilson G.T. (1980): Toward specifying the „nonspecific" factors in behavior therapy. A social learning analysis. In: Mahoney (ed), 283-307

Wollersheim H.W. (1993): Kompetenzerziehung. Befähigung zur Bewältigung. Frankfurt

Wortman C./Brehm J. (1975): Responses to uncontrollable outcomes: an integration of reactance theory and the learned helplessness model. In: Berkowitz L. (ed): Advances in Experimental Social Psychology. Vol 8. San Diego, CA, 278-336

Wulf Ch. (1977): Theorien und Konzepte der Erziehungswissenschaft. München

Zand D.E. (1977): Vertrauen und Problemlösungsverhalten von Managern. In: Lück H.E. (Hg): Mitleid, Vertrauen, Verantwortung. Ergebnisse der Erforschung prosozialen Verhaltens. Stuttgart, 61-74

Zastrow C. (1979a): Talk to yourself: Using the power of self-talk. Englewood Cliffs, NJ

Zastrow C. (1979b): Self-talk therapy. Englewood Cliffs, NJ

Zimbardo P.G. (1992/5): Psychologie. Berlin

Zumkley-Münkel C. (1994): Erziehung aus der Sicht des Kindes. Münster/New York

Register